中国社会科学院创新工程学术出版资助项目　　中国社会科学院世界经济与政治研究所
《世界能源中国展望》课题组 / 著

WORLD ENERGY CHINA OUTLOOK 2014—2015

世界能源中国展望

2014－2015

中国社会科学出版社

图书在版编目（CIP）数据

世界能源中国展望.2014—2015／中国社会科学院世界经济与政治研究所《世界能源中国展望》课题组著.—北京：中国社会科学出版社，2015.2
ISBN 978-7-5161-5624-7

Ⅰ.①世… Ⅱ.①中… Ⅲ.①能源发展—研究报告—中国—2014~2015 Ⅳ.①F426.2

中国版本图书馆 CIP 数据核字（2015）第 041822 号

出 版 人	赵剑英
责任编辑	王 琪 黄燕生
责任校对	王桂芳
责任印制	戴 宽

出 版	中国社会科学出版社
社 址	北京鼓楼西大街甲 158 号（邮编 100720）
网 址	http://www.csspw.cn
	中文域名：中国社科网 010-64070619
发 行 部	010-84083685
门 市 部	010-84029450
经 销	新华书店及其他书店
印 刷	北京市大兴区新魏印刷厂
装 订	廊坊市广阳区广增装订厂
版 次	2015 年 2 月第 1 版
印 次	2015 年 2 月第 1 次印刷
开 本	710×1000 1/16
印 张	21
插 页	2
字 数	323 千字
定 价	68.00 元

凡购买中国社会科学出版社图书，如有质量问题请与本社联系调换
电话：010-84083683
版权所有 侵权必究

序

呈现在读者面前的这部《世界能源中国展望（2014—2015）》，是我所世界能源研究团队结合我院"中国能源安全的国际地缘战略研究"创新工程课题完成的中国和世界能源发展趋势的第二部跨年度研究报告。

这部著作是我于2013年初提议，由徐小杰研究员牵头，组织研究所内外力量和国内外调研而独立完成的能源展望报告。与首部报告一样，本成果既是跨年度能源分析报告，也是2030年前能源展望报告。本报告将两者有机结合，力求成为国内学者对中国和世界能源中长期发展进行互动分析的核心成果，其趋势展望、专题研究和观点分析体现了我所世界能源研究的最新成果，在研究领域、分析专题和数据库等方面明显超越了首部报告，诸多研究是对当下能源领域国际研讨、行业调研、专题研究和咨询报告的综合、集成和提升发展。本报告对2013年下半年以来国家能源政策变化进行了跟踪分析和系统研究，对2014年下半年以来国际能源价格、市场和投资对能源安全的影响进行了综合研究，对煤炭、电力（包括核电）和能源技术等新领域进行了专题研究，对"生态能源新战略"情景和"丝绸之路"战略情景下的中国能源安全和区域合作进行了滚动研究。上述研究颇有新意。

本报告在研究内容和方法上与国际能源署（IEA）、国际可再生能源署（IRENA）、欧佩克（OPEC）和美国能源信息署（EIA）等国外机构和国网研究院、中国煤炭协会和全联新能源商会等国内能源机构的能源报告相对比、交流和补充。在写作、调研和交流过程中，课题首席专家徐小杰对上述国际能源组织和多家世界权威能源研究机构开展了系列专题演讲和专场交流，体现了专业研究与开放研究的特色和对外影响。

　　为了夯实本报告的研究观点和情景分析，研究团队花费巨大精力，吸收和处理了大量数据和研究文献，对能源展望数据库进行了重大扩容和结构优化，使本报告的数据库逐步发展成为中国能源结构优化的一个基础分析工具，从而使本报告的研究与分析更加扎实、更具有独特的价值。

　　我相信，这一成果有利于国内外读者及时了解和掌握2014—2015年、2020年及2030年中国和世界能源发展态势，同时从全球能源发展趋势中反观中国能源发展的现状和挑战。在此，我们一如既往地感谢广大读者对本能源展望报告的关心和支持，特别欢迎大家提出改进意见和建议。

中国社会科学院世界经济与政治研究所 所长、研究员
2015年1月30日

目　　录

执行总结 ·· (1)
    一　2015年全球能源发展环境和格局的变迁 ··············· (1)
    二　中国和全球能源发展的基本态势 ························ (3)
    三　2014—2015年能源政策趋势 ···························· (9)
    四　主要能源部门政策走向 ·································· (11)
    五　能源技术进步的贡献 ···································· (13)
    六　对能源安全观的深入认识 ······························· (14)
    七　"能源金砖"的基本构想 ································· (15)
    八　寄语2015和"十三五"规划 ···························· (16)

概论 ·· (19)
    一　性质、领域、对象与框架 ······························· (19)
    二　研究思路、方法和数据库 ······························· (24)
    三　核心情景和假设条件 ···································· (26)
    四　本报告的新发展、影响力和局限性 ····················· (35)

第一部分　中国与世界能源互动展望

第一章　全球能源发展趋势和中国能源展望 ················ (41)
    一　全球能源发展趋势 ······································· (41)
    二　中国能源发展展望 ······································· (53)
    三　中国能源发展的全球影响 ······························· (64)

第二章　国内外能源政策新趋势 …………………………………（70）
  一　主要经济体能源政策趋势 ………………………………（70）
  二　中国能源政策走向 ………………………………………（82）
  三　可持续能源发展的需求与特征 …………………………（87）
  四　中国能源政策的选择 ……………………………………（92）

第三章　煤炭清洁化和政策导向 …………………………………（97）
  一　全球煤炭发展态势 ………………………………………（97）
  二　中国煤炭现状和政策趋势 ………………………………（101）
  三　中国煤炭供需展望 ………………………………………（110）
  四　煤炭清洁化政策导向 ……………………………………（114）

第四章　电力发展趋势和政策研究 ………………………………（118）
  一　全球电力发展现状和态势 ………………………………（118）
  二　中国电力发展现状和政策 ………………………………（122）
  三　中国电力体制、政策和发展展望 ………………………（128）
  四　电力政策选择 ……………………………………………（138）

第五章　核电发展新趋势和政策选择 ……………………………（142）
  一　全球核电发展态势和情景 ………………………………（142）
  二　中国核电发展现状和政策趋势 …………………………（149）
  三　中国核电发展展望 ………………………………………（153）
  四　中国核电的政策选择 ……………………………………（155）

第六章　能源技术进步和贡献分析 ………………………………（159）
  一　全球能源技术发展态势 …………………………………（159）
  二　中国能源技术发展与政策趋势 …………………………（167）
  三　重大能源技术进步对"生态能源新战略"的贡献 ………（174）

第二部分　能源安全专题分析

第七章　新的能源安全观分析 ……………………………………（183）
　一　全球视角下的中国能源安全分析 ………………………………（184）
　二　"生态能源新战略"情景下的能源安全观 ……………………（190）
　三　提升能源安全的战略对策 ……………………………………（195）

第八章　中国与中亚油气合作前景 ………………………………（197）
　一　中国与中亚油气合作的战略进程 ……………………………（197）
　二　中亚油气资源潜力、现状和发展规划 ………………………（202）
　三　中国与中亚油气合作政策趋势 ………………………………（207）
　四　中国与中亚油气合作展望 ……………………………………（209）

第九章　中国与东盟能源合作前景 ………………………………（211）
　一　东盟能源资源特点与供需前景 ………………………………（211）
　二　中国与东盟能源合作现状与问题 ……………………………（218）
　三　中国与东盟能源合作的战略方向 ……………………………（222）

第十章　中非能源合作现状与方向 ………………………………（227）
　一　非洲能源资源、开发和出口现状 ……………………………（227）
　二　非洲油气政策动向 ……………………………………………（232）
　三　中非能源合作的历程和性质 …………………………………（238）
　四　中非能源合作前景与方向 ……………………………………（243）

第十一章　"能源金砖"分析 ………………………………………（250）
　一　有关界定和理论分析 …………………………………………（251）
　二　建立"能源金砖"的可行性分析 ……………………………（256）
　三　中国参与的多边能源合作与影响 ……………………………（257）

  四　"能源金砖"的层次与角色分析 ……………………………（263）
  五　"能源金砖"的发展方向和机制 …………………………（265）

第三部分　数据与附件

能源展望数据表（2013—2030）……………………………………（273）
  一　中国能源需求展望 …………………………………………（273）
  二　中国能源供应展望 …………………………………………（273）
  三　中国碳排放量展望 …………………………………………（274）
  四　中国装机容量展望 …………………………………………（274）
  五　中国发电量展望 ……………………………………………（275）

附件一　2014 年版 IWEP 能源展望数据库改进说明与参考依据 ……（276）
  一　数据库改进说明 ……………………………………………（276）
  二　能源规划、政策和会议 ……………………………………（282）
  三　参考统计资料 ………………………………………………（294）

附件二　中国能源和电力需求展望模型 …………………………（295）
  一　能源与电力需求预测模型说明 ……………………………（295）
  二　第四章的电力需求预测模型说明 …………………………（300）

附件三　缩略词、统计单位和换算公式与系数 …………………（307）
  一　主要缩略词 …………………………………………………（307）
  二　统计单位 ……………………………………………………（308）
  三　换算公式 ……………………………………………………（309）
  四　能源转换系数 ………………………………………………（310）

各章参考文献 ………………………………………………………（311）

后记与致谢 ……………………………………………………（319）

首席专家徐小杰简介 ………………………………………（322）

表、图、框目录

概论表1　"生态能源新战略"情景下社会经济指标 …………（30）
概论表2　能源技术分类描述 …………………………………（31）
表1-1　新政策情景下世界能源需求（按部门）………………（42）
表1-2　新政策情景下世界能源需求（按地区）………………（43）
表1-3　新政策情景下的全球煤炭产量 ………………………（45）
表1-4　能源进出口状况 ………………………………………（48）
表1-5　2014—2035年能源供应投资需求 …………………（52）
表1-6　2013—2030年中国能源供需展望 …………………（54）
表1-7　2013—2030年中国能源对外依存度 ………………（54）
表1-8　2013—2030年中国煤炭供需展望 …………………（56）
表1-9　2013—2030年中国石油供需展望 …………………（56）
表1-10　2013—2030年中国天然气供需展望 ………………（58）
表1-11　2013—2030年中国核能发展展望 …………………（58）
表1-12　2013—2030年中国可再生能源发展展望 …………（59）
表1-13　2013—2015年中国电力装机容量展望 ……………（60）
表1-14　2020—2030年中国装机容量展望 …………………（61）
表1-15　2013—2015年中国发电量展望 ……………………（61）
表1-16　2020—2030年中国发电量展望 ……………………（62）
表1-17　2013—2030年中国碳排放量展望 …………………（63）
表1-18　2011—2030年中国能源需求结构比较 ……………（64）
表1-19　2020—2030年中国发电量比较 ……………………（65）

表1-20	2011—2030年中国碳排放量比较	(66)
表1-21	中国能源需求的全球占比比较	(66)
表1-22	中国电力装机容量的全球占比比较	(67)
表1-23	中国碳排放和全球占比比较	(68)
表2-1	美国《全面能源战略》目标、内容与主要措施	(71)
表2-2	"能源革命"的基本框架	(83)
表3-1	全球煤炭资源、产量和消费量的分布	(98)
表3-2	新政策情景下的全球煤炭产量	(100)
表3-3	2014年的重大煤炭政策	(107)
表3-4	2013—2030年中国煤炭供需和对外依存度展望	(113)
表4-1	2035年主要国家发电量展望	(121)
表4-2	三次产业及居民生活用电增长及结构变化情况	(123)
表4-3	中国生物质资源最大可支撑发展规模	(125)
表4-4	全国电源装机容量	(126)
表5-1	2013—2020年中国核电发展展望	(154)
表5-2	不同情景下核电发展展望	(155)
表6-1	欧美日700℃研发计划汇总	(160)
表7-1	2013年全球石油资源、产量和消费量的分布	(185)
表7-2	全球天然气资源、产量和消费量的分布	(187)
表7-3	能源安全评估模版	(194)
表8-1	2009—2015年哈萨克斯坦油气产量与出口预测	(205)
表8-2	2010—2030年哈萨克斯坦天然气发展规划	(206)
表9-1	东南亚国家一次能源消费	(213)
表11-1	新兴经济体能源供需的不平衡性	(252)

概论图1	中国能源和电力需求弹性系数的变化	(29)
概论图2	2013—2014年前9月全球石油供需变化	(33)
图1-1	不同中国能源需求的全球影响	(67)
图1-2	全球能源需求结构对比	(68)

图 2-1　2000—2013 年全球光伏太阳能累计装机容量 …………（74）
图 4-1　2013 年中国、美国和部分经合国家电力消费量 …………（119）
图 4-2　2015 年全国电源结构 ………………………………………（127）
图 4-3　中国全社会用电量增长展望 ………………………………（132）
图 4-4　发展方式转变较快情景下的新增电力需求结构…………（133）
图 4-5　国内外人均生活用电量对比 ………………………………（134）
图 4-6　未来中国电力流总体格局示意图 …………………………（135）
图 4-7　"三华"特高压同步方案区域电网互联格局示意图 ………（137）
图 5-1　部分国家在运、在建和拟建核电机组数 …………………（143）
图 5-2　各种情景下核电发展趋势 …………………………………（147）

框 3-1　重新认识煤炭的属性 ………………………………………（102）
框 3-2　改革开放后的煤炭政策 ……………………………………（104）
框 6-1　德国能源技术补贴政策 ……………………………………（165）
框 8-1　中国与中亚油气合作发展阶段 ……………………………（198）
框 11-1　IEA 联系成员国………………………………………………（262）

执行总结

一 2015年全球能源发展环境和格局的变迁

1. 全球经济和社会发展趋势明显变迁，虽然能源需求驱动因素如故，但是2020年前产业结构调整、能效提升和技术创新是对中国等新兴经济体的重大考验

进入21世纪第二个10年的全球经济在2014年出现了较为明显的变迁。经合国家的经济增长总体缓慢，但是美国经济出现明显复苏并走向中速增长，其他非欧洲经合国家（加拿大、澳大利亚、新西兰、韩国和日本）的经济增速快于诸多欧洲国家；非经合国家的经济增长速度长期快于经合国家，但是近两年来，中国、巴西、印度和俄罗斯等新兴经济体的经济增长放缓，经济结构和能源需求结构面临转型压力。上述两股力量的变迁对2015年全球和地区能源供需趋势和结构变化具有明显的影响。美国国内油气产量明显回升，带动产业复苏和就业增长，同时也大大提升了全球能源供应水平；而占据世界经济活动一半以上和世界能源需求新增长区的亚洲发展中国家和地区的能源需求增长不平衡。

同时，经合国家经济增长与能源需求增长间的相关性继续削弱甚至在个别部门（如电力）出现脱钩，而非经合国家的经济增长和人均收入增长对能源需求的刚性驱动依然存在。未来亚洲新兴经济体的新增能源需求与人口增长、经济增长和结构调整等诸多因素紧密关联。但是与非洲、西亚、印度和东南亚人口快速增长不同，中国的人口增长相对平缓。2012—2025年中国人口年均增速为0.4%，2020—2030年年均增速为0.21%，明显低于世界和其他主要国家的增速。经济增长已进入换档期。我们预计2020年前中国的城镇化和工业化将推动能源需求和碳排放量的持续上升，同时随着经济结构特别是高耗能产业结构的调整力度加大，单位国内生产总值能耗持续降低、关键设备能效和节能减排效果的提升，中国能源需求增长速度应减缓，能源强度和碳强度应持续降低。然而，在三大产业中能耗占70%左右的第二产业能否在2030年将产业比重由目前的43%逐步下降到35%，从而将第二产业的能耗由2013年的1.2吨标准煤/万元GDP下降到2030年的0.8吨标准煤？同时，预计2015年后城镇化率将从55%持续提升到2020年的60%和2030年的70%，人均用能将由2015年的2.04吨油当量分别增长到2.34吨和2.53吨，年均增长1.45%，其中，人均用电和人均居民生活用电增长3.45%和5.37%。这种人口城镇化率和人均用能趋势能否走出一条成功的能源转型之路，是对中国的重大考验，也是印度等其他主要新兴经济体的一个重大课题。

2. 2014年下半年以来国际能源市场的巨大变化将全球能源发展带入新阶段和新的竞争格局

2014年上半年国际油价保持在每桶100美元以上。然而下半年油价出现大逆转，布伦特原油价格从6月的115美元一路下跌到年底的50—55美元，并呈现继续下滑态势。2014年上半年出现的供需失衡是下半年国际油价下跌的基本原因。在非基本面方面，2014年美国量化宽松政策的结束及此前既已开始的强势美元增加了油价下降的压力。2015年国际原油价格持续走弱，预计平均维持在60美元或70美元左右。

本轮国际油价大幅波动不仅是国际石油供需关系失衡的反映，更是全球石油需求转型、东移，供应多元和多中心化，美国对国际能源市场的影响力增大的直接结果，预示着国际油气新阶段和游戏新规则的开始。在2020年前后，美国石油进口锐减，天然气及煤炭出口增长；东南亚地区天然气出口面临困境，煤炭进口继续增长；巴西石油进口国转为出口国；沙特阿拉伯等海湾产油国重在巩固和扩大全球石油供应市场份额，而伊朗和卡塔尔以外的中东多数产油国将先后沦为天然气进口国。

俄罗斯中亚国家油气增长面临更大的压力，面对欧亚市场油气出口竞争更加激烈。在未来的新格局中，中东地区的沙特和伊拉克、"新中东"地区的美国和加拿大、中东以外的俄罗斯中亚国家和"需求中东"的中国和印度之间的能源博弈成为2015年低油价市场和世界能源发展新常态中的新关系。

二 中国和全球能源发展的基本态势

3. 2015年后全球能源需求增长总体趋缓，到2030年前后将呈现结构优化和明显的转型趋势

从中长期看，全球能源需求增长相对平稳，到2025年至2030年，通过经济结构转型和政策引导，全球能源需求年均增长率将由目前的2%降低至1%。欧洲、北美、日本和韩国的能源需求趋于稳定或下降；今后几年新增能源需求主要集中在亚洲（特别是中国、印度和东南亚地区）、非洲、西亚和拉美地区。到2030年，印度、东南亚和西亚将成为全球能源需求的新引擎。

根据国际能源署（IEA）的展望，全球煤炭需求占比将由2012年的29%下降到2030年的26%，石油需求占比由2012年的31%下降到2030年的28%。作为清洁能源的天然气、核能和可再生能源合计比重将从2012年近40%，逐步提高到2030年的46%，基本与煤炭和石油合计比肩。这一趋势预示2030年将迎来一场影响巨大的全球能源消费结构的优化过程，是对各国能源转型政策的清晰体现。我们认为，基于中国新的能源政策趋势，并假设2015年年底巴黎气候变化峰会达成全球性承诺，这一转型趋势行将加速。

4. 2020年前中国能源供需增长依然强劲，2020年后增长缓慢

根据本报告研究，2014年中国能源需求同比增长2.92%，能源供应同比增长2.59%，能源需求与供应分别为38.78亿吨标准煤和34.71亿吨标准煤。2015年，在天然气需求增长、核电项目相继投产和风能等其他可再生能源需求的带动下,中国能源需求将达到40亿吨标准煤,同比增长3.18%;而能源供应为35.67亿吨,同比增长2.75%。

在"十三五"时期,受系列新政策的推动,到2018年能源需求增长速度有望进一步提升到3.97%,五年年均增长速度为3.79%,而能源供应年均增长速度为2.72%。到2020年能源需求达到48.18亿吨标准煤,能源供应达到40.79亿吨标准煤,供需表观缺口为7.39亿吨标准煤,到2030年中国能源供需表观缺口为8.46亿吨标准煤。但是,从2020年到2030年,能源供需年均增长速度下降为1%左右,进入缓慢增长期,凸显了"十三五"时期对中国能源转型和结构优化的重大意义。

5. 2020—2025年中国煤炭需求进入高峰平台,2030年煤炭需求占比降至50%

2014—2015年中国煤炭供需增长在1%以下。预计2015年煤炭需求达到25亿吨标准煤,煤炭供应达到26亿吨标准煤。"十三五"时期煤炭需求年均增长速度回升至2.37%,2020年达到28.15亿吨标准煤;煤炭供应年均增长为1%,2020年达到27.50亿吨标准煤,开始进入煤炭供需的高峰平台。之后,煤炭需求和供应年均增长为零或负数。

2014年煤炭的能源需求占比已降到65%以下,2017年可下降到60.8%。2020年和2030年煤炭需求占比可望下降到58%和50%左右,体现减煤占比的标志性效果,也将展现中国煤炭产业"自我革命"性的阵痛和能源转型的必然趋势。

6. 2030年前中国石油供需基本以1%—2%的速度增长,石油需求占比稳降,对外依存度稳定在60%左右

2014年石油需求增长1.80%,达到5.08亿吨;国内石油供应增长0.53%,达到2.1亿吨。2015年石油需求增长1.79%,达到5.17亿吨;国内石油供应维持2.1亿吨。我们预计,"十三五"时期,石油需求年均增长速度为1.67%,2020年达到5.62亿吨。国内石油供应年均增长预计为1.12%,2020年为2.22亿吨。2030年石油需求和供应分别为6.36亿吨和2.5亿吨。2014年石油的能源需求占比为18.71%，2020年下降至16.65%；2014年石油的能源供应占比为8.64%，2020年下降为7.78%。对外依存度基本稳定在60%强，并保持到2030年。我们认为，石油需求增长趋缓有赖于未来燃油替代、石化原料替代和节油效果的提升。

7. 2020年前中国天然气需求保持双位数增长，天然气需求占比稳升至10%，对外依存度稳定在37%左右，油气比得以优化

2014年天然气表观消费量同比增长9%，达到1830多亿立方米；天然气供应增长11.97%，达到1330多亿立方米。预计2015年天然气需求由于产量和进口量双推动可能达到2300亿立方米；其中，国内供应增长18.32%，达到1550亿立方米。"十三五"时期，天然气需求年均增长速度降为11.21%，2020年达到3918亿立方米，国内天然气产量为2450亿立方米。其中，非常规天然气生产发挥越来越重要的作用。2015年页岩气有望达到65亿立方米的规划目标，到2020年页岩气和煤层气的产量有望分别达到300亿立方米，成为此后中国天然气供应增长的重要推动力。

但是，2020—2030年天然气供需增长速度下降到5%左右，2030年的天然气需求为5934亿立方米，国内天然气产量预计为3700亿立方米，明显高于IEA的预期。

2014年天然气的能源需求占比为6.30%，2015年可提升到7.40%，2020年和2030年分别为10.45%和14.22%；2014年油气比为1:0.40，2020年油气比为1:0.63，2030年油气比为1:0.84，反映了中国能源清洁化和油气比优化的重大趋势。

8. 中国仍为低核能占比国家，发展潜力大，具有较大的增长空间

目前，中国是一个核能低占比国家。在"十三五"特别是"十四五"时期，中国核电将进入一个快速发展期。到2030年核电的装机容量和发电量可分别达到111.8吉瓦和867太瓦时，在电力装机容量和发电量中的占比将从2014年的1.51%和2.42%提高到4.35%和8%。2013年至2030

年中国核发电量增长速度为12.8%，明显快于全国发电量的增长速度（4.2%）和能源消费总量的增长速度（2.1%），从而大大改善中国能源结构和电源结构。

考虑到第三代核电技术成熟周期和核产业链的协调发展需要，中国需稳步发展核电。到2030年中国核电装机容量基本接近美国目前的水平（113吉瓦），略低于IEA新政策情景下的预期。

9. 中国可再生能源需求持续增长，尤其是非水现代可再生能源增长明显。到2020年后其需求占比可超越石油

2014年中国可再生能源需求增长达15.66%，达到3.82亿吨标准煤。预计2015年缓增近4亿吨标准煤，2020年进一步提升到5.68亿吨标准煤，能源需求结构占比11.78%。2025年和2030年继续提高到6.40亿吨标准煤和7.58亿吨标准煤。2025年后由于水能、生物能增长放缓，可再生能源需求增速下降。2015年，水能在可再生能源需求中的占比将由2013年的83.6%下降至80.5%，2020年下降为67%，2030年为63%。

非化石能源的发展是能源结构优化的一个重要体现。如果考虑地热取暖和生物燃料，2014年非化石能源占比达到12%，2015年为12.8%，2020年为16.3%，与石油的需求占比比肩，之后将超越石油占比。为此，需要对非化石能源进行整体规划和施策，解决当前风能、太阳能和生物质能发展面临的技术、市场和管理中的系列问题。

10. 2030年中国煤电和水电装机容量占比下降，电力装机结构趋于合理；2030年发电量稳增，但是光伏增长起伏较大

2015年中国的电力总装机容量增加5.34%，接近1410吉瓦，其中，燃煤装机容量占61%，比2014年下降1.72%；水电占22%，比2014年微降。预计2020年中国电力装机容量为2062吉瓦，"十三五"时期年均增长速度为7.90%，2025年达到2352吉瓦，年均增长速度为2.66%，2030年达到2570吉瓦，年均增长速度将下降到1.79%。燃煤发电装机容量占比从2020年的55.13%下降到2030年的48.66%，水电占比从2020

年的20.85%下降到2030年的19.45%。而核电占比将从2020年的2.71%提升到2030年的4.35%；风电占比从2020年的10.18%上升到2030年的12.26%。2020年到2030年的光伏装机容量占比增长不突出，也具有不确定性。因为国内光伏装机起点较低（2015年全国光伏发电装机达35吉瓦），增长较快，起伏较大。2025年后增速可能降至6%以下。中国能否从光伏制造大国走向光伏装机大国，取决于能否从上游生产向下游应用延伸过程中开创诸多应用模式，从集中性变电站到屋顶分布式光伏，从薄膜发电移动电站到农业大棚光伏发电等，为多元化光伏应用提供广阔的空间和市场。

2014年全国发电量达到5576太瓦时，其中，燃煤发电占72.78%，水电占18.67%。2015年光伏发电将增长61.87%，核电将增长54.71%，核电占发电比达到3.49%。2020年全国发电量为8363太瓦时，年均增长速度为6.90%。2025年达到9689太瓦时，五年年均增长速度为2.99%，2030年达到10787太瓦时，低于国内机构的预期，最终取决于2030年前产业结构和电力开发利用效率。

虽然煤电占比有所降低，但是，从煤炭部门消费看，发电将是煤炭清洁化利用的一个主要方向。在火电单位煤耗标准下，电煤比例将由目前的50%提高到2020年的60%和2030年的65%。2020年天然气发电占比预计为18%，与2013年大致持平，75%的天然气仍用于城市燃气和工业燃料。随着燃气发电机组关键设备的国产化和天然气价格的合理化，2020年后天然气发电可能快速发展，2030年这一比例有可能提高到25%。核电占比将从2020年的5.27%提升到2030年8.04%，高于风电占比。

11. 在"生态能源新战略"情景下，中国的碳排放目标可提前实现

2015年中国化石能源二氧化碳（CO_2）排放总量近80亿吨，2020年达到91.74亿吨。之后随着能源需求增长放缓，特别是在煤炭需求增长走向峰值之后，碳排放的增速下降趋势更为明显，到2025年碳排放总量可控制在95亿吨以内并形成峰值。这一展望中的重要政策因素是2013年下半年后国家公布的系列强制政策（包括2013年9月公布的《大气污染防

治行动计划》、2014年5月16日发布的《能源行业大气污染治理方案》以及2011年发布的《火力发电大气污染排放标准》对2012年新建火力发电项目和2014年7月后的现有火力发电项目的排放规定），对2017年前化石能源消费和大气污染产生重大的影响，尤其是在东部地区。在本报告的核心情景下，这些政策措施将带来系列技术进步、体制改革压力和能源效率的提升，从而推动2020年后能源消费和碳排放增长趋缓。根据本报告数据库的优化，2017年中国的单位GDP二氧化碳排放（碳强度）将比2005年下降41%，2019年达到45%，2020年达到48%，提前实现中国的对外减排承诺。

12. 本报告的能源结构优化快于IEA展望，但是电源转型慢于IEA的预期，全球影响力增大

本报告的煤炭、石油、核能和可再生能源的需求增长明显低于IEA的展望水平，而天然气明显高于IEA的展望速度。因此，在本报告的核心情景下，能源消费结构优化快于IEA的预期。主要表现在：在2020年煤炭需求比例将下降到58.40%（IEA为62.44%），2030年煤炭需求占比可以进一步下降到50.4%（IEA为55.6%）。2020年天然气的消费比例将上升到10.50%（IEA为6.26%），2030年天然气占比可以进一步上升到14.20%（IEA为8.78%），体现了两者对中国能源发展环境和新能源政策的不同理解和期待。

本报告2020年及以后的发电量（特别是燃煤发电）均高于IEA的数据。其中，2020年煤电占发电比为68.1%，2030年仍维持在60%，均高于IEA的数值。天然气发电量均高于IEA的水平，但是比重低于IEA的数值。核电的发电量与IEA的数值略有高低，但是发电占比低于IEA。本报告2025年和2030年的风电、光伏和生物质发电量和比重低于IEA的数值。

假定中国以外地区和国家的数值正如IEA所得，那么本报告的中国能源需求的全球占比大体稳定在23%—24%。而本报告煤炭需求的全球占比从目前的51%逐步下降到2020年的49%和2030年的47%，核能需求全球占比将从2020年的11%逐步提高到2030年的17%，低于IEA的预期。天然气需求全球占比高于IEA的占比。从发电装机容量看，今后5—6年中国电力装机容量的全球占比在27%—28%，略高于IEA的占比。其中，火电装机容量占比高于IEA，而核电和可再生能源的装机容量与IEA大体接近。

中国能源结构的优化将直接推动全球（特别是亚洲地区）能源结构的优化。而且，本报告中国碳排放的世界占比也比IEA低1—2个百分点。两者碳排放差距在2020年和2025年后较为明显。如果这些预期和展望是合理的，那么，中国将为全球能源结构优化和全球温室气体排放控制做出重大贡献这一判断也是可以肯定的。

三　2014—2015年能源政策趋势

13. 2014—2015年中国能源政策动向展示新内涵和新方向

2013年下半年尤其是2014年以来，中国围绕着大气污染治理、生态环境保护和可持续发展等议题连续出台了系列能源政策、规划和约束性的行动计划，强力推动能源生产和消费革命，对实现"十二五"末期和"十三五"发展规划乃至2025年和2030年经济社会发展战略具有重大影响。本报告对这些新政策措施基本内涵和动向的解读和评论是：

（1）逐步减少对化石能源的依赖，走化石能源的清洁化道路。目前，大气污染和生态环境恶化倒逼着经济社会发展。控制化石能源消费是普遍的政策选项，但是必须指出，能源发展的根本出路在于清洁高效利用所有的能源资源。化石能源政策的重点在于适度减少和控制消费占比，同时，控制、收集和再利用污染物的排放。

中国以煤为主的化石能源生产和消费在较长时期内仍居主导地位，虽然占比逐步下降。2030年前可再生能源难以与煤炭等量齐观。能源的清洁化不是非化石能源化。在大力发展可再生能源的同时，应不失时机地推进煤炭的清洁高效利用。

（2）突出技术创新，走开源节流的可持续发展道路，即技术进步与创新既要解决开源问题和环境约束问题，也要解决节流/节能、减排和能效的问题。

（3）坚持能源的战略属性，确立能源的商品属性，还原能源的民生属性和公共利益属性。今后政府的能源政策不仅关注国家和产业规划，而且须明确不同能源项目的公众利益和相应的公共服务责任，设计合理的补偿与激励机制，明确信息沟通和交流渠道，落实能源事故应急演练等措施，实现政府、产业和公众间的融合，回归能源政策的目的（在于促进"人的全面发展"），而不仅仅是国家利益、经济发展或产业利益。这一政策走向已得到初步体现，但仍有待进一步加以展现。

14. 推进全面和可持续能源发展战略是未来中国能源战略的目标

未来的能源战略和政策重点在于培育能源发展的可持续性。这一需求不仅与中国能源发展现状和产业转型升级相关，而且与地区和全球经济社会可持续发展紧密相关联。能源发展的可持续性在于能源发展目标、发展方向和措施在部门、地区和国家等不同层面的协同性。具体要求：

（1）能源发展目标包含能源发展服务于经济增长的需要，这一目标对于发展中国家来说尤为重要。但是，如果能源发展目标仅仅局限于经济发展，片面强调能源发展对经济增长的单向服务和保障作用，负面效应是巨大的，最终国民经济和社会发展也难以持续。

（2）能源发展不仅是组织规模开发，增加能源供应，创造就业和经济效益，而且是一项不断走向清洁、多元、灵活和高效开发利用的能源服务。所有的能源资源都是宝贵的财富。虽然能源开发利用存在污染物排放，但是唯有清洁、多元、灵活和高效开发利用才是可持续发展的必然要求。

（3）能源发展的可持续性还要求有关部门和地区协同创新发展。能源发展决不仅是产业自身的事，更是国家战略和公众利益所在。因此，能源发展必须突出产业、国家和公众利益的统一，才能为可持续发展提供保障。

本报告将"可持续能源发展"定义为建立以能源产业自身良性循环为基础，能源生产、运输/配送、服务等部门协同发展，推动能源与环境、社会和公众利益的地区协调、国内协调与国际协调,引领本国(经济体)能源进入中长期、综合、良性协调发展的轨道。这样的可持续能源发展具体体现在能源产业、相关管理部门、环境与生态、社会与公众、国际关系、基础配置和未来发展等方面,并具有协调性、综合性、可持续性,同时还需具有可衡量、可监督和可分析性的特征。通过实践,逐步建立一套相对完整的指标体系和定量定性的评价方法,将可持续发展能力清晰和客观地体现出来,使不同的利益相关者看到本地区能源可持续发展能力的强弱表现、存在的问题和发展趋势,以便正确判断和科学施策;同时也使能源发展更加透明,便于监督。

四 主要能源部门政策走向

15. 中国煤炭政策的方向不仅应促进清洁高效开发与利用,而且还应促使中国成为全球煤炭技术创新和推广的最佳试验场

煤炭政策的目的是高效开发、优质供应、节能减排,使清洁高效成为可行的煤炭产业发展方向,并使清洁煤成为小康社会的基础能源。当前的政策重点是:(1)消除煤炭产业的过剩产能,减少不合理的煤炭消费;(2)重点推进钢铁、水泥、平板玻璃等煤炭消费大户的节能减排,提高能效;(3)在现有煤炭消费中,既要减少散烧煤和直接排放,更要依靠技术进步,加快对现有锅炉的改造,大力促进煤炭的高效利用。具体地说,在生产方面,既要强调煤炭企业的结构优化,更要大力推进煤电一体化和多联产开发利用;在技术方面,既要强调技术创新,更要突出基于成熟技术的节能减排方案和示范工程的推广;在市场方面,推进多元价格市场化,促进竞争、煤电价格联动机制和联营参股;在地区产业发展上突出综合开发与治理方案,加快地区尤其是煤炭资源型省区/市的经济转型。

2014年中国明显加大了上述政策力度和管理措施,积极探索适合本国国情的煤炭清洁化生产和消费方式,包括商品煤供应优质化、燃煤发电清洁高效化、研发和推广"节能环保型工业锅炉和窑炉",提升煤炭行业设备现代化、煤基化工环保化、监督常态化,严格监控用煤质量、节能和减排设施。我们认为，今后只要中国的煤炭政策到位，加强既有技术的集成创新，加强精细化管理，煤炭清洁化利用具有广阔的空间。作为全球煤炭消费的最大市场的中国理应成为全球煤炭清洁高效利用技术创新和推广的最佳试验场。

16. 中国电力体制改革的总体和优化设计要求日益迫切，电力政策将在分阶段改革中加以实施

目前，中国电力市场化改革压力逐步加大，深化改革需要从中国发展阶段和国情出发，解决制约电力可持续发展的突出问题，包括发挥市场在配置资源中的基础性作用，突破省间和区域壁垒，构建全国统一的电力市场体系；发挥市场主体作用，挖潜增效，全面提升电力投资、建设、生产、运营和服务效率；确保电力安全；增强电力的普遍服务，在发生重特大自然灾害情况下电力管理体制机制对抢险救灾的适应性。同时充分考虑技术创新要求，鼓励新技术应用，提升企业自主创新能力；完善体制机制，吸引电力投资，促进电网电源统一规划、合理布局、协调发展；促进清洁能源大规模开发利用，提高电煤比重，减少散烧煤，促进化石能源清洁高效发电。

电力市场化改革应按照"放开两头、监管中间"的思路，统筹考虑改革的条件和时机，加强改革及配套措施的总体设计，分阶段推进改革。我们认为，改革应做好适应能源革命的顶层设计，切实转变政府职能，稳妥推进电价改革，深化大用户与发电企业直接交易试点，开展售电侧市场放开试点，推进全国电力市场建设。同时，完善电力法律体系，促进能源资源的合理利用和开发。

17. 中国核电政策趋势既要满足今后的能源清洁化需求，更要关注核电与其他能源的协同发展，培育和提高公众对核电的认识与接受程度，把握适度规模和发展速度

根据全球核电发展现状和态势，今后中国的核电政策需要在确保安全的前提下，强调核电发展的适度规模与部门协同，强调稳中求进的发展方式，积极而谨慎地谋划核电"走出去"战略。主要依据是：核裂变是现阶

段相对成熟的核能利用方式，但不是人类利用核能的终极方式。各国任何时候都不能将核裂变的安全性和技术绝对化；核能是一种特殊的清洁能源，安全利用取决于特殊而严密的管控方式。因此，在认识、管理和推广方面既要将之与其他清洁绿色能源（天然气与可再生能源）相区别；又不能脱离与其他能源的协同关系。核电发展还受制于不同利益相关者的态度和接受程度。政策制定者的任务是合理规划不同时期核电发展的适度规模，引导中长期发展方向。

五 能源技术进步的贡献

18. 十大系列能源技术对中国未来能源发展具有重要的贡献

本报告继续肯定洁净煤技术、非常规开发技术、深海和深盆油气开发技术、可再生能源发电、核能、碳捕捉、利用与封存技术（CCUS）、生物燃料、混合电动车或电动车（HEV/EV）、能效和节能环保技术等十大系列能源技术对中国未来能源供应、开发利用和能源效率的直接贡献。

2020年前，中国重点推广600℃超超临界机组，攻克700℃超超临界机组的关键技术，建设示范工程。本报告认为，通过推广超超临界技术，可在2020年和2030年将发电效率提高到42%和46%，煤炭消费可分别减少0.8亿和2.5亿吨标准煤，减少二氧化碳排放2亿吨和6亿吨。

2014年国家能源局重申适度发展煤化工，控制煤化工发展节奏。到2020—2030年，煤制油规模可控制在3000万吨以内；在国产技术取得突破的情况下，同期煤制气规模达到500亿立方米，是一个合理的预期。

深水勘探开发技术和设备安装在2020年将为提高中国油气产量增长做出较大贡献。初步评估，2020年深海油气生产规模可达到1200万吨油当量。2030年后深海和深盆油气产量规模大体为5000万吨。

2014年8月，由中广核和中核联手打造的"华龙一号"新一代核电技术不仅有利于推进中国清洁能源的发展，而且有助于/也标志着中国从核电技术引进大国走向核电技术和设备输出大国。预计到2020年和2030年中国在运核电机组将达到54台和99台，装机容量达到55.8吉瓦和111.8

吉瓦。2015—2030 年，核电发展可累计减少二氧化碳排放约 64 亿吨。

六　对能源安全观的深入认识

19. 中国的新能源安全观是全面、协同和开放的安全观

无论从全球，还是从国内看，中国能源安全问题不只是油气安全问题，而是煤炭、石油、天然气和所有非化石能源的供应安全问题；不仅涉及国内外的资源保障和供应保障，而且涉及国内外的市场状况和供需趋势；未来的能源安全是供需互保型的安全问题和内外竞争与合作的安全问题。这些系列结构性问题都需在全球地缘政治经济框架下通过国内外的协同发展加以解决，即需要把国内能源安全问题与全球能源安全问题结合起来，把区域能源问题与产业问题结合起来，把内外协同发展战略进一步提升为新的地缘政治经济战略加以管控和解决。

因此，新的能源安全观需要建立以能源产业自身的良性循环为基础，各能源生产、运输和消费部门协同发展，推动能源与环境、社会和公众目标的区域协调、国内协调与国际协调，引领本国（或本经济体）融入中长期综合协调发展的全球能源新体系之中，以便制定全面、协同和开放的能源安全战略。

目前，中国能源安全的新忧虑主要是需求管理问题，尤其是新型工业化和城镇化在推动能源需求增长的同时，能否带来节能减排和能源效率的大幅提升；较高的石油和天然气供应对外依存度是否引发对跨国长距离运输基础设施、投资合作和双/多边合作机制的保障问题；以及能源—环境—社会可持续发展问题。

为了将新的能源安全观清晰地体现出来，使不同的利益相关方看到自身能源安全状况的外部表现、存在问题和发展趋势，以便寻找提高能源安全的正确思路和措施，本报告从能源产业、相关部门、环境、生态、社会、公众、国际关系、基础配置和未来发展等不同侧面将能源安全问题指标化，构建起一套评估中国能源安全评估框架，并初步判断当前的中国能源安全指数为 83% 左右。

七 "能源金砖"的基本构想

20. "能源金砖"为主要新兴经济体从地区到全球层面推进多边能源合作提供基本框架、合作机制和发展方向

中国的能源安全与全球能源安全密切关联。为提升自身的能源安全,需要以开放与合作的态度,推动地区能源安全和全球能源治理体系的改造和发展。中国与其他新兴经济体间存在着能源合作的共同利益。首先,全球能源发展板块化趋势增强,供需基本面出现较大调整,全球化和跨区域的投资贸易增强。因而各国的能源安全均离不开合作、共赢的能源安全机制。其次,金砖国家和其他新兴经济体可持续发展需要新的能源发展战略和模式作支撑。第三,随着多元进口通道的形成和基础设施的建设发展,中国能源市场与其他国家的能源供需紧密关联。中国的能源安全将逐渐从单一的消费国能源安全转为广泛涉及资源国、消费国和过境国及所有跨国运输贸易利益相关方的综合安全。

为此,本报告提出中国须以更加开放的态度积极参与从地区层面到全球层面的多边能源合作机制,打造新兴经济体的"能源金砖"。

过去20多年来,中国积极参与了诸多地区性和全球性的能源合作机制和治理体系的建设过程,以更加开放的态度参与其中,发挥重要作用,逐步形成特有的影响力,包括区域内的"能源金砖"(新兴经济体在不同区域内的多边能源合作机制,如中国、俄罗斯和中亚国家在上海合作组织范围内的能源合作;APEC关于天然气和新能源领域的合作;东盟10+1和10+3自由贸易区和区域全面经济伙伴关系协定下的能源投资贸易机制等)和跨区域"能源金砖"(主要新兴经济体跨区域的能源合作与治理机制)。从地缘政治和经济上俯视,俄罗斯、中亚国家、中国、印度和土耳其分别是欧亚大陆的主要能源资源国/出口国、主要消费国和关键的过境国,跨区域的能源合作潜力较大。APEC本身也是跨区域合作。2014年北京APEC会议在亚太能源安全和可持续能源方面达成了诸多共识和协议,充分体现了中国的影响力,其中,中美达成的温室气体减排协议,是推动

2015年全球气候变化谈判领域的一个重大里程碑。

21. 未来多边能源合作方向是多元推进，建立和体现示范作用

"能源金砖"的合作方向是多方面的，包括政府间能源战略对话与政策协调机制；鼓励各方机构共同研究、开发能源合作的领域和途径；鼓励各方机构在建设和维护能源基础设施及能源技术应用方面开展合作；加强能源领域的智库合作、人才培训和信息交流，为能源合作提供能力支持。

根据本报告对跨区域合作思路的研究，不同区域能源合作机制包括：（1）亚欧能源合作带，即中国—俄罗斯—中亚能源合作带、中国与波斯湾国家能源合作带；（2）东盟10+1和10+3能源合作机制，利用中国—东盟东亚峰会清洁能源论坛，逐步形成和提升规则性合作机制；（3）将非洲东部地区油气开发与运输、波斯湾—阿拉伯海石油贸易与南亚和东南亚能源开发相结合，建立北印度洋能源合作带；（4）跨区域能源合作与治理机制，涉及中国与南非、土耳其、巴西、阿根廷等其他新兴经济体跨区域性的能源合作与对话；（5）北—南太平洋能源合作空间，重点是北太平洋液化天然气区域贸易与投资合作。同时考虑南太平洋的能源资源合作。对于中国来说，同时需要北—南两大太平洋能源合作空间；（6）中欧在新能源、环境保护和气候变化领域的合作；同时争取联合波兰、保加利亚/罗马尼亚等中东欧国家，在中东欧地区推进能源基础设施领域的合作；（7）与国际能源机构的合作和对话。

中国多边能源合作政策的重要目的是联合和推动与其他新兴经济体在能源需求管理、能源效率、技术进步等领域的开放、多元和综合合作，建立和发挥示范作用，争取在2020年后形成重建全球能源治理的基本框架，与西方现有的国际能源治理体系衔接和融合。

八 寄语2015和"十三五"规划

22. 寄语政策制定者

从本报告展望看，"十三五"时期是中国能源发展和转型的重要时期，也是系列新的能源政策的展现期，更是中国全面实现小康社会的重要时期。中国能否在 2020 年兑现能源政策目标是对"十三五"规划期的重大考验。我们不质疑 2020 年按期建成小康社会，但是届时中国的生态环境形势可能依然严峻。如何根据本国国情，合理制定和实施各项能源政策，是对政策制定者能力、智慧、态度和职责的重要考验。其中，能力和智慧是基础，态度是保证，职责是铁律，承载着更多更富挑战性的期待。

23. 寄语能源产业

目前中国的能源产业面临前所未有的挑战。煤炭产业如何在近期的市场压力下生存和发展，如何在市场竞争中依靠多元创新、重组和发展，面临一场自我革命性的历史考验；油气产业如何依靠改革、科技进步和有效管理，夯实后备资源，"稳油增气"，直面 100 美元以下的油价考验，适应新的市场格局，依然没有答案；电力部门的改革已被推到风口浪尖上，传统的垄断经营和产业保护已难以为继；现代可再生能源产业发展依然艰难；能源企业的国际合作如何从"走出去"战略进一步提升到"丝绸之路"战略构想，需要在战略上实行系列转型和转变。最后，政府、产业与国内外公众之间如何形成良好的互动和对话，还是一个全新课题。缺乏正确的理念和高效运作机制，这一互动与对话机制难以建立。

24. 寄语外部世界

中国是世界能源发展的重要变量，也是重构全球能源安全体系的重要的力量，对于诸多外部因素来说，中国还是一只巨大的"黑天鹅"。为此，在中国以更加开放和积极的态度加大与外部世界的交流、对话与合作的同时，外部世界尤其是西方国家需要更深入地了解和研究中国的国情、中国的能源数据与政策，客观认识中国在全球能源领域中的角色与作用、中国的贡献和发展趋势，才能更好地探讨与中国的双/多边合作。

25. 寄语公众

未来社会的发展、诸多民生利益和公众诉求均与能源转型、能源服务、环境保护和气候变化等议题与政策紧密相关。能源转型、发展和普遍服务在推动社会发展的同时,也将带来复杂的外部性。营造良好的环境需要公众将自己的生活态度和生活方式的转型与能源转型及发展紧密结合,公众只有善用和巧用"社会许可"和"避邻"对策,与能源产业和政策制定者建立良好的对话关系,才能共同推进节能减排,共享能源革命的成果。

概 论

一 性质、领域、对象与框架

1. 性质与目的

《世界能源中国展望（2014—2015）》是中国社会科学院世界经济与政治研究所（IWEP）"世界能源中国展望"课题组独立调研与展望世界和中国能源发展趋势与相互影响的跨年度研究报告；是IWEP世界能源学科和《中国能源安全的国际地缘战略研究》创新工程项目的综合研究成果。

《世界能源中国展望》不仅是世界能源的跨年度展望，也不仅是中国能源的跨年度展望，而是二者之结合，即以世界能源发展趋势为背景，参照国际能源署（IEA）《世界能源展望》报告的框架，重点研究分析本报告"生态能源新战略"情景下中国能源中长期发展的基本态势和政策选择，对能源安全相关重大问题做出专题分析，展示和评估中国能源发展与世界能源发展的相互影响。

本报告的目的是以中国能源专家的眼光，向国内外能源政策制定者、能源产业、媒体和公众提供观察与分析中国能源发展走势、能源安全局势、中国与世界能源发展互动关系的独立视角和判断，尤其是在中国生态文明建设和全球气候变化议程中，对中国能源供需走势、能源政策、发展方式和国际合作的分析判断；同时推进中国参与国际能源论坛（IEF）的能源对话与信息交流。

2. 能源展望领域的现状和趋势

能源展望是国际能源机构、各国能源部门、能源产业和媒体十分关注的重大领域。目前国内外各类能源展望报告大体可以分为三类：

一类是国际能源机构的能源展望，包括国际能源署（IEA）的《世界能源展望》、石油输出国组织（OPEC）的《2030年世界石油展望》、国际天然气联盟（IGU）的《2050年全球天然气前景》、国际可再生能源署（IRENA）的《全球可再生能源报告》和《可再生能源路线图2030》等。

一类是跨国能源公司的全球能源展望。比如英国石油公司（BP）的《2030年世界能源展望》、埃克森美孚公司（Exxon Mobil）的《2040年世界能源展望》和英荷壳牌集团（Shell）的《2050年世界能源发展前景》等。

一类是国家层面的能源展望报告，包括美国能源信息署（EIA）的年度《国际能源展望》、俄罗斯科学院能源研究所的《俄罗斯和全球能源展望》、日本能源经济研究所（IEEJ）的《亚洲和世界能源展望》等。中国的能源展望报告包括国家发展与改革委员会能源研究所的《中国能源展望》、中国社会科学院、中国科学院和有关大学能源研究中心发布的能源报告（含展望内容）。IWEP的《世界能源中国展望》是一枝起步晚、起点高的新秀。

能源展望是国际能源机构、主要国家政府、能源产业、媒体和公众深入了解能源发展现状，把握能源发展走势的重要途径；是国际机构、各国政府和能源产业制定能源和环境政策的重要依据，也是当今全球和地区能源安全对话与合作的研究基础。因此，国际能源机构倾力推动；政府能源主管部门（除美国外）一般不从事能源展望分析，[①] 但是支持著名智库或大学能源展望项目的研发；著名跨国能源公司热衷于研究和发布全球能源展望旨在展示公司的全球视野、中长期观察、行业影响力。

近几年来，能源展望领域的发展特点是：（1）既有的能源展望内容不断提升和发展，比如近几年来IEA将能源效率作为能源展望的重要内容，不断扩大特别报告对重大专题的跟踪调研，含对伊拉克和巴西等重点国家、非洲和东南亚等地区的能源发展展望；（2）出现了新的能源展望报告，如挪威国控石油公司（Statoil）的《2040年能源观察》和本报告等；

---

① 美国能源信息署（EIA）承担美国和国际能源展望年度报告和数据库的研发，强调"公开而独立的"数据分析。

(3) 出现了地区机构的能源展望报告，比如 2011 年以来东盟能源中心与日本 IEEJ 合作出版的《东盟能源展望》。

这些趋势进一步提升和扩展了能源展望报告的作用和影响，即加强对未来能源发展趋势的研究，为世界、地区和各国经济的中长期发展规划提供分析数据和情景分析成果；增强能源政策分析，寻找未来能源政策的缺口，提升能源政策的适应性和引导作用；促进政府、产业和公众在能源问题上的对话与交流。

《世界能源中国展望》是上述认识的一个产物，也是 30 多年来首席专家观察、对比和参与各类能源展望研究和评论的成果，着力结合中国的国情，独立研究和展示从研发当年到 2030 年中国与世界能源发展趋势的互动性、面临的挑战和所期待的前景，尽中国智库和学者对中国和世界能源可持续发展的责任。

3. 本年度报告的特色

《世界能源中国展望（2013—2014）》（首部报告）于 2014 年 2 月 18 日在北京发布，将我们的构想变为现实。之后，我们在中国大陆地区向国家能源主管部门、若干国有能源公司、若干驻华外国机构、大学以及媒体作了系列演讲；在境外（东京、华盛顿、利雅得、悉尼、卡尔加里、台北、香港等地）分别做了 10 次专场英中文演讲。通过上述发布和演讲，首次向国内外发布了不同于目前国内外既有能源展望报告的研究情景、展望趋势和专题分析。其中较有影响力的演讲是 2014 年 2 月首席专家徐小杰研究员在美国智库"战略与国际问题研究中心"（CSIS）和 3 月在国际能源论坛（IEF）的专场演讲，得到良好的反响，引发了国际能源机构、能源产业、国际智库以及媒体对本报告的特别关注，被 IEF 列为年度能源对话的展望报告之一。

本跨年度报告《世界能源中国展望（2014—2015）》的主线依然是中国和世界能源的中长期发展趋势，内容覆盖能源产业、能源政策、能源经济、能源生态和社会利益等方面，重点思考中国经济进入新常态下能源发展态势和这一态势对世界能源的影响，尤其是通过对能源生产、消费、体制和技术四大"能源革命"的分析，揭示中国能源开发利用方式和能源结构的变化、未来能源政策的重构方向、中国参与地区性和全球性能源合作的新安全观以及这些变化和态势的全球影响。

本报告继续侧重中长期分析，但是将首部报告的展望期（2011—2035年）调整为 2011—2030 年，研究起点是 2013 年下半年，这是首部报告（截至 2013 年年中）的自然延续。为了提升展望期内情景分析的可靠性，与目前国内的 2030 年中长期规划和预测相结合，我们将展望期缩短至 2030 年。但是，本跨年度报告的分析重点是对 2014 年能源发展状态的年度评估，也尽力对 2015 年做出预判和分析。在数据库中对 2014 年和 2015 年的态势进行详细的数据验证与预判，映照"十二五"规划的可能结果。

本报告以五年为一个次展望期，重点分析和展望 2016—2020 年（"十三五"规划期）的发展前景和年度变化，试图为国内研究"十三五"规划提供政策情景和分析意见；对 2020—2030 年的能源发展仅做粗线条的分析和展望。

4. 基本框架

本报告按照以上思路设立研发框架，除序、执行总结和前言外，共分能源展望分析（共六章）、专题研究（共四章）和数据表与附件三大部分。具体布局如下：

第一部分侧重中国与世界能源展望。第一章为本报告的主题章节，分析全球和中国能源发展总态势（包括能源产业分布、基本特征和发展态势），重点分析 2013 年下半年以后到 2014 年和 2015 年的能源发展走势，展示"生态能源新战略"情景下 2020 年前及 2030 年中国能源发展的合理趋势。

第二章跟踪分析 2013 年下半年以来美国、欧盟、日本、俄罗斯能源政策走势以及联合国 IPCC 气候变化报告；2013 年以后中国能源与环境政策的发展变化，将"生态能源新战略"内容扩展为"全面和可持续的能源发展战略"，分析环保、公共利益和技术创新等因素在未来能源发展中的应有含义与作用。

第三章阐述本报告对煤炭产业发展的再认识，分析煤炭的发展态势，在展望期内煤炭在中国能源结构中的地位和作用，煤炭政策变化和未来煤炭清洁化的方向、路径和影响，展望期内煤炭政策的着力点和条件。

第四章研究世界和中国电力产业的发展态势，综合分析火力发电、水力发电、核电和可再生能源发电的趋势以及展望期内电力政策和电力体制改革的方向。

第五章深入分析全球核电发展态势、中国核电发展现状和情景；通过国际比较和核电发展的因素分析，提出适度规模和稳步发展作为中国核电政策的重要选项。

第六章调研全球能源技术发展趋势、影响未来能源发展的重大技术与政策选择，评估若干能源技术发展对展望期内能源发展的影响。

本报告第二部分为"能源安全专题研究"，以此为派生研究对象，阐述中国新能源安全观的认识过程和近年来在对外能源合作领域中的体现。其中，第七章在2013年度报告的基础上进一步梳理新能源安全观，提出可持续能源安全的含义和可衡量的评估框架；进一步分析中国新能源安全观在"丝绸之路"地缘空间中的表现。

第八章跟踪调研中国与中亚油气合作的发展阶段，分析中亚油气供需发展趋势，中国与中亚油气合作对能源安全的意义，在现行政策和"丝绸之路"战略情景下的趋势和战略选择。

第九章分析东南亚能源供需状况和周边能源合作在不同合作战略和政策情景下的发展趋势以及中国与东盟能源合作政策的选择。

第十章深入调研非洲油气供需发展趋势，中国与非洲能源合作在现行政策和"丝绸之路"情景下的发展前景和趋势。

第十一章在开放、包容和可持续的能源安全观下，阐述中国参与和重构全球能源治理体系的基本构想。本章将2012年提出的"能源金砖"概念进一步提升为中国参与地区性和全球性能源治理体系的基本理论、基本方略和基本框架，阐述中国等主要新兴经济体在全球能源治理体系重构中的角色和作用。

本报告第三部分为支撑主题研究的数据表和附件。其中，数据表是从数据库中输出的成套数据，便于读者直接掌握本报告的系列数据。附件一是对 IWEP 能源展望数据库更新、扩展和依据的简要说明，以便读者理解本报告的数据来源、依据和关键系数；附件二是本报告和第四章预测模型的简要说明；附件三提供了缩略词、统计单位、换算公式与能源转换系数的对照表。

二 研究思路、方法和数据库

1. 研究思路和方法

根据上述研究性质、研究对象和特点，《世界能源中国展望（2014—2015）》采取了以下研究思路和分析方法：

第一，继续借鉴 IEA《世界能源展望》的情景分析方法，重点考察和展望能源政策变化对中国能源发展趋势的影响，包括：

（1）现行政策情景，即仅考虑 2013 年下半年到 2014 年公布和执行的政策对 2014—2015 年和中长期能源发展的影响。本报告的现行政策情景与 IEA 的定义相近。

（2）IEA 的 450 情景，即 2050 年将每百万吨二氧化碳排放浓度控制在 450ppm，温度控制在 2 度以内的倒逼政策情景。本报告暂不做对应分析，但是充分考虑了碳排放和气候变化对能源发展的影响。

（3）本报告吸收了 IEA 对新政策情景的基本界定。这一政策情景基于现行政策、措施的持续发展，考虑了研发当年新发布的能源政策、能源规划和比较明确的政策走向或承诺，分析贯彻实施这些新政策意图下有关国家和世界能源发展趋势。但是，IEA 的新政策情景对于中国部分的分析是不充分的，对中国能源政策的理解是有限的。为此，本报告继续以"生态能源新战略"为核心情景，在内容上进行了扩展和发展，开展中国和世界能源发展展望分析和比较，体现本报告的特色。

第二，根据上述核心情景，本报告跟踪和更新了 2014—2015 年中国能源发展趋势、变化以及对世界的影响，对 2016—2020 年作了重点分析。

依然需要指出的是，本报告的能源展望是我们对展望期内能源发展趋势的一种理性期待，不同于数理模型的推演或模型预测，前者根据我们对现行政策和新政策意图的充分理解做出推测和分析，对未来的能源趋势做出我们认为较为合理的预期和选择；而后者是根据给定的数据，运用给定的模型得出一种必然的结果。自然，在不同的政策情景下有不同的趋势和影响，本报告意在表现本报告核心情景下的结果与IEA新政策情景下的结果的差异，不做类似数理模型预测中的参考方案、高方案和低方案。但是，在情景分析基础上，我们也运用有关数理模型对我们的展望结果进行反向分析，即如果产生同样的结果，那么根据数理模型反证相关的影响因素（规模、系数和因子），以便深化分析。如第一章运用GDP、城镇化和产业结构变化等因素对2030年中国能源需求预测结果进行反向分析。

2. 基础数据库和数据处理方法

为开展本跨年度报告的政策情景分析，我们进一步完善了"IWEP能源展望数据库"，为本报告各章分析提供相对完整和统一的数据支撑。① 在首部展望报告数据库（含能源供需基础库、新能源发电子库和碳排放子库）的基础上，本报告对数据库进行了扩容和更新（详见附件一），其中电力子库增加了装机容量和发电量，对发电数据和可再生能源供需数据进行了全面更新，含单独开发的核电站数据分库。每个子库均以2011—2030年为展望期，具体优化2014年和2015年的能源数据，重点展望2016—2020年的发展趋势。

在评估和展望中，基期的数据库主要来自国家统计局、国家发展与改革委员会、有关能源行业协会以及"十二五"规划文件中的数据，对若干数据进行必要的修校；有关能源效率系数的设定参考了历史数据，未来的系数参照了IEA和行业机构的报告，并根据我们的研究评估确定。在2030年中国能源发展态势的判断中，对如下两个时期给予特别关注和分析：

一是2017年前各省（区、市）贯彻执行2011年出台的《火电厂大气污染物排放标准》、2013年9月出台的《大气污染防治行动计划》和2014

---

① 本报告中的展望数据，特别是"生态能源新战略"情景下的数据以及在"本报告认为"和"我们认为"等语境下的数据均来自"IWEP能源展望数据库"，除非另有注释。

年9月的《煤电节能减排升级改造行动计划》等政策的结果。根据对相关政策的理解，我们认为这些节能减排政策措施将在2017年前得到大力推进。

二是2020年前后的重大变化，即2020年前能源政策突出以"降煤、稳油、增气"和快速发展新能源为重点的能源结构调整，同时优化不同能源使用方向/用途以及地区结构；大力推进重大能源创新技术系列的开发和示范项目（如对煤炭清洁化利用方向的调整、煤电项目的"近零排放"、碳捕捉与封存等技术研发和示范项目）；2020年后突出上述能源技术的商业化应用和推广，将对能源效率、能源清洁化和供需趋势产生重大影响。

本报告的世界能源发展数据主要采自IEA和BP。但是，本报告将自身对中国能源结构的优化数据替换IEA的中国数据，得出了新的世界能源展望数据，以体现不同的中国变量所导致的不同的世界影响，尤其是中国能源供需、进口和碳排放对世界的影响。

三 核心情景和假设条件

1. 核心情景的观点说明

本报告对"生态能源新战略"政策情景的定义与首部报告的认识基本一致。① 但是，本报告对这一政策情景的内容进行了扩展。除了相关章节的论述外，主要观点可概述如下：

第一，我们认为，在2030年前甚至更长的时期内，煤炭依然是中国的"能源之王"，"以煤为主"是现阶段中国的基本国情，发挥着基础能源的作用。同时根据我们对未来能源转型分析，中国未来的能源结构优化不再是一种主导能源（如煤炭）被另一种主导能源取代，而是由一种主导能源（如以煤为主）的结构进入煤炭、石油与天然气、非化石能源相平衡、多种能源并存的结构。因此，清洁高效地开发和利用上述所有的能源资源，

---

① 《世界能源中国展望（2013—2014）》第二章，社会科学文献出版社2013年版。

是未来中国能源战略与政策的基本方向。

未来的能源清洁化不是非化石能源化（当然不否认非化石能源的天然优势和发展前景）。相反，化石能源（特别是煤炭）的清洁高效利用正是中国能源清洁化的最大难点。

第二，2020年前是中国经济转型和加速改革发展的重要转折期。在这一时期，国内生产总值（GDP）增长速度减缓至6%—7%，同时追求可持续和高质量的发展和绿色增长更为突出。中央和地方的能源政策重点在于调整现有能源消费结构。其中，控制煤炭消费增长速度，减少煤炭消费占比，到2020年和2030年，使煤炭消费比例下降至60%以下和50%左右成为可能，煤炭消费总量在2025年前见顶。这是能源消费结构优化的合理速度和比例，为其他能源的发展留出合理空间，推动天然气、核电和可再生能源的发展。

第三，在2020年前后，在推进新型工业化、城镇化、信息化和农业现代化（"新四化"）的过程中，中国能否找到能源清洁高效利用的革命性的解决方案，走出一条节能、降耗、减排和绿色的发展道路，具有较大的挑战性和不确定性。按照国家规划，中国将在2020年全面建成小康社会。我们认为，从目前的GDP增长惯性看，使GDP和城乡人均收入比2010年翻一番不存在增长速度和水平上的问题。在今后5—6年内，即使以略低于7%的增长速度，也能实现上述经济指标。但是，必须指出煤炭依然是小康社会的主导能源，人们可能质疑这是一种高排放的小康社会，还是清洁美丽和可持续发展的小康社会。我们认为，2013—2017年是做出清晰回答的关键五年，需要做出一系列的政策约束。

第四，中国的能源发展是未来世界能源地缘政治的重大变量。中国能源供需、结构和碳排放展望的差异将影响对全球能源与环境变化的认知。我们认为，"生态能源新战略"政策情景下的中国能源发展趋势展示了中国对缓解全球气候变暖的贡献。但是，这一预期和合理展望的条件与未来中国的能源安全局势与外部环境相关。今后中国在确保国内能源可持续发展的同时，必须与新兴经济体和整个世界紧密合作，加强双/多边能源合作与对话，确保地区和全球能源合作安全和可持续的发展。

2. 假设条件

本报告的"生态能源新战略"情景具有系列假设或前提条件，这些假设和条件与 IEA 的新政策情景有一定的差异。

第一，经济增长因素。

根据 IEA 的分析，在过去几十年里，世界经济结构变化、能源效率提高和燃料结构转移使得全球能源需求增长一直低于经济的增长。世界能源强度在 1971 年和 2012 年间下降了 32%。然而在发展中国家，由于能效较低，能源消费结构欠合理，能源需求增长与经济增长速度紧密关联。目前发展中国家的经济增速快于发达国家，但是中国、俄罗斯、巴西和印度等新兴经济体的经济增长放缓。在经合国家（OECD）中，美国、加拿大、澳大利亚、新西兰、韩国和近期日本的增速快于复苏中的诸多欧洲国家。按照购买力平价，IEA 设定 2011—2035 年世界经济年均增速为 3.6%。快速增长来自亚洲发展中国家和地区，约占世界经济活动的一半以上。IEA 在 2014 年的展望中将 2012—2020 年中国的经济增速修正为 6.9%，2020—2030 年为 5.3%，2030—2040 年为 3.2%。印度在 2012—2020 年的经济增速为 6.2%；巴西为 2.9%，略低于拉美地区的整体水平。[①]

本报告假设 2014 年和 2015 年的中国经济增速处于 7%—7.5% 之间，2016—2020 年的经济增长速度为 7%，2020—2030 年经济增长率为 5%—6%。由此，2014 年的能源消费弹性系数从 0.39 上升到 2015 年的 0.44，"十三五"时期稳定在 0.5 左右，2020 年后继续下降到 0.2 左右。而同期电力消费弹性系数从 0.59 上升到 1.03，"十三五"时期在 1 左右徘徊，2020 年后逐步降至 0.5 以下。

第二，人口和城镇化因素。

人口增长和结构性变化是影响能源需求增长和变化的基本因素。根据 2013 年联合国发展署（UNDP）预测，世界人口将由 2012 年的 70 亿增长到 2035 年的 87 亿。世界人口的总体增速继续放缓，从 2012 年的 1.2% 下

---

① IEA, *World Energy Outlook* 2014, Paris September, 2014, p. 41.

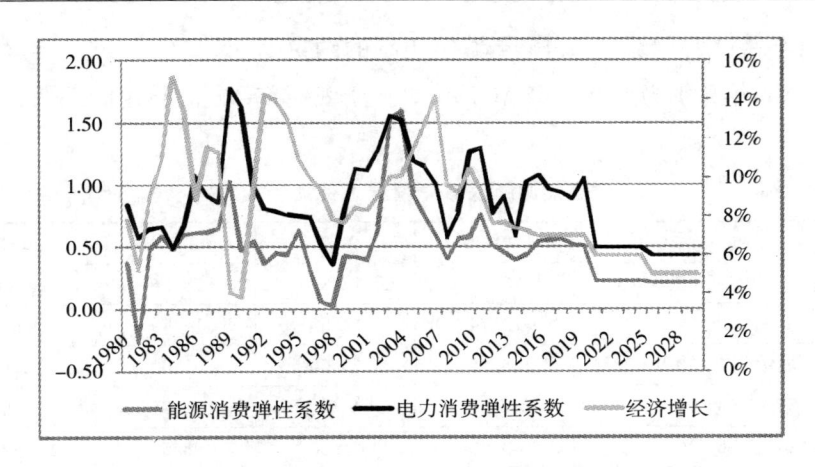

概论图1 中国能源和电力需求弹性系数的变化

降到2035年的0.9%。在发达国家，除了美国人口可能增长较快以外，其他发达国家的人口增长平缓。而在发展中国家，非洲、印度和东南亚人口增长最为迅猛。IEA预计，2030年印度将超过中国成为世界人口第一大国。而中国人口增长明显趋缓，2012—2020年人口年均增速为0.77%，2020—2030年年均增速0.21%，明显低于世界增速和其他国家。本报告设定，2014年中国人口为13.74亿，2020年、2025年和2030年分别为14.39亿、14.7亿和14.85亿。但是，实际增长可能低于预期。

OECD国家的人均收入普遍高于非OECD国家。前者人均收入增长对能源需求的相关性削弱甚至脱钩，而后者人均收入对能源需求的刚性影响依然存在。中国的人均收入增长进入中等收入国家水平，对于能源需求的增长和碳排放的上升影响增强。但是，这一增强态势是可以改变的。转变态势的途径在于提高能效、调整结构、转变使用方式。具体地说，新型工业化是决定今后中国能源需求的重要因素，持续的工业化必然带动能源需求和碳排放量的持续上升态势。但是，随着中国经济结构和产业结构的调整，单位GDP能耗、关键设备的能源效率和节能减排将得以明显提升，因而能源需求增长速度减缓。

同时，城镇化带来的人口结构变化推动能源消费结构的变化。根据IEA研究，全球人口城镇化率将由2012年的51%提高到2035年的61%。而"生态能源新战略"情景对 2015 年城镇化率的约束是 55.55%，2020 年、2025 年和 2030 年分别为 60%、65 和 70%，低于我们首部报告设定的水平。

概论表 1　　　　"生态能源新战略"情景下社会经济指标

	2015	2020	2025	2030
国内生产总值（万亿）①	10.95	15.36	20.56	26.34
人口（亿）	13.74	14.39	14.70	14.85
城镇化率（%）	55.55	60.00	65.00	70.00
第一产业（%）	9.50	9.00	7.80	7.00
第二产业（%）	43.00	41.00	38.50	35.00
第三产业（%）	47.50	50.00	53.70	58.00
第二产业能耗②（%）	4	13	27	33
第二产业电耗③（%）	-5	-4	4	12

第三，产业结构调整和能源效率的提升。

根据本报告对 2030 年前中国能源需求增长模型的分析，在"生态能源新战略"下，2015 年中国第一、第二和第三产业结构分别为 9.5%、43% 和 47.5%，2020 年的结构分别为 9%、41% 和 50%，2030 年分别为 7%、35% 和 58%。④ 我们认为，三大产业结构的顺序与能源需求呈正相关性（概论表 1）。

目前，中国处于工业化中后期阶段，第二产业在三大产业中能耗最高（占 70% 左右），预计从 2015 年到 2030 年第二产业在经济结构中的比例将由 43% 逐步下降到 35%，这一产业结构升级将直接减少产业能耗，提高能源效率。预计 2015 年、2020 年、2025 年和 2030 年第二产业增加值能耗与 2010 年相比，分别下降 4%、13%、27%、33%。第二产业电耗也将

---

① 国内生产总值为剔除物价因素后的实际值，以 1978 年为基期。
② 第二产业能耗由第二产业能源消费除以第二产业增加值（2010 年价格）得到。表中表示 2015、2020、2025 和 2030 年与 2010 年相比，第二产业能耗的下降比例。
③ 第二产业电耗由第二产业电力消费除以第二产业增加值（2010 年价格）得到。表中表示 2020、2025 和 2030 年与 2010 年相比，第二产业能耗的下降比例。负数表示能耗上升。
④ 见附件二中国能源和电力需求预测模型。

相应降低，但幅度可能小于能耗（概论表1）。

第四，技术因素。

我们认为，技术进步是实现能源转型或能源革命的关键性因素。本报告继续肯定以下十大能源技术系列对中国未来能源开发利用的直接影响。第六章结合实际调研，设定了技术进步下能源供需发展水平和能源利用系数的变化，对能源技术进步作了深入分析。

概论表2　　　　　　　　　能源技术分类描述

技术	世界进展	中国进展	深入发展的条件
煤炭清洁化技术	煤电一体化和煤化工技术继续得到推进。	2017年前煤电厂的"近零排放"示范取得进展并得以推广；煤基化工稳步发展。	煤炭清洁化的技术方案、新设备和方案的成本控制和水资源利用和政策支持
非常规开发技术	页岩气、致密油气、煤层气、超重油、油砂在少数国家得到推进，效果显著。	煤层气和页岩气依次得到开发，2020年产量分别达到300亿立方米。	地质理论、技术方案、商业模式、基础设施和调控体系的到位。
深海和深盆油气开发技术	深海和超深海开发更加安全、友好，石油产量达到2亿吨。	2020年前深海和深盆产量达到1200万吨左右；2030年达到5000万吨左右。	深海对外开放和技术设备配套。
可再生能源发电	由于金融困难、政策不确定和技术问题，2012年比2011年投资下降11%。但是，太阳能PV装机容量增长42%，风能增长19%。	2020年的风电和光伏发电与煤电上网价格相近，设备利用小时分别为1900小时/年和1100小时/年；2015年掌握400MW高水头抽水蓄能机组和设备制造技术，2020年后装机容量达到55GW	由于发电成本较高，补贴依然维持。促进电网一体化的改革须得到持续推进。
核能	2012年7个核能项目投入建设，而2011年4个，2010年16个。2015年前后日本核电站将恢复15—20座，发电比例可达到15%左右。	2015年底AP1000首堆运行，2016年推广，2019年CAP1000和"华龙一号"建成投产和推广	以更有利的市场机制和投资环境减少风险和前期投入；提升安全措施，培育公众的信心。

续表

技术	世界进展	中国进展	深入发展的条件
CCUS	13个大型CCS示范项目运行或在建。2012年在建两个项目，8个取消。	CCUS已列入国家能源科技"十二五"规划，期待2020年前示范项目取得重大进展，2030年后商业化推广。	加大金融支持和政府政策承诺，增加加速示范项目；足够高的碳排放价格和商业化市场。
生物燃料	2012年新投资比2011年减少50%；对生物燃料支持政策和较高的原料价格的评估，应对能力过剩。	根据各地生物资源条件和用能特点，推广应用技术已基本成熟，如生物质燃气、发电、燃料等多元化技术。	以长期政策框架建立投资者信心，研发降低成本，提高效率，开发可持续的原料，推广国际标准的应用。
混合电动车	2012年美国、日本等国家的混合动力汽车销售达到120万辆；电动车销量翻番，政府提高电动车销量目标。	到2020年，纯电动汽车和插电式混合动力汽车累计产销量超过500万辆。	进一步减少电池成本，提高对传统汽车的竞争力；注入优先泊车和高速道优先等非金融性措施，扩大充电基础设施。
能效	主要能源消费国不断公布新的能效措施	2016—2020年单位GDP能耗持续下降，火力发电能耗从2013年的309克/度下降到2020年的294克和2030年的270克左右	采取政策，消除限制贯彻提高能效措施的障碍。
节能环保技术	发电建筑、再生混凝土建筑、纳米涂层、自动控温和零排放建筑	2013年8月出台《加快发展节能环保产业的意见》得到实施；《大气污染治理行动方案》在全国得到有力实施；循环利用、建筑节能得到强制执行。仅建筑节能潜力为9亿吨标准煤。	需要通过强制性的节能法和措施；加大建筑节能减排力度，挖掘节能潜力，形成推动节能产业发展的有利的环境。

第五，能源价格的变动。

在IEA的新政策情景里，2020年全球原油进口价格为112美元/桶（以2013年的汇率为基准），2040年为132美元/桶。这一价格水平低于IEA的现行政策情景（2040年为155美元/桶）。IEA 2014年的世界能源展望报告未能及时对2014年下半年的国际油价和影响做出分析。

2014 年上半年国际油价保持在每桶 100 美元以上，直至 6 月达到 115 美元/桶。然而下半年油价出现大逆转。6 月 19 日布伦特原油价格下跌到 91 美元/桶，9 月和 10 月继续跌到 85 美元/桶，11 月中旬跌至 80 美元/桶以下，为 2006 年以来首次进入 70 美元警示区。11 月 27 日，在石油输出国组织部长会议做出"不减产"决定之后，布伦特原油价格和美国西得克萨斯轻质油价格随即下跌至 72 美元/桶和 68 美元/桶。12 月 4 日沙特阿美石油公司又作出了向美国和亚洲折价出口原油的决定，向市场发出了继续削价保持市场份额的决定，上述两种国际油价进而滑向 70 美元和 65 美元，并呈现继续下滑的趋势。

我们认为，2014 年以来国际石油市场供应与需求出现明显不平衡。从 2013 年与 2014 年前 9 个月供应增长（概论图 2 左）和需求增长（概论图 2 右）比较看，供大于求的局面十分突出，是下半年国际油价下跌的基本原因。

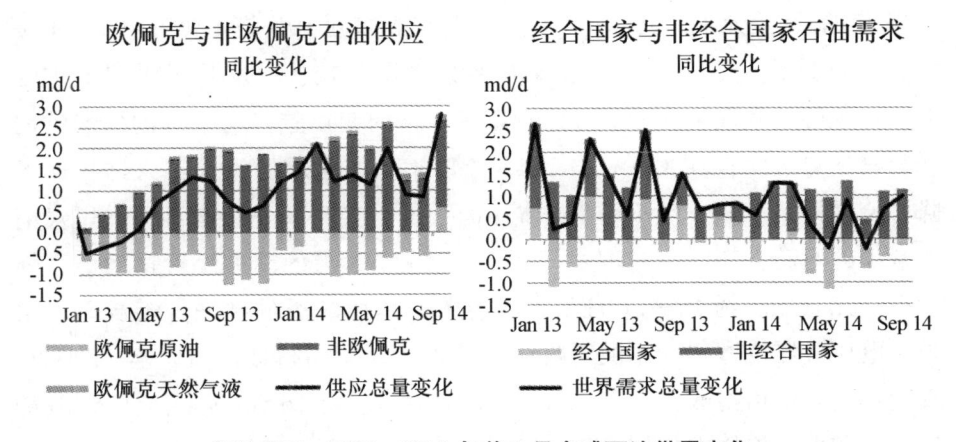

概论图 2　2013—2014 年前 9 月全球石油供需变化

资料来源：IEA, *Oil Market Report*, Paris, October 2014。

在非基本面方面，2014 年美元汇率的变化对油价有一定的影响。美国联邦储备系统量化宽松的结束及此前既已开始的强势美元增加了油价下降的压力。

我们预计，国际原油价格走弱将持续进入 2015 年，平均维持在 60 或

70美元/桶左右。

国际油价下滑也将推动与石油挂钩的天然气价格的下降。2014年下半年亚洲液化天然气（LNG）价格同比下降40%以上；2015年加速下滑。预计一些成本在8美元以上的LNG项目在2015年将难以运营。全球区域性天然气价格差别依然存在。目前美国天然气供应充足，气对气的竞争稳定，天然气价格较低（2.5—4.5美元/MMBTU）。随着天然气需求的上升和出口的增长，预计2020年前美国的天然气价格有望稳步提升至6美元左右。而欧洲的天然气市场取决于多种石油和天然气价格以及气对气的竞争，天然气价格有可能稳步下降，2020年大体为10美元上下，上升的空间较小。在2018年前后，随着多气源供应和竞争的展开，亚洲天然气市场将以中国为中心形成区域性天然气价格。[①] 亚洲的天然气供需结构与欧洲较为类似，两者之间具有较大的可比性，天然气价格的总体水平可能较接近。而国内外天然气价格差距的缩小将推动天然气价格改革。

在IEA的新政策情景中，经合国家（OECD）动力煤的平均价格由2012年的99美元下跌到86美元，2020年提高到100美元/吨，2035年缓慢提升到110美元/吨。但是在450情景中下降较快，反映了强烈要求降低碳排放的气候政策的影响。这些煤炭价格的变化趋势与中国的煤炭供需和价格走势之间存在关联。自2013年以来，中国煤炭需求进入结构性下降，价格持续下降，产业经营成本压力上升。受到产业结构调整和煤炭消费减少的驱动，2014年5月中国渤海湾5500大卡的动力煤价格已经下降到500元以下。到10—11月份，随着冬季用煤旺季的到来，煤炭需求增长，电厂日煤耗增加，在供给收缩的情形下，价格持续回升。至11月27日，环渤海价格指数为513元/吨，较10月末上涨16元/吨。进入12月份后，预期煤炭价格有望回升至550元/吨这个煤企的盈亏平衡价位，也是2014年下半年以来中国煤炭工业协会预期5500大卡动力煤价格回升至550—660元/吨的一个底线。从中长期看，预计到2020年，煤炭产业在经历了产业重组后，经过供需合理化，中国煤炭价格将逐步走向合理。

[①] 徐小杰、孙林林，《亚太区域天然气市场》，《世界能源中国展望（2013—2014）》，社会科学文献出版社，2013年12月。

上网电价是十分敏感的能源市场因素。2014年随着中国电力装机容量达到1338吉瓦，发电量达到5.57万亿千瓦时后，电力价格改革压力增大。目前中国的风电、光伏发电和生物质发电均离不开政策补贴。我们设定，风电成本逐步降低，至2020年与煤电的上网价格相近；光伏发电可能在2020年与整个电网销售价格相近。其他可再生能源发电（包括生物质发电、垃圾发电等）均具有成本控制压力。

四 本报告的新发展、影响力和局限性

1. 新发展

与首部报告相比，本报告跟踪了2013年10月到2014年12月中国和世界能源发展的基本态势，在以下几个方面有了新的发展。

一是本报告第一部分借鉴主要国家能源政策的调整趋势，结合中国能源政策的导向，对"生态能源新战略"情景内涵进行了扩容和发展，将"可持续能源发展"概念和相应的指标分析纳入其中，从而对2030年特别是2020年前中国能源发展展望进行了更新。

本报告对于2015年、2020年和2030年能源需求展望均低于首部报告的数值，试图体现未来"新四化"进程中节能减排的政策效应，并对2020年前后需求变化的原因（特别是结构调整和技术进步等因素）作了深入分析；同时对政府、产业和公众之间的关系进行了理论和实践分析。

二是在内容上，根据"生态能源新战略"情景下中国能源发展趋势，本报告专题研究了煤炭清洁化利用的战略意义；综合分析了电力供需趋势和政策选择，对展望期公众关注的核电发展态势进行了专题调研；对能源技术进步对能源供需的影响和节能减排的贡献作了尝试性分析。这些章节都分析了2030年前中国能源发展趋势的主要动力、变化因素、方向及其对现行能源政策的挑战。

三是报告第二部分对新的能源安全观进行了理论分析和地区合作分析；尝试将新的能源安全观量化为"能源安全系数"并提出对策分析；也提出了亚太地区能源安全新体系；本报告将"丝绸之路"战略构想纳入能

源安全观的跨区域合作分析中,专题调研了中亚、东南亚和非洲地区的能源发展趋势,特别是中国与这些地区的跨区域能源合作前景。在此基础上,以"能源金砖"为中心,对中国参与全球能源治理进程进行了基本理论研究和方略研究。

四是本年度报告的能源展望数据库扩充了能源基础库和电力子库中的系列供需数据,考证了与能源效率相关的系数,新建了以项目为基础的全球核电站分库;建立了 2013 年 7 月以来中国能源政策分库,开展了数据库建设研讨活动,使数据库更加充实和可靠,逐步发展成为中国能源系统优化的重要工具。

五是在本报告的研发中采取了内外结合的方式,将团队研究与专家咨询结合,将内部研究与专题委托研究结合,特别邀请国网能源研究院专家及煤炭行业人士承担或参与了电力和煤炭章节的分析。

2. 影响力

自 2014 年 3 月后,本报告的阶段性成果陆续在国内外不同场合发布并进行研讨、交流和演讲。其中,2020 年中国能源展望的主要结论于 2014 年 7 月中旬、9 月中旬和 11 月中旬在美国华盛顿的"2014 年能源信息署年会"、纽约"中美二轨对话研讨会"和欧佩克专场会上分别做了演讲,并应邀参加 2015 年第 5 届国际能源论坛—国际能源署—欧佩克能源展望研讨会,成为国际能源论坛能源对话的重要国家能源展望报告之一。

本报告的部分章节观点与分析在 2014 年的研发中先后在重要场合进行了专题演讲或发表。第三章有关煤炭清洁化利用部分内容在 8 月下旬的"中国—东盟东亚峰会清洁能源论坛"上做了专题发言,在 10 月赴浙江省对燃煤发电的排放问题做了现场调研和分析;第五章核电政策研究成果在内部做了交流,公开研究要点在 12 月 4 日《光明日报》发表,主体成果在《中国能源》杂志 2015 年第 1 期发表;第十一章中有关丝绸之路的理论研究成果在《俄罗斯研究》2014 年第 6 期发表。

最后,作为本报告重要背景因素之一的国际油价分析在 10 月中旬以后的国内不同机构研讨会上和国内媒体(主要是《人民日报》和《中国石油报》）发表。

3. 局限性

从目前看，本报告依然存在以下局限性：

一是对于 GDP、人口、收入增长、城镇化和能源效率与能源供需的关系模型研究处于起步阶段，其中的城镇化趋势仅考虑人口的城镇化及居民用电水平，未深入分析城镇气化率和消费方式等因素对未来能源需求增长的影响；对于节能减排和能效技术的调研程度有限。因此，本报告对于中国能源供需趋势和结构分析依然是粗线条的。

二是本报告对于煤炭清洁化和能源技术进步的实地调研及专家研讨不够，可能存在分析不到位之处。

三是对于"生态能源新战略"下可持续能源发展的认识，特别是可持续能源发展指数（包括能源安全系数）的研发是框架性的，未开展专家评估和实际应用。

四是本报告综合了过去中国与中亚、东南亚和非洲地区能源合作研究的成果，深化了对区域能源合作安全的认识，尤其是在"丝绸之路"战略构想下的新认识。其中，对中国与中亚的能源合作研究主要集中于石油和天然气领域，对其他能源领域涉及不多；对中国与东南亚国家能源合作的调研主要参考 2013 年 IEA 的《东南亚能源展望》报告和 2014 年 8 月 28 日"中国—东盟东亚峰会清洁能源论坛"的交流信息，未开展实地调研；对于中非能源合作主要基于作者的长期跟踪、研究和咨询成果，且跟踪了 2013 年后若干非洲资源国的政策趋势和 2014 年中国对非洲政策的新特点，分析了新趋势和新战略，但是对于东非地区的分析缺乏一手数据和实际调研。

第一部分

中国与世界能源互动展望

第一章 全球能源发展趋势和中国能源展望

一 全球能源发展趋势

2014年世界能源价格、能源转型、能源技术与效率、能源与气候变化等课题得到国际能源组织和主要国家能源机构的特别关注。国际能源署（IEA）11月出版的《2014年世界能源展望》认为，当年全球能源需求增长相对平稳，到2025年至2040年，通过经济结构转型和政策引导，全球能源需求年均增长将由目前的2%减弱至1%。同期地区能源需求结构将发生重大变化。欧洲、北美、日本和韩国的能源需求趋于稳定或下降；2030年前，新增能源需求主要集中在亚洲（特别是中国、印度和东南亚地区）、非洲、西亚和拉美地区。2030年后，印度、东南亚、西亚和撒哈拉以南的非洲地区将成为全球能源需求的新引擎。

从能源部门结构看，发达国家的原油需求明显减弱，而发展中国家的石油需求继续上升，因此石油供应依然紧张，价格趋升；天然气需求增长较快，尤其是在中国、印度和西亚等国家与地区；核能和可再生能源需求稳步增长。

1. 全球能源需求总态势

根据IEA《2014年世界能源展望》分析，在新政策情景下，主要由于能源效率提升和经济结构调整，加之经济和人口增长变缓，2012—2025年全球能源需求年均增长率将由2012年前20年的2.1%降为1.3%，2025—

2040年将进一步下降至1%,其中,2020年、2025年和2030年的能源需求总量分别达到149.78亿吨、158.71亿吨和167.20亿吨油当量。

但是,不同能源部门的需求增长各不相同。在过去两年里,石油和煤炭的消费增长相对缓慢,在2012—2040年这一展望期内,石油和煤炭需求增速仅为0.5%,而同期天然气、核能和可再生能源需求增长率将为1.6%、2.3%和3%以上。从而全球能源需求结构将发生明显的变化。其中,煤炭需求占比将由2012年的29%下降到2030年的25.96%和2040年的24%,石油需求占比由2012年的31%下降到2030年的28%和2040年26%。而天然气需求占比将由2012年的21%上升到2030年的22.71%和2040年的24%,核能和可再生能源由19%提升到2030年的23.49%和2040年的26%。作为清洁能源的天然气、核能和可再生能源合计比重将从2012年的近40%,逐步提高到2030年和2040年的54%和50%,与煤炭和石油比肩。到2040年,煤、油、气和核能+可再生能源的占比基本平衡。这将是一场影响巨大的全球能源需求结构优化过程。经合国家(OECD)比非经合国家的能源转型更加突出。

表1-1　　　　新政策情景下世界能源需求（按部门）　　　单位：亿吨油当量

	2012年	2020年	2025年	2030年
煤炭	38.79	42.11	42.93	43.42
石油	41.94	44.87	46.12	46.89
天然气	28.44	31.82	34.87	37.97
核能	6.42	8.45	9.37	10.47
水能	3.16	3.92	4.30	5.03
生物能	13.44	15.54	16.75	17.96
其他可再生能源	1.42	3.08	4.35	5.81
合计	133.61	149.78	158.71	167.20
煤油占比%	60.42	58.07	56.10	54

资料来源：IEA, *World Energy Outlook* 2014, Paris, September 2014。

IEA认为,上述全球能源需求态势是世界人口增长和主要经济体经济增长放缓、能源效率提高和减少排放等政策推动的结果。未来新增能源需求主要来自新兴经济体。在目前这个10年内，亚洲能源需求增长主要来自中国和印度，2025年后，亚洲能源需求主要来自印度和东南亚，中东地区也将成为未来主要能源需求的增长区，从而非经合国家的能源需求比重将从2012年的58%稳步上升到2020年的61%、2030年65%和2040年67%以上，体现了经合国家与非经合国家间能源发展阶段上的差异（表1-2）。

表1-2　　　　新政策情景下世界能源需求（按地区）　　　　单位：亿吨油当量

	2012年	2020年	2025年	2030年	2040年	2012—2040年增长率%
经合国家	5251	5436	5423	5392	5413	0.1
美国	2136	2256	2233	2197	2190	0.1
欧洲	1769	1762	1738	1717	1697	-0.1
日本	452	447	440	434	422	-0.2
非经合国家	7760	9151	10031	10883	12371	1.7
俄罗斯	741	730	748	770	819	0.4
中国	2909	3512	3802	4019	4185	1.3
印度	788	1004	1170	1364	1757	2.9
东南亚	577	708	784	870	1084	2.3
巴西	278	337	384	427	494	2.1
非洲	739	897	994	1095	1322	2.1
中东	680	800	899	992	1153	1.9
世界合计*	13361	14978	15871	16720	18293	1.1

注："*"指本表含国际海上和航空燃料库存量。

资料来源：IEA, *World Energy Outlook* 2014, Paris, September 2014。

2. 全球能源供应总态势

IEA认为，全球能源资源相对富裕，并未对能源供应构成资源性约束。但是，全球能源供应的可持续性增长受到了各种人为因素的制约（如能源资源国的经济形势、投资水平、投资环境、地缘政治关系、能源与气候变化政策、技术进步以及法律、财税和调控等方面）。在2012—2040年，所有的现代能源生产均稳步增长，其中天然气产量增长最为明显，特别是在非经合国家（约占80%），煤炭和石油产量增长也较为明显（分别占80%以上和75%）。

在新政策情景下，全球石油产量将由2012年的8700万桶/日提高到2040年的1.01亿桶/日。到2030年代早期，常规原油产量大体为6800万桶/日，2040年有可能下降到6600万桶/日，意味着非常规石油产量有较大幅度的提升。

2014年6月美国能源信息署（EIA）发布的《国际能源展望》将目光集中于致密油、页岩油、超重油、凝析油和沥青等非常规石油增长以及天然气液化、生物燃料、天然气合成油、煤制油和油页岩等液体燃料的增长。EIA认为，美国的致密油和页岩油将从北美向全球扩展。除北美外，巴西、阿根廷等地区均具有巨大的开发潜力，可以长期满足对液体燃料的需求。IEA和EIA均认为，在下一个十年里，全球石油净增长主要来自非欧佩克（Non-OPEC）国家，特别是北美的致密油、加拿大的油砂和巴西的深海石油。2015年后美国将成为世界原油和液态产量最高的国家，并可保持到2025年。巴西的石油增长可占全球石油净增长的三分之一以上，2015年可成为净出口国。其他地区（俄罗斯、欧盟和中国等）的石油产量出现较大的下降。自2020年中期开始，欧佩克的石油供应地位回升，到2035年石油供应份额将提高到46%，从而在2030年后的全球石油供应中发挥更加重要的作用。

IEA预计，全球天然气产量将从2013年的3.48万亿立方米增长到2020年、2030年和2040年的3.87万亿立方米、4.62万亿立方米和5.38万亿立方米，常规天然气依然是产量主体，但是，非常规天然气（主要是页岩气、煤层气和致密气）产量比重将从2013年的17%提升到2020年的24%和2030年的30%。到2020年中国天然气产量持续加速发展，达到1710亿立方米（超越加拿大、挪威、伊朗和卡塔尔的产量，成为美国和俄罗斯之后的世界第三大天然气生产国），2025年将达到2170亿立方米，2030年达到2660亿立方米。由于欧洲天然气需求下降，2014年俄罗斯的天然气产量为6410亿立方米，同比下降4%；IEA预计，2020年和2030

年俄罗斯天然气产量分别为 6670 亿立方米和 6800 亿立方米,均低于俄罗斯的战略规划。

2012 年全球煤炭产量为 56.67 亿吨煤当量,2012—2040 年,世界的煤炭产量将增加近 7 亿吨煤当量(相当于 2012 年美国煤炭总产量),达到 63.54 亿吨煤当量,主要来自非经合国家,且集中度较高。到 2040 年,中国、印度、印度尼西亚和澳大利亚的产量占全球 70% 以上。经合国家的煤炭产量继续下降(0.6%)。美国的煤炭产量约占经合国家煤炭产量一半以上,到 2040 年煤炭产量趋于下降,欧洲煤炭产量下降更加明显。澳大利亚将成为 2035 年前经合国家中最大煤炭生产国。

表 1-3　　　　　新政策情景下的全球煤炭产量　　　　单位:亿吨标准煤

	2012 年	2020 年	2025 年	2030 年	2040 年	2012—2040 年增长率%
经合国家	13.61	13.44	12.78	12.01	11.72	-0.5
美国	7.08	6.71	6.00	5.25	4.84	-1.4
欧洲	2.46	1.94	1.55	1.31	1.03	-3.1
澳大利亚	3.43	4.13	4.54	4.81	5.39	1.6
非经合国家	43.06	46.71	48.56	50.02	51.82	0.7
俄罗斯	2.87	2.87	2.90	2.90	2.89	0.0
中国	26.95	28.53	29.11	29.25	27.79	0.1
印度	3.72	4.17	4.52	5.10	6.64	2.1
印尼	3.65	4.54	4.98	5.29	6.00	1.8
非洲	2.18	2.41	2.62	2.80	3.26	1.4
中东	0.01	0.01	0.01	0.01	0.01	0.9
世界合计	56.67	60.15	61.33	62.03	63.54	0.4

资料来源:IEA, *World Energy Outlook* 2014, Paris, September 2014。

为了满足环境保护和气候变化的目标,人们不仅需要投资清洁能源,而且需要通过政策和行动,对现存的高污染工业部门进行改造,达到减排的目标。特别是针对高排放的煤炭消费,可以通过管制、调节供需和综合平衡等政策方式和价格手段给予调节;在行动上通过关闭和调整燃煤电厂、提高燃煤电厂效率、实行碳捕捉和存储技术、与生物质共同发电或向生物质发电转变等方式减少传统高污染行业的排放；也可以通过排放贸易系统、空气污染和温室气体排放联动机制等方式减少能源消费对环境的危害。

发展可再生能源是解决环境污染、保障能源供给、减缓对化石能源依赖的一个主要措施。但是，目前全球可再生能源的使用量远远低于可再生能源的开发潜力。国际可再生能源署（IRENA）2014年1月发布的《可再生能源路线图2030》报告预见，到2030年，所涉及国家可再生能源应用比例介于6%到66%之间，加权平均比例为27%，全球平均增长为30%。可再生能源在全球能源供应总额中所占比例将从目前的18%提高到2030年的36%，为此制定了实现全球可再生能源比例翻倍的总体路径和多层次路线图，具体途径包括加大研究、开发和推广力度，提高标准、质控、技术合作和项目开发能力；同时将2030年可再生能源补贴从1330亿美元增长至3150亿美元；在三个终端使用行业（建筑、运输和工业）中提供可再生电力和对矿物燃料的直接替换。

根据IRENA分析，全球可再生能源最大部分是生物能源。各种形态的生物质能占可再生能源使用总量的61%。今后随着传统生物质能使用量的下降，现代可再生能源的比例将从2012年的13%逐步提升到2040年的19%，可再生能源发电量将在同期提高8420太瓦时，2040年的装机容量达到4550吉瓦，技术成本将随着技术创新、市场竞争以及监管机制的精简而继续下降。

目前，水电依然占据可再生能源发电的最大比例。但是，根据可再生能源路线图，到2030年风能规模和占比均显著增加，并超越水力发电。太阳能供热将给工业和建筑提高10倍多的热量。到2030年，在各个领域中的现代可再生能源的比例分别为电力占44%、建筑占38%、工业占26%、交通占17%。

全球可再生能源占比翻番目标并不意味着每一个国家都翻倍。根据2010年和2030年基准情景对比，大多数国家可再生能源份额均表现出逐步增长态势。其中，欧盟成员国根据本国可再生能源行动计划（NREAP）制定了到2020年可再生能源实现目标和2030年可再生能源路线图，为未来欧盟可再生能源的强劲增长制定了清晰的目标、方向和技术路线。

3. 贸易和价格

在能源贸易领域，2012—2040年全球各种能源的贸易额普遍增长。能源贸易格局随着全球能源供需的变化而变化，即从大西洋盆地向亚太地区市场转移。石油依然是全球贸易最活跃的"商品之王"，贸易量占需求量的50%，2040年提高到52%。到2013年，亚太地区进口原油1800万桶/日，几乎占据全球跨区域原油贸易量的一半。到2040年，亚太地区的进口需求将上升到2900万桶/日，占全球原油贸易量（4400万桶/日）的三分之二。其中75%的原油来自中东地区，到2040年这一比例将提高到90%。今后亚太地区的进口多元化将对贸易格局和能源安全带来重大的影响。

天然气和煤炭的贸易量占各自需求量的21%和18%，到2040年有可能提高到22%和23%，贸易比重虽有提高，但仍远低于石油贸易。从表1-2可见，美国石油进口的锐减，天然气由进口转为出口以及煤炭出口；东南亚地区天然气出口锐减，煤炭进口继续增长；巴西由油气进口转为出口。这些变化都是未来国际能源贸易市场中改变游戏规则的重要因素。我们认为，表1-4中虽然反映2040年中东地区依然为天然气出口地区，但是，除了伊朗和卡塔尔以外的多数产油国都将先后沦为天然气进口国，是值得关注的重要变量。

相比而言，亚洲是全球原油贸易的中心，到2035年贸易占比达到63%。2020年中国将超过欧盟成为世界最大的石油进口国。预计到2035年，中国的石油进口达到1220万桶/日。到2020年日本的石油进口也大增，到2035年超过欧盟的进口水平，进口依赖度达到90%以上。巴西可能在2015年成为净石油出口国，2035年的出口水平可达到260万桶/日。到2035年东南亚石油进口将比美国多60%，达到500万桶/日。2020年中东的石油出口略降，但是到2035年将继续增加到2460万桶/日，中东出口比例下降是由国内需求上升导致的。2020年俄罗斯石油出口将下降到

620万桶/日，成熟油田的产量难以跟上出口的下降。

表1-4　　　　　　　　　　能源进出口状况　　　　　　　　单位：百分比

	石油		天然气		煤炭	
	2012	2040	2012	2040	2012	2040
经合国家	52	22	25	18	7	21
美国	47	24	6	+3	+14	+13
欧盟	85	89	66	82	42	54
日本	99	98	97	99	100	100
非经合国家	+41	+21	+19	+11	+3	4
俄罗斯	+72	+69	+28	+36	+33	+44
中国	54	77	27	39	8	8
印度	74	92	32	46	25	39
东南亚	41	76	+28	1	+69	+30
中东	+75	+73	+25	+24	77	82
非洲	+64	+38	+44	+38	+30	+28
巴西	7	+41	40	+7	80	88
世界合计	+50	+52	+21	+22	+18	+23

注："+"为净出口；阴影表示角色的变化。
资料来源：IEA, *World Energy Outlook* 2014。

全球跨境天然气贸易量增加2%，到2035年达到1.1万亿立方米。随着天然气供应的增加，结构变化和灵活供应程度的提升，液化天然气（LNG）贸易将占天然气贸易增加量的60%。欧盟、中国和印度的对外天然气依存度不断提升。2017年美国和巴西将成为天然气的净出口国，2035年巴西的LNG出口量达到5000亿立方米。与石油一样，天然气的贸易重点亦转向亚洲。这是亚洲需求和较高价格推动的结果。中东的天然气出口有限，到2035年约有15%的天然气产量可以用于出口。2035年非洲的天然气出口规模在1350亿立方米。中亚地区的天然气出口将翻番，分别流向东边的亚洲市场和西边的欧洲市场。2035年澳大利亚的天然气出口量达到1000亿立方米。俄罗斯的天然气出口可增加650亿立方米。

石油价格的变化对国际石油、天然气、能源市场和各国经济发展具有重要的影响。2008年全球金融危机后,国际油价重新回升到100美元以上,并保持基本稳定,直到2014年6月。但是,2013年10月以来,国际石油需求呈下降趋势,同期供应呈现上升态势,逐步构筑供大于求的基本面。2014年全球石油需求增量约为60万桶/日,而此前10年平均年增长量为110万桶/日左右。占全球石油需求16%的中国的实际石油需求增长减缓,美国和欧洲国家石油需求缓降;而全球石油供应增长200万桶/日左右。其中,美国原油及液态产量达1150万桶/日,同比增加近140万桶/日,石油对外依存度由2013年的32%降至26%。加拿大既有油砂产量维持增势。值得注意的是,利比亚石油日产量从6月的24万桶,一路上升到10月的86万桶,具有100万桶的增势;战后伊拉克的石油产量有306万桶/日和336万桶/日两说,出口达到255万桶/日。利、伊两国推动9月欧佩克石油供应稳增至3060万桶/日,10月略降回3030万桶/日。

具有调节作用的沙特阿拉伯拥有1250万桶/日原油产能,其产量一般在900万桶/日—1000万桶/日之间摇摆。多年来,当利比亚减产时,沙特阿拉伯通过增产弥补市场空缺;当利比亚石油重回国际市场时,沙特阿拉伯则通过减产来调节市场供应量;当利比亚再次减产,沙特又再次增产。同样地,当伊朗受到制裁时,沙特阿拉伯也采取了增产措施。近几年来沙特阿拉伯的这一作用并没有得到欧佩克内外其他产油国的配合。相反,后者往往在沙特减产(从而减少收入,推高油价)的时候增产和增加出口,尽享抬升油价的收益。从7月到10月,随着油价下滑,沙特石油产量从990万桶/日缓慢下降到960万桶/日。此时沙特感到,如再减产至900万桶/日,或可暂缓油价下跌之势,但难以扭转续跌大势,因而减产就难以停止,迟早将大幅下降至800万桶/日或更低,从而丢失沙特多年经营的市场份额。而其他产油国又未必参与到减产行动之中。因此,10月中开始沙特的新对策是不再减产,相反,在适当时候减价出口,以站稳自己的市场份额,迫使其他产油国配合。这一政策的结果使原本供过于求的局面更加突出,致使下半年长期隐藏的供需失衡矛盾日益突出,7月和11月在沙特和欧佩克不减产的刺激下,国际油价出现大幅波动。布仑特原油价格从

2014年6月每桶115美元下降到10月85美元，11月中旬进入70美元。11月27日再跌至60—70美元，并于12月中旬跌破60美元。这一大幅波动冲击了此前国内关于国际油价高位振荡的权威判断，对2015年和以后的各国经济构成重要影响。

我们认为，本轮国际油价大幅下滑的主因在于供过于求，新增供应（200万桶）主要来自美国、利比亚及伊拉克；而新增需求（60万桶）疲软。10月份在美国产量猛增下，沙特放弃"机动国"角色是主要诱因。这一切都是"阳谋"，不能存在阴谋论和神秘论。美国联邦储备系统量化宽松政策的结束及此前就已开始的美元走强增加了油价下行的压力。但是，这些非基本面因素只有在基本面的基础上才能发挥作用。而且，本轮国际油价大幅波动不仅是国际石油供需总量失衡的反映，更是全球石油需求转型、东移，供应多元和多中心化，美国致密油产量大幅提升的直接结果，预示着国际油气新格局和游戏新规则的开始。预计今后几年内，由于供需结构的变迁，国际油价难回归100美元以上，从而冲击着此前关于国际油价在100美元以上高位振荡的判断和各国制定中长期经济社会发展规划的基本依据，是影响2015年及以后各国经济新常态的重要因素。受全球石油价格下跌的影响，全球各地区天然气价格也随之下跌。2014年的全球油气勘探与生产开支规模预计为6795亿美元，比2013年增长5.8%，但是受2014年下半年油价等因素的影响，2015年的勘探与生产开支下降为6194亿美元，下降8.8%。北美地区下降14.1%（为1683亿美元），北美以外地区下降6.7%（为4510亿美元）。

全球煤炭市场是由煤炭质量和不同基础设施的地区市场组成的。地区性的煤炭价格的变化程度与国际市场结合的程度紧密相关。目前全球大约五分之一的动力煤产量进入国际市场交易，主要是亚太市场和大西洋市场。两大市场之间的交易和影响随着供应源的增加和运输成本的降低而趋于紧密。虽然煤炭市场中的长约合同在某些场合依然重要，但是国际煤炭市场基本按现货价格交易。

在亚洲煤炭需求增长的带动下，到2040年全球煤炭贸易量将增长40%。2012年中国超过欧盟成为世界最大的煤炭净进口国，今后10年还将维持这一地位。到 2025 年印度将超越中国，进口量达到 4 亿吨煤当量。

在 IEA 的三大情景分析中，煤炭价格差距较大。在新政策情景中，2020 年经合国家动力煤平均价格将由 2012 年的 99 美元/吨提高到 106 美元/吨，2035 年缓慢提升到 110 美元/吨。但是在现行政策情景下增长更快，而在 450 情景中下降较快，反映了大幅降低二氧化碳目标的政策影响。

4. 全球能源投资

根据 2014 年 IEA 发布的《世界能源投资展望》报告，2013 年全球能源总投资为 1.6 万亿美元，这个数据是 2000 年实际投资水平的两倍以上，每年用于化石能源的生产和运输、石油炼油和火力发电领域投资为 1.1 万亿美元，是能源总投资的最大份额；可再生能源领域的投资从 2000 年的年均 600 亿美元，提高到 2011 年的 3000 亿美元。

IEA 认为，从 2011 年到 2035 年，全球能源领域投资需达到 48 万亿美元才能满足世界能源需求。全球年度能源投资需从现在每年 1.6 万亿美元的水平增加到 2 万亿美元。在 48 万亿美元中，40 万亿美元用于开发和维护能源设施，包括能源供应投资（化石能源生产、运输、炼油）23 万亿美元，电力部门 10 万亿美元（可再生能源 6 万亿美元，核电 1 万亿美元），输配网络投资 7 万亿美元，其余 8 万亿美元用于提高能源效率。从地区结构看，三分之二的能源投资集中于新兴经济体（包括中国和亚洲地区其他国家、非洲和拉美）。

约 20 万亿美元的投资用于满足能源需求的增长，主要用于弥补现有油气田产量递减、替代老旧电站和其他设施，即在未来 48 万亿美元能源供应投资中，大部分用来弥补现有石油和天然气田产量下降以及更新已经超过生产年限的发电厂和其他设施，而用于满足能源需求增长的投资不到一半。其中，中东大部分的能源投资进入了石油领域，俄罗斯的投资主要用于天然气领域。全球能源供应投资的绝大部分与化石燃料的开采、运输、精炼以及兴建采用化石燃料的发电厂相关。目前可再生能源、生物燃料和核能投资占能源供应年投资总额的 15%。

IEA 认为，私人企业的参与是满足能源投资需求的一个重要保证。但是要激发私人投资则需要合理地处理市场、政府、国有企业和私人企业、开放市场和国际合作等诸多关系和问题，降低政治和调控方面的不确定因素。

长期的能源投资依然需要政府支持和国际大资本参与，国际合作需要多元融资渠道和机制的支持。此外，小规模的投资者和技术服务公司也将发挥重要作用。

目前，全球对天然气的供应投资比较普遍，IEA 预计到 2035 年全球的液化天然气领域的投资需求大约为 7000 亿美元。目的在于强化对管道天然气和液化天然气的基础设施的投资，加强区域市场之间的连接，提高天然气供应安全。同时，为了满足石油需求的长期增长，不仅需要加大非常规油气资源和海上油气的勘探开发，而且需加强对常规油气资源区的中长期投资。但是，与目前北美非常规资源投资相比，国际能源界对于中东和俄罗斯中亚等地区常规油气资源的投资信心依然不足，亚洲石油进口国与中东、非洲、俄罗斯中亚等地区和国家之间的综合合作有待加强。

一些资源短缺的国家（如印度）非常关注电力行业的投资。但是，未来全球电力供应和需求增长面临着诸多投资约束。

从目前看，全球能源投资远远不能适应气候变化的目标，换言之，当前对于低碳能源部门和能源效率的投资不足。到 2035 年，IEA 预计对低碳部门的投资可提高到 9000 亿美元，对能源效率投资为 1 万亿美元。根据 IEA 的 450 情景，2035 年全球能源供应和能源效率总投资需求为 53 万亿美元。但是由于低碳领域缺乏清晰的政策，增加了投资风险，为了规避风险，需要建立持续有利的融资政策和工具，为低碳能源系统的发展提供桥梁。

表 1-5　　　　2014—2035 年能源供应投资需求　　　　单位：亿美元

	煤炭	石油	天然气	电力	生物燃料	合计
经合国家	25	464.5	329.6	615.7	14.6	1449.4
美国	10.2	226	150	205.2	9.8	601.2
欧洲	2.2	66.6	81.5	243.4	4.2	397.8
亚太	11.1	16.7	46.3	115.7	0.3	190.1
非经合国家	71.5	873.5	538.1	1021.2	17.1	2521.5

续表

	煤炭	石油	天然气	电力	生物燃料	合计
中国	40.4	107.2	65.7	358.7	2.6	574.6
印度	9.4	27.7	20.3	161.5	1.3	220.2
东南亚	46	331	529	980	23	1909
俄罗斯	49	849	1016	614	0	2528
中东	1	1956	699	573	0	3229
非洲	46	1395	915	882	0	3238
拉美	36	2150	537	921	105	3749
地区间运输	69	290	93	—	2	455

资料来源：IEA, *World Energy Investment Perspectives* 2014。

二 中国能源发展展望

1. 2030年前中国能源供需基本面分析

根据本报告研究，2013年中国能源需求为37.68亿吨标准煤，而国内能源供应为33.84亿吨，能源自给率近90%。我们预计，2014年中国能源需求同比增长2.92%，能源供应同比增长2.59%，能源需求与供应分别为38.78亿吨标准煤和34.71亿吨标准煤，能源自给率基本不变。2015年，在天然气需求增长、核电项目相继投产和风能等其他可再生能源需求的带动下，中国能源需求将达到40亿吨标准煤，同比增长3.18%，而能源供应为35.67亿吨，同比增长2.75%。

在"十三五"时期，受系列新政策的推动，到2018年能源需求增长速度有望进一步提升到3.97%，五年年均增长速度为3.79%，而能源供应年均增长速度为2.72%。到2020年能源需求达到48.18亿吨标准煤，能源供应达到40.79亿吨标准煤，供需表观缺口为7.39亿吨标准煤。2030年中国能源需求规模将接近53.66亿吨标准煤，而能源供应为45.20亿吨标准煤，供需表观缺口为8.46亿吨标准煤。这一趋势反映了2020年前中国经济社会发展对能源的强劲需求。但是，从2020年到2030年，能源供需年均增长速度下降为1%左右，进入缓慢增长期。

表1-6　　　　　　　2013—2030年中国能源供需展望

单位：1为亿吨油当量；2为亿吨标准煤

	2013年	2014年	2015年	2020年	2025年	2030年
能源需求1	26.38	27.14	28.01	33.73	36.08	37.56
能源需求2	37.68	38.78	40.01	48.18	51.54	53.66
年均增速（%）	3.51	2.92	3.18	3.55	1.36	0.81
能源供应1	23.69	24.30	24.97	28.55	30.32	31.64
能源供应2	33.84	34.71	35.67	40.79	43.32	45.20
年均增速（%）	2.23	2.59	2.75	2.75	1.21	0.85

注：2025年和2030年的增速为五年年均增长速度。
资料来源：IWEP能源展望数据库。

从供需关系看，中国能源需求主要依靠国内供应，到2030年能源自给率仍为84%，其中，化石能源（特别是煤炭）起着基础性的能源供应保障作用，同时天然气和非化石能源供应能力逐步提升。在我们的展望期内，2030年前后煤炭的净对外依存度在2%上下。但是，石油和天然气的对外依存度较高。2013年石油对外依存度为58.14%，2014年为58.66%，2015年达到59.39%，之后一直维持在60%左右。2013年天然气对外依存度30.19%，2014年为31.04%，2015年后在天然气进口设施建成投产的推动下逐步提升，尤其是2014年5月21日，中国与俄罗斯达成东部天然气管道协议，2018年开始投产供气，加上中国—中亚天然气管道和中缅天然气管道的运输量，2020年天然气管道进口量为770亿立方米，届时液化天然气（LNG）进口量相当于700亿立方米，总进口量为1470亿立方米，对外依存度为37.46%。2020年后天然气进口和国内天然气产量同步增长，对外依存度基本不变（表1-7）。

表1-7　　　　　　　2013—2030年中国能源对外依存度　　　　单位：百分比

	2013年	2014年	2015年	2020年	2025年	2030年
一次能源	10.19	10.48	10.85	15.35	15.95	15.78

续表

	2013 年	2014 年	2015 年	2020 年	2025 年	2030 年
石油	58.14	58.66	59.39	60.48	61.06	60.69
天然气	30.19	31.04	32.71	37.46	37.27	37.65

资料来源：IWEP 能源展望数据库。

2. 分部门供需分析

（1）2014 年国内煤炭需求增长 0.4%，达到 24.85 亿吨标准煤，国内煤炭供应增长 0.37%，达到 25.8 亿吨标准煤。与 2013 年相比，煤炭供需增速均趋于下降。预计 2015 年煤炭需求缓慢增长 0.79%，达到 25.05 亿吨标准煤，煤炭供应增长 1%，达到 26.06 亿吨标准煤。

我们预计，"十三五"时期煤炭需求增速较 2014 年和 2015 年有所回升，年均增长速度为 2.37%，2020 年达到 28.15 亿吨标准煤；煤炭供应年均增长为 1.08%，2020 年达到 27.50 亿吨标准煤，开始进入煤炭供需的高峰平台。2020 年后煤炭需求和供应年均增长均为负数，2025 年和 2030 年煤炭需求总量稳步下降为 27.94 亿吨标准煤和 27.03 亿吨标准煤；2025 年和 2030 年煤炭供应总量预计为 27.43 亿吨标准煤和 26.95 亿吨标准煤。

煤炭在能源需求结构和供应结构中的比例将经历一个稳步下降的趋势。按官方统计口径，2013 年煤炭在能源需求结构中的比例大体为 65.69%，2014 年下降到 65% 以下，2016 年下降到 62% 以下。2017 年前煤炭供应占比均维持在 70% 以上，到 2030 年煤炭供应比例可能下降到 60%。

（2）2013 年中国石油需求为 4.99 亿吨，石油供应为 2.09 亿吨。2014 年石油需求增长 1.80%，达到 5.08 亿吨；国内石油供应增长 0.53%，达到 2.1 亿吨。2015 年石油需求增长 1.79%，达到 5.17 亿吨；国内石油供应维持在 2.1 亿吨。我们预计，"十三五"时期，石油需求年均增长速度为 1.67%，2020 年达到 5.62 亿吨。国内石油供应年均增长预计在 1.12%，2020 年为 2.22 亿吨。2030 年石油需求和供应分别为 6.36 亿吨和 2.5 亿吨。

表 1-8　　　　　　　2013—2030 年中国煤炭供需展望

单位：1 为亿吨油当量；2 为亿吨标准煤

	2013 年	2014 年	2015 年	2020 年	2025 年	2030 年
煤炭需求 1	17.33	17.39	17.53	19.71	19.56	18.92
煤炭需求 2	24.75	24.85	25.05	28.15	27.94	27.03
结构（％）	65.69	64.08	62.59	58.42	54.21	50.37
增速（％）	2.73	0.40	0.79	2.03	-0.15	-0.66
煤炭供应 1	17.99	18.06	18.24	19.25	19.20	18.87
煤炭供应 2	25.70	25.80	26.06	27.50	27.43	26.95
结构（％）	75.96	74.32	73.06	67.41	63.31	59.63
增速（％）	1.25	0.37	1.00	1.00	-0.05	-0.35

注：2025 年和 2030 年的增速为五年年均增长速度。

资料来源：IWEP 能源展望数据库。

2014 年石油的能源需求占比为 18.71％，2020 年下降至 16.65％；2014 年石油的能源供应占比为 8.64％，2020 年下降为 7.78％。

本报告认为，在"生态能源新战略"情景下，这一石油供需的缓增趋势得益于（混合）电动车、天然气汽车、生物燃料、汽车节油和化工原料替代等石油替代和节油措施的推进。

表 1-9　　　　　　　2013—2030 年中国石油供需展望　　　　单位：亿吨油当量

	2013 年	2014 年	2015 年	2020 年	2025 年	2030 年
石油需求	4.99	5.08	5.17	5.62	5.99	6.36
结构（％）	18.92	18.71	18.46	16.65	16.61	16.93
增速（％）	1.70	1.80	1.79	1.55	1.30	1.20
石油供应	2.09	2.10	2.10	2.22	2.33	2.50
结构（％）	8.82	8.64	8.41	7.78	7.69	7.90
增速（％）	2.00	0.53	0.00	1.08	1.00	1.39

注：2025 年和 2030 年的增速为五年年均增长速度。

资料来源：IWEP 能源展望数据库。

（3）我们预计，2014年天然气需求达到1900多亿立方米，考虑到库存变化、出口和损耗等因素，表观消费量为1830多亿立方米；国内天然气产量达到1300多亿立方米。预计2015年天然气需求由于国内天然气产量和进口量双推动，有可能达到2304亿立方米；而国内产量增长18.32%，达到1550亿立方米。"十三五"时期，天然气需求年均增长速度降为11.21%，2020年天然气需求为3918亿立方米，而国内天然气产量为2450亿立方米。其中，非常规天然气产量逐步发挥作用。2013年中国页岩气产量仅为2亿立方米，2014年达到13.3亿立方米，2015年有望达到65亿立方米的规划目标，到2020年页岩气和煤层气的产量有望分别达到300亿立方米，成为此后中国天然气供应增长的重要推动力。

2020—2030年天然气需求增长速度下降到5%左右，2030年的天然气需求为5934亿立方米。2020—2030年国内天然气产量年均增长速度下降到4.21%，2030年的国内天然气产量总量预计为3700亿立方米。

2014年天然气的能源需求占比为6.30%，2015年可提升到7.40%，2020年和2030年分别为10.45%和14.22%；2014年天然气的能源供应占比为4.85%，2015年可提升到5.59%，2020年和2030年分别为7.72%和10.53%。2014年油气比为1比0.40，2020年油气比为1比0.63，2030年油气比为1比0.84，清晰反映了中国能源清洁化和油气比优化的一个重大趋势。

（4）2013年核能需求为3400万吨标准煤，能源需求占比为0.92%。2014年增长到4100万吨标准煤，能源需求占比1.06%。受一批核电站集中投产的影响，2015年可达到6300万吨标准煤，2016年达到8900万吨标准煤，2017年可接近1亿吨标准煤，占当年能源需求结构的2.32%，2025年可接近2亿吨标准煤，当年能源需求占比3.85%，2030年核能达到2.34亿标准煤，当年能源需求占比可达到4.36%。但是，与世界核能占比（5%—6%）相比，目前中国依然是核能低占比国家，即使到2030年核电装机容量占4.35%，核电占比8.04%，仍低于世界核电装机容量占比（6%左右）和发电量占比（12%左右），因此，还有较大的发展空间。

表1-10　　　2013—2030年中国天然气供需展望

单位：1为亿吨油当量；2为亿立方米

	2013年	2014年	2015年	2020年	2025年	2030年
天然气需求1	1.51	1.71	2.07	3.53	4.66	5.34
天然气需求2	1676	1900*	2304	3918	5178	5934
结构（%）	5.72	6.30	7.40	10.45	12.92	14.22
增速（%）	13.90	13.35*	21.26	6.35	5.74**	2.77**
国内天然气产量供应1	1.05	1.18	1.40	2.21	2.92	3.33
国内天然气产量供应2	1170	1310	1550	2450	3248	3700
结构（%）	4.45	4.85	5.59	7.72	9.64	10.53
增速（%）	9.00	11.97	18.32	3.83	5.80**	2.64**

注："*"考虑库存变化、出口和损耗等因素，2014年的天然气表观消费量为1830多亿立方米，同比增速为9%；"**"表示2025年和2030年的增速为五年年均增长速度。

资料来源：IWEP能源展望数据库。

表1-11　　　2013—2030年中国核能发展展望

单位：1为亿吨油当量；2为吨标准煤

	2013年	2014年	2015年	2020年	2025年	2030年
核能需求1	0.24	0.29	0.44	0.91	1.39	1.64
核能需求2	0.34	0.41	0.63	1.29	1.99	2.34
增速（%）	13.91	19.37	53.19	17.22	8.94	3.34
能源需求结构（%）	0.92	1.06	1.58	2.69	3.85	4.36
能源供应结构（%）	1.02	1.19	1.77	3.17	4.58	5.18

注：2025年和2030年的增速为五年年均增长速度。

资料来源：IWEP能源展望数据库。

（5）2013年可再生能源需求为3.30亿吨标准煤，占能源需求结构的8.76%。受大规模水电项目投产影响，2014年增长达15.66%，达到3.82亿吨标准煤。2015年缓增到3.99亿吨标准煤，2020年进一步提升到5.68亿吨标准煤，能源需求结构占比11.78%。2025年和2030年继续提高到6.40亿吨标准煤和7.58亿吨标准煤。但是2025年后主要由于水能、生物能增长放缓，可再生能源需求增速下降。

2013年，水能在可再生能源需求中占83.6%。预计2015年这一比例将下降至80.5%，2020年下降为66.9%，2030年为62.8%。

非化石能源的发展是能源结构优化的一个重要体现。如果考虑地热取暖和生物燃料，2014年非化石能源占比达到12%，2015年为12.8%，2020年为16.3%，与石油的需求占比比肩，2020年后将超越石油占比。

3. 电力部门分析

2013年中国的电力装机容量为1247吉瓦，2014年增加7.26%，达到1338吉瓦，其中，燃煤装机容量占62.73%，比2013年下降1.76%；水电占22.34%，比2013年微降。由于核电、风电、光伏和生物质等非水可再生电力装机容量持续增长，燃煤和水电装机容量占比下降，使得2015年的电力总装机容量结构趋于合理（表1-12）。

表1-12　　　　　2013—2030年中国可再生能源发展展望

单位：1为亿吨油当量；2为吨标准煤

	2013年	2014年	2015年	2020年	2025年	2030年
可再生能源1	2.31	2.67	2.79	3.97	4.48	5.30
可再生能源2	3.30	3.82	3.99	5.68	6.40	7.58
增速（%）	6.66	15.66	4.45	9.20	2.42	3.43
能源需求结构（%）	8.76	9.84	9.97	11.78	12.42	14.12
能源供应结构（%）	9.75	11.00	11.18	13.92	14.77	16.76

注：2025年和2030年的增速为五年年均增长速度。
资料来源：IWEP能源展望数据库。

预计2020年中国电力装机容量为2062吉瓦，"十三五"时期年均增长速度为7.90%，2025年达到2352吉瓦，年均增长速度为2.66%，2030年达到2570吉瓦，但是年均增长速度将下降到1.79%。燃煤发电装机容量占比从2020年的55.13%下降到2030年的48.66%，水电占比从2020年的20.85%下降到2030年19.45%。而核电占比将从2020年的2.71%

提升到 2030 年的 4.35%；风电占比从 2020 年的 10.18% 上升到 2030 年的 12.26%。2020 年到 2030 年的光伏装机容量占比增长不突出，也具有不确定性。因为国内光伏装机起点较低。2013 年全国光伏发电装机容量达 14.79 吉瓦，2014 年为 22.79 吉瓦，2015 年为 35 吉瓦，增长速度较快，但是起伏较大。2025 年后明显降低至 6% 以下。从 2020 年到 2030 年光伏装机容量占比由 4.85% 上升到 5.84%（表 1-13）。中国能否从光伏制造大国走向光伏装机大国，取决于从上游生产向下游应用延伸过程当中开创诸多应用模式，从集中性变电站到屋顶分布式光伏，从薄膜发电移动电站到农业大棚光伏发电等，为多元化光伏应用提供广阔的空间和市场。

表 1-13　　　　2013—2015 年中国电力装机容量展望　　　　单位：吉瓦

	2013 年			2014 年			2015 年		
	总量	结构(%)	增速(%)	总量	结构(%)	增速(%)	总量	结构(%)	增速(%)
总装机容量	1247	100	8.80	1338	100	7.26	1410	100	5.34
燃煤发电	804	64.46	4.19	839	62.73	4.38	860	61.01	2.46
燃气发电	47	3.74	25.59	51	3.82	9.48	55	3.90	7.63
核电	15	1.19	17.82	20	1.51	36.79	33	2.37	64.72
水电	280	22.45	12.25	299	22.34	6.78	310	21.99	3.68
生物质发电	9	0.68	10.53	11	0.82	29.41	13	0.92	18.18
风电	75	6.05	22.89	91	6.84	21.20	100	7.09	9.31
光伏发电	15	1.19	333.72	23	1.70	54.09	35	2.48	53.58
其他	3	0.24	0.00	3	0.23	1.80	3	0.23	5.04

注：表中"其他"系指燃油发电、潮汐发电、地热发电和聚光太阳能发电等；"增速"为五年年均增长速度。

资料来源：IWEP 能源展望数据库。

2013 年中国的发电量为 5342 太瓦时。2014 年发电量可达到 5576 太瓦时，增加 4.38%，其中，燃煤发电占 72.78%，比 2013 年仅增长 0.47%，水电占 18.67%，比 2013 年增长 16.12%。2015 年由于光伏发电、核电、风电和生物质发电增长迅速，光伏发电将增长 61.87%，核电将增长 54.71%，核电占发电比达到 3.49%。风电占比也有提升（表 1-14）。

表1-14　　　　　　2020—2030年中国装机容量展望　　　　　　单位：吉瓦

	2020年			2025年			2030年		
	总量	结构(%)	增速(%)	总量	结构(%)	增速(%)	总量	结构(%)	增速(%)
总装机容量	2062	100	7.90	2352	100	2.66	2570	100	1.79
燃煤发电	1137	55.13	5.74	1216	51.70	1.35	1251	48.66	0.56
燃气发电	95	4.61	11.55	140	5.94	8.00	182	7.10	5.50
核电	56	2.71	10.85	91	3.88	10.32	112	4.35	4.16
水电	430	20.85	6.76	469	19.94	1.75	500	19.45	1.29
生物质	30	1.45	18.20	40	1.71	6	50	1.95	4.49
风电	210	10.18	16	255	10.86	4	315	12.26	4.28
光伏发电	100	4.85	23.36	134	5.69	6	150	5.84	2.31
其他	4	0.21	5.84	7	0.28	8.85	10	0.41	9.56

注：表中"其他"与表1-13同。

资料来源：IWEP能源展望数据库。

表1-15　　　　　　2013—2015年中国发电量展望　　　　　　单位：太瓦时

	2013年			2014年			2015年		
	总量	结构(%)	增速(%)	总量	结构(%)	增速(%)	总量	结构(%)	增速(%)
发电量	5342	100	6.95	5576	100	4.38	5991	100	7.45
煤电	4039	75.61	6.87	4058	72.78	0.47	4308	71.90	6.16
气电	114	2.14	4.67	127	2.28	11.21	149	2.48	16.86
核电	112	2.10	15	135	2.42	20.55	209	3.49	54.71
水电	896	16.78	2.77	1041	18.67	16.12	1064	17.75	2.18
生物质	32	0.60	1.27	38	0.67	17.30	46	0.77	23.08
风电	135	2.53	40.55	154	2.77	14.48	182	3.04	17.79
光伏	9	0.16	141.67	18	0.32	105.18	29	0.48	61.87
其他	5	0.09	-	5	0.09	2.98	5	0.09	9

注：表中"其他"与表1-13同。

资料来源：IWEP能源展望数据库。

2020年中国的发电量为8363太瓦时，年均增长速度为6.90%。2025年达到9689太瓦时，五年年均增长速度为2.99%，2030年达到10787太瓦时，五年年均增长速度下降到2.17%。这一发电量根据各部门发电装机容量、设备利用小时、人均用电和能源效率等因素的综合评估得出，低于国内电力行业协会和有关研究机构的预测水平（参见第四章）。

煤电占比从2020年的68.12%下降到2030年的60.12%。但是，从煤炭的部门消费看，发电将是煤炭清洁化利用的一个主要方向。电煤比例将由目前的50%提高到2020年的60%和2030年的65%。与此相对应，煤炭直接燃烧的比例将从目前的20%左右下降到2020年的12%和2030年的5%以下。

我们对2020年前天然气发电持谨慎乐观态度。从天然气的部门消费来看，2020年天然气发电占比为18.07%，与2013年大致持平，2020年后将快速发展，2030年这一比例将提高到25%。2020年前75%的天然气用于城市燃气和工业燃料。

表1-16　　　　　　2020—2030年中国发电量展望　　　　　　单位：太瓦时

	2020年			2025年			2030年		
	总量	结构(%)	增速(%)	总量	结构(%)	增速(%)	总量	结构(%)	增速(%)
发电量	8363	100	6.90	9689	100	2.99	10787	100	2.17
煤电	5697	68.12	5.75	6282	64.83	1.97	6485	60.12	0.64
气电	302	3.61	15.25	459	4.74	8.75	624	5.78	6.30
核电	441	5.27	16.13	697	7.19	9.58	867	8.04	4.46
水电	1294	15.47	4.	1410	14.55	1.73	1764	16.35	4.59
生物质	106	1.26	17.99	157	1.62	8.18	183	1.69	3.15
风电	410	4.90	17.63	514	5.31	4.66	649	6.02	4.76
光伏	104	1.24	29.21	150	1.55	7.59	178	1.65	3.49
其他	10	0.12	12.12	20	0.21	16.02	38	0.35	13.17

注：表中"其他"与表1-13同。

资料来源：IWEP能源展望数据库。

我们认为，核电占比将从2020年的5.27%提升到2030年8.04%；风电占比从2020年的4.90%上升到2030年的6.02%。水电占比将从2020年的15.47%上升到2030年16.35%。

2013年非化石能源发电占比为22.3%（水电占16.8%），2030年将提升到34.1%，对于整个能源体系来说，将大大优化电力结构。而光伏发电和生物质发电前景看好，但是发展缓慢，在发展方式、商业模式和鼓励政策等方面仍具有不确定性。

4. 二氧化碳排放

2013年中国化石能源碳排放总量77.29亿吨，2014年为78.21亿吨，2015年将近80亿吨，2020年将达到91.74亿吨。之后随着能源需求增长放缓，特别是煤炭需求增长走向峰值，碳排放的增长趋势下降，2025年的碳排放总量可控制在95亿吨以内，2030年前达到碳排放峰值。这一趋势中的重要政策因素是2013年9月国务院公布的《大气污染防止行动计划》、2014年5月16日国家发改委、国家能源局和环保部三部委联合发布的《能源行业大气污染治理方案》以及2011年发布的《火力发电大气污染排放标准》对2012年新建火力发电项目和2014年7月后的现有火力发电项目的排放规定，对于2013年到2017年五年期间的化石能源消费和大气排放产生重大的影响，尤其是在东部地区的影响效果最为明显。

表1-17　　　　　2013—2030年中国碳排放量展望　　　　　单位：亿吨

	2013年	2014年	2015年	2020年	2025年	2030年
碳排放总量	77.29	78.21	79.73	91.74	94.48	94.29
增长速度（%）	3.00	1.19	1.94	2.31	0.59	-0.04

资料来源：IWEP能源展望数据库。

我们认为，这些政策措施将带来系列技术进步、体制改革压力和能源效率的提高，尤其对2020年以后能源技术进步、能源效率技术创新推动此后的能源消费和碳排放趋缓。根据本报告数据库推演，2017年中国的单位GDP二氧化碳排放（碳强度）将比2005年下降41%，2019年可达到45%（中国对外承诺的2020年的目标），2020年可达到48%。

三 中国能源发展的全球影响

1. 比较分析

本报告展示了"生态能源新战略"情景下的中国能源发展趋势,在若干方面与 IEA 新政策情景下的中国能源展望有较大的差别。

（1）中国能源需求展望

首先,本报告（WECO）的能源需求量低于 IEA 的水平。其中,本报告的煤炭、石油、核能和可再生能源的需求明显低于 IEA 的展望水平,而天然气明显高于 IEA 的展望数据。2015 年后,本报告的能源消费结构优化快于 IEA。主要表现在 2020 年煤炭的消费比例将下降到 58.40%,而 IEA 依然维持在 62.44%,2030 年煤炭占比可以进一步下降到 50.4%,而 IEA 仍为 55.59%。2020 年天然气的消费比例将上升到 10.50%,而 IEA 依然维持在 6.26%,2030 年天然气占比可以进一步上升到 14.20%,而 IEA 仍为 8.78%,差距较大。可再生能源统计口径存在不同,差异较大,IEA 的水能采用当量值计算,数值和比重较小;生物能中考虑了传统生物能,故数值和比重较大。

表 1-18　　　　2011—2030 年中国能源需求结构比较

单位:亿吨油当量

	2011 年		2020 年		2025 年		2030 年	
	WECO	WEO/IEA	WECO	WEO/IEA	WECO	WEO/IEA	WECO	WEO/IEA
需求总量	24.29	27.43	33.73	35.12	36.08	38.02	37.56	40.19
煤炭（%）	68.6	68.0	58.4	62.44	54.2	58.44	50.4	55.59
石油（%）	18.7	16.3	16.7	16.28	16.6	17.30	16.9	17.71
天然气（%）	4.8	4.0	10.5	6.26	12.9	7.57	14.2	8.78
核能（%）	0.8	0.8	2.7	3.33	3.9	4.68	4.4	5.50
水能（%）	6.3	2.2	7.9	3.01	7.8	2.97	8.9	2.94
生物能（%）	0.2	7.9	0.6	6.52	0.9	6.29	0.9	6.20
其他可再生能源（%）	0.6	0.8	3.3	2.13	3.8	2.74	4.3	3.28

资料来源:IWEP 能源展望数据库;IEA, *World Energy Outlook* 2014。

(2) 中国发电量

2011年本报告的发电量与IEA的数据基本一致（为4755太瓦时），但是本报告2020年及以后的发电量（特别是燃煤发电）均高于IEA的数据。从电源结构看，2020年本报告的煤电占发电比为68.1%，高于IEA的62.85%，2025年本报告的煤电占比为64.8%，高于IEA的58.51%，2030年仍维持在60%，高于IEA的56%的水平。上述三个展望期的天然气发电量均高于IEA，但是比重低于IEA。本报告三个展望期的核电的发电量与IEA的数值略有高低，但是发电占比低于IEA。本报告2025年和2030年的风电、光伏和生物质发电量和比重低于IEA的数值。

表1-19　　　　　　　2020—2030年中国发电量比较　　　　　单位：太瓦时

	2020年		2025年		2030年	
	WECO	WEO/IEA	WECO	WEO/IEA	WECO	WEO/IEA
发电量	8363	7204	9689	8322	10787	9310
煤炭（%）	68.1	62.85	64.8	58.51	60.1	56.09
石油（%）	0.1	0.06	0.0	0.04	0.0	0.04
天然气（%）	3.6	4.04	4.7	5.31	5.8	6.33
核电（%）	5.3	6.22	7.2	8.21	8.0	9.12
水电（%）	15.5	17.09	14.5	15.77	16.4	14.73
生物能发电（%）	1.3	2.42	1.6	2.85	1.7	3.07
风电（%）	4.9	5.47	5.3	6.93	6.0	7.82
地热能发电（%）	-	0.01	-	0.03	0.1	0.06
光伏发电（%）	1.2	1.80	1.5	2.26	1.7	2.51
聚光太阳能发电（%）	-	0.05	0.1	0.09	0.2	0.21

资料来源：IWEP能源展望数据库；IEA, *World Energy Outlook* 2014。

(3) 碳排放量

碳排放是区分本报告与IEA报告的另一个主要方面。本报告展望中国碳排放水平明显低于IEA的展望数值。2011年两者差距6.75亿吨，2020年减少到2.85亿吨，但是2025年和2030年的差距扩大到4.54亿吨和7.71亿吨。

表 1-20 2011—2030 年中国碳排放量比较 单位：亿吨

	2011 年	2020 年	2025 年	2030 年
WECO - EES	73.04	91.74	94.48	94.29
IEA - NPS	79.79	94.59	99.02	102

资料来源：IWEP 能源展望数据库；IEA, *World Energy Outlook* 2014。

2. 全球影响

基于本报告和 IEA 对中国能源展望的差异，结合在展望期内中国能源需求增长在全球的不同地位，我们对全球能源需求增长和碳排放做出以下对比评估。

（1）中国能源需求的全球占比

假定中国以外地区和国家的数值正如 IEA 所得，那么中国能源需求的全球占比大体稳定在 23%—24%，其中，石油占比大体稳定在 13%—15% 之间。但是，煤炭、天然气和核能的差异较大。我们认为，本报告的煤炭需求占比将从目前的 51% 逐步下降到 2020 年的 49% 和 2030 年的 47%，核能需求占比虽然将从 2020 年的 11% 逐步提高到 2030 年的 17%，但是依然低于 IEA 的预期。但是天然气需求占比高于 IEA 的增长速度和占比。

表 1-21 中国能源需求的全球占比比较 单位：百分比

	2020 年 A	2020 年 B	2025 年 A	2025 年 B	2030 年 A	2030 年 B
能源需求	23	23	24	23	24	23
煤炭	52	49	52	49	51	47
石油	13	13	14	13	15	14
天然气	7	11	8	13	9	13
核能	14	11	19	15	21	17

注：表中的 A 为 IEA 的数值；B 为本报告的数值。
资料来源：根据 IEA 和本报告的数据库计算所得。

第一章　全球能源发展趋势和中国能源展望　　67

表 1-22　　　　　中国电力装机容量的全球占比比较　　　　单位：百分比

	2020 年 A	2020 年 B	2025 年 A	2025 年 B	2030 年 A	2030 年 B
装机容量	25	27	26	28	27	28
煤炭	47	50	47	51	48	50
天然气	5	5	6	7	7	8
核电	13	12	19	19	21	21
风电	34	35	34	33	34	33
光伏	27	27	29	27	28	24

注：表中的 A 为 IEA 的数值；B 为本报告的数值。
资料来源：均根据 IEA 和本报告的数据库计算所得。

从发电装机容量看，今后 5—6 年后中国电力装机容量的全球占比在 27%—28%，略高于 IEA 的占比。其中，燃煤和天然气装机容量占比高于 IEA，核电和可再生能源的装机容量与 IEA 大体接近。

（2）全球能源需求的差异

首先，将本报告的中国能源需求数值代替 IEA 世界能源模型中的中国数据后，2020 年本报告的全球能源需求量为 148.39 亿吨油当量，比 IEA

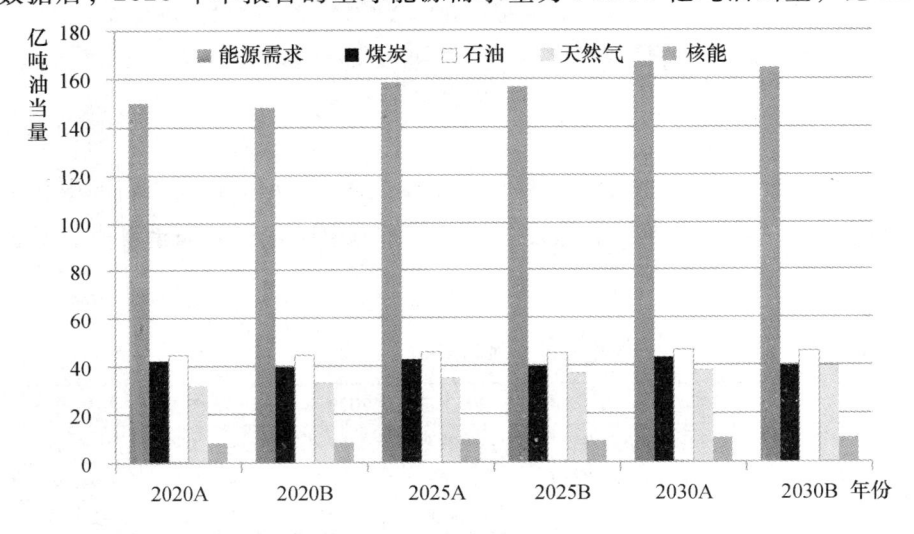

注：图中年份 A 为 IEA 的数值；B 为本报告的数值。

图 1-1　不同中国能源需求的全球影响

的原数值减少 1.39 亿吨，2025 年的全球能源需求为 156.77 亿吨，比 IEA 的原数值减少 1.94 亿吨，2030 年的全球能源需求为 164.57 亿吨，比 IEA 的原数值减少 2.63 亿吨。其中，全球煤炭、天然气以及核能的需求量变化较大。

其次，从全球能源需求结构上看，煤炭和天然气的需求比重差异依然较大。中国在煤炭、天然气以及可再生能源领域的变化将直接推动全球（特别是亚洲地区）能源消费结构的优化。

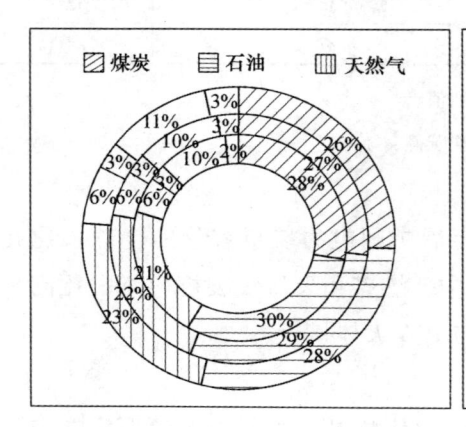

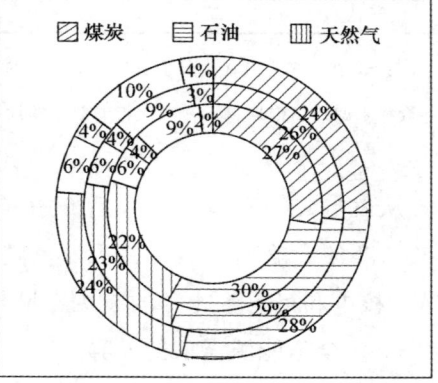

图 1-2　全球能源需求结构对比

注：左图为 IEA 的全球能源需求结构，右图为本报告的全球能源需求结构；左右拼图中三层数据从内到外分别为 2020 年、2025 年和 2030 年的不同数值。

（3）碳排放量

本报告中国碳排放的世界占比比 IEA 低 1—2 个百分点。两者碳排放差距在 2020 年和 2025 年后比较明显。全球因中国化石能源消费碳排放的减少有所改观。

表 1-23　　　　　　中国碳排放和全球占比比较　　　　　　单位：亿吨

	2020 年 A	2025 年 A	2030 年 A	2020 年 B	2025 年 B	2030 年 B
世界	342.03	353.70	362.91	339.18	349.16	355.20
中国	94.59	99.02	102	91.74	94.48	94.29
中国占比（%）	27.66	28	28.11	27.05	27.06	26.55

注：年份 A 为 IEA 的数值；年份 B 为本报告数值。

资料来源：根据 IEA 和本报告的数据库计算所得。

可见，未来中国能源发展对世界具有重大的影响，主要体现在化石能源的消费革命上，其中煤炭消费的减少和天然气消费的上升是一组最大的影响因子。不仅直接改善中国、亚洲和世界的能源消费结构，而且直接减少二氧化碳排放，对全球气候变化谈判和温度控制具有突出的贡献；同时，在核电、水电、风电和光伏等非化石能源方面，中国对世界的影响也具有不可忽视的影响。前者主要依靠未来中国化石能源消费控制、结构优化和消费方式的转变；而后者主要依靠未来中国的能源技术进步、政策激励与市场的培育。

第二章　国内外能源政策新趋势

一　主要经济体能源政策趋势

(一) 美国能源战略与政策的重大调整

奥巴马就任总统伊始,曾将发展新能源置于美国经济复兴战略的重要位置,主张通过技术突破推动新能源产业的发展,从而保持美国在新能源领域的技术优势和产业主导地位,降低对海外能源的依赖,确保美国的能源独立和能源安全,同时实现低碳和减排的目标。在奥巴马的第一个总统任期内,美国大规模投资和推动新能源技术开发及商业化应用,取得了明显的效果。同时,美国的页岩气开发和生产取得重大突破,使得天然气和石油等化石能源产业再度繁荣。奥巴马在第二任期重新认识和肯定了非常规油气开发对能源独立和安全的推动作用,使近几年来国内能源供需格局和贸易格局发生了重大转变。

同时,奥巴马将气候变化与能源转型一并提上重要议程。2013年6月25日,奥巴马政府提出了美国首个"总统气候行动计划"(The President's Climate Action Plan),将低碳经济作为未来几十年经济增长的发动机。这个计划重申了到2020年将美国的温室气体排放比2005年减少17%的承诺。为此,提出增加天然气发电比例,降低燃煤电厂的碳排放,达到减少温室气体排放,推动能源转型,构建可持续能源体系的目的。

在总结过去几年能源政策实施效果的基础上,2014年5月29日,奥巴马政府发布了《全面能源战略:通往经济可持续增长之路》(The All-of-the-Above energy strategy as a path to sustainable economic growth）的战略报告。这份报告涵盖促进经济增长和创造就业、保障能源安全和支持低碳技术与清洁能源三大部分。所谓"全面能源战略"就是"一个不落的"多能发展战略，即推动环境友好的煤炭、石油和天然气勘探、生产与消费，鼓励太阳能、风能等可再生能源发展以及核能的稳步建设，支持（煤炭和天然气）火力发电厂的碳捕捉、利用和收集项目，提升能源效率，减少能源需求。为此，明确了系列具体目标和措施（表2-1）。

表2-1　　　美国《全面能源战略》目标、内容与主要措施

电力	美国能源部已提供的贷款担保约300亿美元，用于支持太阳能的发展，支持高安全性能的先进核反应堆"先行者"。
	投资4个商业规模的煤炭清洁项目和24个工业规模的煤炭清洁项目，每年储存二氧化碳1500万吨以上。
	由私人、地区和政府出资500亿美元发展可再生电能，支持650万户家庭用电。
	批准50个可再生能源公共事业项目建设和输送建议，包括27个太阳能项目、11个风能项目和12个地热项目，其中13个项目已投入运营。
交通	到2025年，将轻型汽车和卡车的效率比2011年翻一番，减少石油消费220万桶/日，使车辆在整个生命周期中的温室气体排放量减少60亿吨；有效推动电动汽车行业的发展。
	基于2011年中型和重型车辆燃油经济性标准，建立2018年标准，大量节约燃料，降低二氧化碳排放量，减少颗粒物。
能源效率	2013年6月，能源部发布了11种产品最终节能标准，实现70%的节能目标，到2030年将二氧化碳排放量至少减少30亿吨，能源成本节省上千亿。
	到2020年，商业和工业建筑的能效提高20%。
	未来三年增加20亿美元用于联邦建筑能效升级，实现40亿美元的能源效率绩效
	2009年开始推进防寒保暖计划，帮助低收入家庭每年节约250—500美元能源支出，提高近200万户家庭的能源供应效率。
石油和天然气	减少陆上钻井许可的处理时间。2014年上半年已举办8轮陆上拍卖，创造了超过7800万美元收入。
	自2010年完善新安全标准以来，已发放260项新的浅水钻井许可证和229个深水钻井许可证。

	续表
建议措施	投资52亿美元用于清洁能源技术领域，其中，8.6亿美元用于支持核能技术方案和基础设施，7亿美元用于新汽车便利性和可再生燃料开发，4亿美元用于清洁能源。
	建立能源信托基金，促进石油产品转化，在10年中再投资20亿美元支持研发系列成本效益较好的技术。
	投资8.39亿美元推进全球气候变化倡议以及总统气候行动计划，推进与新兴经济体之间达成的双边和多边协议。

资料来源：The All-of-the-Above energy strategy as a path to sustainable economic growth, May 2014。

与奥巴马第一任期的能源政策相比，《全面能源战略》的视野超越了可再生能源的领域，立足于化石燃料、核能、风电、太阳能等各种能源的全面发展，使得美国的能源战略与政策更加务实。在这个全面能源战略框架下，美国不仅抓住了可再生能源发展的新机遇，使绿色清洁能源产业成为美国经济复苏和繁荣的重要推动力量，而且强调石油和天然气的清洁高效生产，推动煤炭利用的清洁化，有效解决了能源供需缺口、不确定的能源安全和气候变化等多方面的挑战。

作为实现上述战略的一个重要步骤，2014年6月2日，美国环境保护署公布了《清洁电力计划方案》，要求各州采取措施，减少现有火力发电厂的碳排放量，使2030年的碳排放量较2005年减少30%。实际上，自2005年以来，美国的一些火力发电厂已逐渐使用天然气代替煤炭发电，使美国发电厂的碳排放量减少15%。因此实现上述计划方案提出的新目标，只需要在现有排放量的基础上再减少15%便可实现。由于页岩气革命导致天然气供应持续增长，国内天然气价格低位，使得美国火力发电厂的"煤改气"后并未显著提升电力价格，火力发电厂和消费者的利益未受损害，从而大大降低了该计划方案的实阻力。我们预计，上述战略措施将在2015年得以全面推广，为美国的能源转型做出重大贡献。

（二）欧盟能源战略与政策变化

1. 欧盟2030年气候与能源政策框架

在推动低碳环保方面，欧盟一直走在发达地区的前列。欧盟委员会在

《欧洲 2020 战略》中曾经指出，未来十年欧盟将以"创新"和"绿色"为导向，在绿色低碳经济基础之上逐步形成产业竞争力，力争在未来的全球竞争中占据有利地位。为此，确定了 2020 年的低碳经济发展目标，届时使二氧化碳排放和能源消费较 1990 年分别减少 20%，可再生能源在能源消费结构中的比重上升到 20%。在随后推出的《2050 年迈向具有竞争力的低碳经济路线图》中，欧盟提出了更高的目标，要求 2050 年欧盟的碳排放量比 1990 年下降 80% 至 95%。

欧盟确定的 2020 年和 2050 年的减排目标促进了欧洲能源和环境产业的发展。根据欧洲风能协会 2013 年年度报告，年度新增风电装机容量已从 1995 年的 814 兆瓦增加到 2013 年的 11.16 吉瓦。到 2013 年底，欧盟风力发电的总装机容量已达到 117.3 吉瓦（陆上风电装机容量 110.7 吉瓦，海上风电装机容量 6.6 吉瓦），风电发电量为 257 太瓦时，可满足欧盟电力总消费的 8%。在 2013 年全球风电累计装机容量前十名国家中，欧洲国家占六席（分别为德国、西班牙、英国、意大利、法国和丹麦）。这六个欧洲国家的风电装机容量合计占全球总装机容量的 28%。其中，欧洲海上风力发电无论是累计装机容量还是新增装机容量都比其他地区发展得更快。2013 年欧洲共有 21 个海上风电场项目完工，新增海上风电装机容量 1567 兆瓦，较上年增长了 34%。太阳能成为水电和风电之后的第三大可再生能源。与近几年来中国、美国、日本等国太阳能市场规模不断扩大相比，2013 年欧洲太阳能市场（由于区内各国补贴的降低）的增速趋缓。当年累计装机容量为 81.5 吉瓦，全球占比 59%，继续保持领先地位，但新增装机量的全球占比已从 2012 的 55% 下降到 2013 年的 29%（图 2-1）。

2013 年年底，欧盟发布了《2050 年欧盟能源、交通及温室气体排放趋势：2013 年参考情景》（EU Energy, Transport and GHG Emissions Trends to 2050—Reference Scenario 2013）报告。这份报告指出，尽管欧洲在减排方面成绩斐然，但是目前的减排强度仍不够充分。为实现 2050 年全球平均气温上升不超过 2℃ 的目标，欧盟需要在 1990 年碳排放基础上减少 80%—95%。如果以 2013 年的参考情景为基准，则 2030 年欧盟需要减排 32%，到 2050 年需要减排 44%。按照这份报告的预测，2050 年天然气、风能和

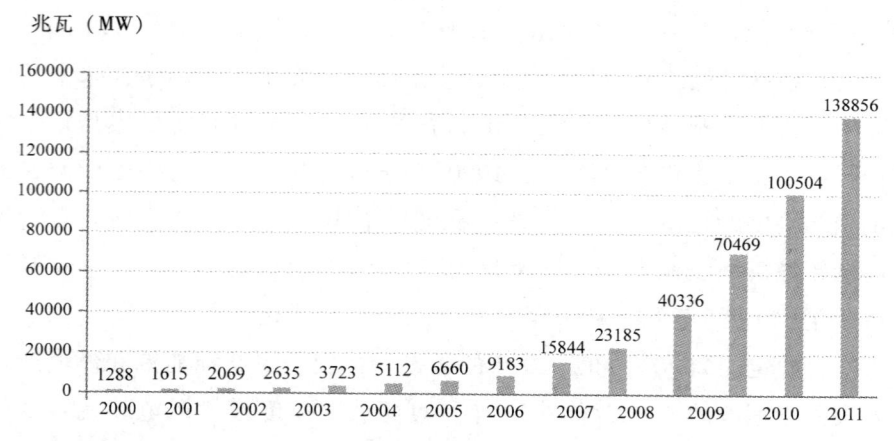

资料来源：EPIA，*Globe Market Outlook For Photovoltaics*，2014—2018。

图 2-1　2000—2013 年全球光伏太阳能累计装机容量

核能将各占欧洲能源供应量的 25% 左右。这份报告使欧盟在节能减排方面具有了量化目标。

2014 年 1 月 22 日，欧盟提出《2020—2030 年气候和能源政策框架》（A Policy Framework for Climate and Energy in the Period from 2020 to 2030）可视为欧盟以具有成本效益的方式实现长远目标的中期行动方案。2030 年政策框架主要任务是：（1）在碳减排目标上，要求削减温室气体排放量，使 2030 年的排放量较 1990 年水平减少 40%；（2）要求可再生能源在走向更有竞争力的、安全的和可持续的能源转型过程中继续发挥基础性的作用，到 2030 年可再生能源在能源结构中的占比至少达到 27%；（3）在能效目标上，为实现 40% 的温室气体减排目标，需要在 2030 年提升能效 25%；（4）使碳排放权交易制度改革成为碳减排的主要手段。

上述目标和任务一经公布便引起了欧盟成员国和国际社会的争论。一些环保主义者认为，欧盟实现碳排放减少 40% 的目标并未充分挖掘节能环保的潜力，建议进一步提高到 50% 以上；而欧盟的产业部门虽不反对提升节能环保标准，但担心碳排放标准过高将削弱欧盟企业的国际竞争力，不利于经济的发展。考虑到目前欧洲的经济状况，欧盟各成员国亦缺乏足够的财力去扶持清洁能源及节能环保产业的发展，因此建议兼顾各国实际情况，确定一个合理的减排目标。综合各方意见，欧盟依然认为，2030年实现温室气体减排40%的目标是比较合理和可行的中期目标。我们认为，《2020—2030年气候和能源政策框架》不仅为欧盟实现2050年目标提供了可操作性的路线图和时间表，而且为欧盟成员国继续推动低碳经济、确保竞争力和创造就业提供了比较现实的方案。

2. 德国的能源转型案例

目前，德国能源系统正处于重大转型之中。在2011年日本福岛核电站事故之后，德国政府做出了在2022年前关闭全部核电站的决定。为了弥补核电站退出后的能源供给空缺，2011年6月，德国联邦政府通过能源法案，开始启动"能源转型"（Energiewende）计划，使电力行业逐步摆脱对核能的依赖，全面转向可再生能源。在"能源转型"计划的推动下，德国能源系统正在进行一场前所未有的革命，计划通过大力推动风能、太阳能等新能源产业的发展，到2050年将可再生能源比重增加到80%，从而打造全面兼顾环保、安全性及经济便利的能源供给系统，降低能源消耗，建立新型能源体系。

为此，德国政府推行了以满足需求为导向的能源运输网络扩建计划、完善新能源投资的激励机制、建立智能配电网络等一系列配套政策。经过几年的努力，德国的"能源转型"已取得较大成绩。目前，德国已成为欧洲风电装机的第一大国。国际风能协会的数据表明，2013年德国新增风电装机容量3238兆瓦，累计装机容量为33.73吉瓦，均名列欧洲第一。德国还是全球最大的光伏太阳能市场，2013年光伏新增装机容量3304兆瓦，总装机容量35715兆瓦，均比位居其后的意大利高出近一倍。据弗劳恩霍夫研究所提供的数据，与2013年上半年相比，2014年上半年德国光伏发电增加了28%，风力发电增加了19%，风力、太阳能、水力及生物质等可再生能源已占德国总发电量的31%，超越了其他能源载体。

德国的"能源转型"也存在不少问题：（1）政策驱动型的"能源转型"干扰了市场机制的作用。德国对光伏应用实行强制性上网电价补贴（Feed-in Tariff）。按照这个政策，政府对光伏上网收购电价按照5%的标准逐年下降，持续20年。这种政策给予光伏使用者和光伏制造商一个明确的政策预期：由于补贴逐年下降，早一年安装将能获得更高的度电补贴，从而吸引使用者尽早装机上网；这一政策同时倒逼光伏制造商提高技术水平，降低设备成本。这样的政策在初期产生了明显的效果，但随着时间的推移，其弊端开始显现。政府在对可再生能源补贴时出现了一种恶性循环，政府对可再生能源的补贴带来的能源价格的上涨，造成生产成本及生活成本的提高。为此，政府不得不对能源价格进行干预，而较低的价格又会使得投资者对可再生能源的投资回报率产生怀疑，进而减少投资，形成恶性循环。（2）"能源转型"加大了政府和居民的财政负担。德国环境及能源部长阿特迈尔指出，由于政府对可再生能源企业和上网电价提供了大量补贴，到2030年"能源转型"总支出可达1万亿欧元。不仅如此，"能源转型"也推高了德国电价。据汉堡世界经济研究所对27个经合组织成员国的调查，2002年至2012年，德国居民及大部分企业用电价格增长了83%，居工业化国家之首，德国平均电价26.36欧分/千瓦时，远高于美国的9.25欧分。（3）可再生能源价格高企使得碳排放出现反弹。尽管德国不断加大可再生能源发电的比重，但由于可再生能源发电价格较高，使得煤炭发电在成本上具有明显优势，再加上近几年全球煤炭价格持续下跌，使得以煤炭为燃料的火力发电规模有所扩大。2013年德国褐煤发电量高达1620亿千瓦时，创下1990年（1710亿千瓦时）以来的最高记录，硬煤发电量也增加80亿至1240亿千瓦时。相应的，自2012年以来德国碳排放增长连续两年超过2%，使德国减少碳排放的进程出现逆转，有悖于"能源转型"的初衷。

（三）日本能源政策的新变化

日本是世界第三大经济体，也是世界能源消费大国。由于国内化石能源匮乏，日本在平衡能源供求方面，通过综合商社的方式充分利用全球化石能源；同时，日本利用其拥有的核能和可再生能源的资源优势和节能技术优势，使得能源利用能力和能源效率居全球领先地位。

核能作为一种低排放的清洁能源，长期以来在日本的能源结构中占有重要地位。2010年核电在日本电源结构中的比例高达26%。2010年6月日本制定的《能源战略计划》将核能作为主要发电能源,曾计划将核电在发电能源中的占比由2010年的26%提高到2030年45%,温室气体排放量在1999年的水平上降低30%。但是,福岛核电站事故不仅沉重打击了日本核电产业,也在很大程度上改变了公众对核电未来前景的看法。迫于国内民众的压力,2012年日本54座核反应堆全部停运。经过长时间的讨论,日本内阁于2012年9月制定了《革新性的能源环境战略》,明确提出了去核能化政策,2030年实现零核电的目标,曾使日本能源战略与政策出现了大逆转。按照这一战略,未来可再生能源将替代核能承担起日本能源供给的重任,计划将可再生能源发电量从2010年的1100亿太瓦时增加到2030年的3000亿太瓦时,增长约3倍,可再生能源在电源结构中的比重从2010年的10%上升到2030年的35%,同时增加天然气发电比例。这一政策不仅在日本产业界受到质疑,而且在实际执行中给天然气进口贸易和可再生能源的发展带来诸多挑战和压力。

2014年4月,日本发布了《第四次能源基本计划》。这份基本计划明确肯定,核能是重要的基本负荷电源,考虑到安全的因素,日本应减少对核能的依赖程度,不再新建核电厂,但需要重启原子力规制委员会所认可的核电厂。这一政策态度表明,日本拟充分利用本国已有的核能资源和技术优势,适度发展核电,而不实行零核政策。预计2015年将有若干核电站启动运营。在对待可再生能源的问题上,基本计划将其视为重要的低碳国产能源,主张增加使用比例,使之超越以前基本计划目标的水平。2010年第三次能源基本计划曾提出"2030年占到两成左右",在2012年的《革新性的能源环境战略》确定的目标则是30%左右,《第四次能源基本计划》表明将努力提高这一占比。这一趋势反映了日本能源发展的理性认识。

(四)俄罗斯能源战略的调整

1.《2035年前俄罗斯能源战略草案》的基本框架

俄罗斯拥有丰富的自然资源和雄厚的科研实力,经济增长长期依赖于能源产业。2014年下半年全球石油供需失衡导致石油价格暴跌,再次对俄罗斯经济造成了严重的冲击,也使俄罗斯痛切地认识到,推进能源依赖型经济的转型，建立创新型经济既迫在眉睫，又一时力不从心。

2014年年初，俄罗斯公布的《2035年前俄罗斯能源战略草案》指出，俄罗斯的能源体系存在诸多重大问题，如能源管理体制不能适应现实需求，企业之间缺乏有效的竞争机制，从而导致造成能源生产成本和服务成本升高而效益低下等等，从而提出未来能源发展方向是加快能源结构调整，促使俄罗斯能源行业逐步摆脱仅为原材料供应的低端、粗放的发展方式，转型升级到以提供高附加值产品为主的创新驱动的发展方式，从而降低外部市场波动对俄能源产业的影响。

为了实现这些战略转型方向，这份能源战略草案提出了具体措施，包括：（1）加强基础设施建设。俄罗斯能源资源丰富，但是基础设施相对落后，制约了能源工业的发展。为了进一步拓宽全球市场，需要加大基础设施的建设力度；（2）推进国内能源产业的市场化竞争，让市场在能源配置中发挥引导作用，打破大型企业垄断的格局，强化市场竞争，降低能源成本，提升能源效率；（3）完善监管体系，改革能源定价机制与管理体制；（4）提高技术标准，推动开采和炼制过程的现代化水平，提高能源产品质量；（5）促进节能技术发展，降低能源消耗总量。上述战略措施如果能够得到有效实施，将有利于加快能源结构调整，降低俄罗斯经济对能源部门的过度依赖，提升能源使用效率。根据预测，到2035年俄罗斯能源部门对GDP的贡献率将大大降低，较目前水平减少1.6—1.7倍。

然而，这样的能源战略在俄罗斯早有认识，但是一直难以得到贯彻实施，原因在于2003年以后国际油价高企，误导了俄罗斯的战略调整政策。2008年下半年虽然受到全球金融危机导致的打击，但是过程较短，暂时渡过，又使俄罗斯经济逃过一劫。2014年6月以后，国际油价一路下滑，再次打击了俄罗斯的经济和经济政策，再次提示普京除非转变能源发展思路，否则只能坐以待毙。

2. 乌克兰危机后的俄罗斯能源政策走向

2013年底以来，乌克兰政局发生了重大变化，使俄罗斯不仅与乌克兰的关系恶化，而且与西方国家的关系急剧恶化。美欧联手对俄罗斯实施了多轮不断加力的经济制裁。2014年7月17日，马来西亚航空公司MH17

客机在俄乌边境坠毁,美欧和俄罗斯之间的关系越发紧张和升级。7月和9月,美国和欧盟相继宣布加大对俄罗斯能源、金融、国防领域的制裁力度,包括对个人(尤其是石油寡头)实施签证限制,冻结其海外资产;在金融方面,西方直接冻结俄罗斯石油公司的海外资产,中断俄罗斯的国际融资渠道和网络;美欧石油技术服务公司宣布中断与俄罗斯伙伴的合作关系;尤其是美欧禁止向俄出口重要的高新技术、设备和人才。经济制裁对俄罗斯能源服务业、战略性项目开发计划产生了重大冲击,尤其是限制国际融资,压缩了俄能源企业的融资空间。根据有关专家分析,美欧制裁如果持续一两年或更长时间,俄罗斯石油产量或将减少5%至10%(大约2600万吨至5200万吨)。如果西方制裁在今后两三年继续维持,那么将对俄罗斯的中长远能源发展规划形成重大打击。为了应对欧美制裁的不利影响,俄罗斯对能源发展战略和政策进行重大调整,在稳定欧洲市场的同时,积极拓展亚洲市场,加快实施能源东进战略。

(1)保持与欧盟的能源合作。从2013年的数据来看,在俄罗斯的能源出口中,73.3%的石油和82.1%的天然气出口欧洲;在欧盟的能源进口中,41.3%的天然气和58.2%的原油来自俄罗斯。可见俄欧能源供需密切关联、相互依赖。欧盟对俄罗斯的制裁始终较为谨慎。虽然目前俄欧关系迅速冷淡,但是俄罗斯也不想彻底切断与欧盟的能源合作。普京强调俄方不打算停止对欧洲的天然气输送,建议立即磋商制定稳定乌克兰经济的措施,确保俄罗斯天然气的供应及过境运输。俄欧都希望保持相对正常的能源合作关系。

(2)积极开拓亚太市场。早在2012年10月底,普京在俄罗斯总统能源委员会会议上曾明确指出,基于对美国"页岩气革命"、欧洲"能源转型"以及亚洲经济发展的考量,俄罗斯应当高度重视亚太能源市场,进一步推进能源东进方案。按照《2035年前俄罗斯能源战略草案》的设想,亚太市场在俄罗斯能源出口中的重要性将不断提升,届时向亚太地区的能源出口量占俄罗斯总出口的比重将提高到28%,其中,原油、天然气以及石油和石化产品占比分别增至32%、31%和23%。近几年来俄罗斯逐步加大了对亚太地区的能源出口。乌克兰危机导致的经济制裁更促使俄罗斯下决心加快开拓亚太市场。国际能源署（IEA）数据显示，2012年亚洲市场在俄罗斯石油出口中的比重仅为20%左右。但2014年以来，俄罗斯30%以上的原油出口到亚洲市场（约6000万吨/年）。在亚太国家中，与中国的能源合作是俄罗斯能源地缘战略中的重中之重。经过多年的谈判，中国与俄罗斯于2014年5月签署了价值4000亿美元的《俄罗斯通过东线管道向中国供应天然气的框架协议》，9月后双方又不断推进更加广泛的合作，包括重启阿尔泰天然气管线谈判。俄罗斯将加大远东发展部提出的"超前发展区"计划，为吸引国际资本创造更优惠的投资与合作环境。2014年10月中旬中俄总理会晤，提出2013年双边贸易已经达到900多亿美元。计划2015年双边贸易实现1100亿美元，2020年达到2000亿美元，标志着中俄经贸合作迈入了新阶段，为能源合作展示新前景。

然而，外部市场的调整需要俄罗斯内部经济结构的重大调整相配合。在这一方面，俄罗斯还有较长的路程。目前，俄罗斯能否成功应对国际油价大幅下跌带来的冲击仍是一个大问号。

（五）2014年IPCC气候变化报告的影响

2013年9月以来，联合国政府间气候变化专门委员会（IPCC）陆续发布了气候变化报告第五次评估工作组报告。该小组观测结果表明，从1880年至2012年，全球表面平均温升达到0.85℃。报告指出，尽管不确定性依然存在，人类活动对气候变化的影响是显著和明确的，1951年至2010年间观测到的温度上升了约0.6℃，人类活动导致的温室气体排放是20世纪中期以来全球气候变暖的主要原因。1970—2010年这40年的人为CO_2累积排放约占总历史累积排放量（1750—2010年）的一半，尤其最近十年是排放量增加最多的十年。全球气候变暖也造成了海平面的升高，1901年到2010年，全球平均海平面上升了19厘米。报告明确指出，2050年实现2℃温控目标的成本最优排放路径要求是：到2030年，全球温室气体排放限制在300—500亿吨CO_2当量的水平，相当于2010年水平的60%—100%；在2050年，全球温室气体减少至2010年水平的40%—70%，到21世纪末减至近零。实现上述目标需要大力推广使用低碳能源。

从 2010 年到 2029 年,化石能源开采和发电领域的年投资量需要下降 20%（300 亿美元左右），而可再生能源、核能等低碳能源领域的年投资规模需要增加 100%（1470 亿美元左右）。

IPCC 报告的政策含义是：人类社会需要继续推进绿色低碳发展，并将之列为各国共同的奋斗目标，各国应加强国际协调行动，共同应对气候变化的影响，力争在 2050 年实现 2℃温控目标。IPCC 报告的观点已经在全球产生了广泛影响。在 2014 年 9 月召开的联合国气候峰会上，参会各国领导人都承诺就气候变化采取共同行动。

2014 年的 IPCC 报告为 2015 年年底在巴黎举行的第 21 届联合国气候变化大会和地区组织的能源与环境政策调整提供了新的科学依据，已经对国际气候变化研究与谈判形成压力，而且对各国能源发展战略与政策制定和实现对外环保承诺产生持续性的倒逼影响。

在此背景下，2014 年 11 月中美两国代表在北京发布了《中美气候变化联合声明》，美国计划于 2025 年在 2005 年基础上实现减排 26%—28% 的目标并努力减排 28%；中国计划 2030 年左右 CO_2 排放达到峰值且将努力早日达峰并计划到 2030 年将非化石能源占一次能源消费比重提高到 20% 左右。此外，中美将在一系列促进节能减排的领域开展技术合作，包括先进煤炭技术、核能、页岩气和可再生能源等。显然，中美之间的这一协议首先展现了两国积极应对气候变化的态度，对于 2015 年底在巴黎会议达成全球协议具有重要的推动作用；同时，这一协议表明应对气候变化不是被动的负担，而是新的发展机遇。谁抓住这个机遇，谁就发展得好，抓不住机遇就会被边缘化。为此各国只能合作共赢，温室气体减排不仅是责任义务的分担，而且必须成为发展机会的共享，多方合作的共赢趋势。

（六）小结

2013 年下半年以来，美国、欧盟、日本、俄罗斯等主要经济体都对能源发展战略和政策进行了重大调整。这些调整的共同趋势是：将温室气体排放列为能源与环境政策的首要目标；加速能源结构转型，走向绿色、低碳和可持续的发展方向。具体地说，在"能源独立"的背景下，在非常规天然气的推动下，美国加速了能源结构优化，特别是发电、建筑、交通等重要领域的能源消费结构的调整和方式提升；欧盟在可再生能源领域、节能减排和能源效率方面迈出了更大的步伐，能源转型和建设新能源体系成为必然之势；日本对核电的新认识和德国的弃核政策均告诉我们，核电依然是极为重要和难以替代的特殊而清洁的能源。我们认为，上述政策调整趋势反映了发达经济体面对日益严峻的全球资源、能源和环境约束，发展低碳经济，推动经济与自然和谐发展，实现工业文明向生态文明跃迁的战略规划；这些趋势将带动技术创新和技术转移，推动新兴产业发展，拉动发达经济体经济复苏，增强全球竞争力；推动现代能源转型。俄罗斯再次强调转变能源依赖型经济，建立创新经济体系的重大意义，值得继续观察。而未来中国的能源转型则是另一个急需研究的重大变量。

二　中国能源政策走向

2013年下半年以来，中国政府就国内能源和环境问题，特别是大气污染、生态环境和极端气候等系列问题，于2014年1月后连续出台了系列能源发展规划、工作会议和约束性的政策措施，包括2014年4月18日国务院总理李克强主持召开的新一届国家能源委员会首次会议，研究讨论了能源发展中的相关战略问题和重大项目。针对本国人均资源水平低、能源结构不合理的基本国情和"软肋"，提出推动能源生产和消费方式变革，提高能源绿色、低碳、智能发展水平，向雾霾等污染宣战，加强生态环保的节能减排措施，改善大气质量，走出一条清洁、高效、安全、可持续的能源发展之路，为经济稳定增长提供支撑。6月13日国家主席习近平主持召开中央财经领导小组第六次会议，研究中国能源安全战略。面对能源供需格局新变化、国际能源发展新趋势，保障国家能源安全，加速推动能源领域的供应、消费、技术和体制革命，大力推进国际能源合作（表2-2）。

表 2-2　　　　　　　　　"能源革命"的基本框架

战略目标	主要内容
能源消费革命	抑制不合理能源消费，坚决控制能源消费总量；有效落实节能优先方针，把节能贯穿于经济社会发展全过程和各领域，加快形成能源节约型社会。
能源供给革命	推动能源供给革命，建立多元供应体系，立足国内多元供应保安全，大力推进煤炭清洁高效利用，着力发展非煤能源，形成煤、油、气、核、新能源、可再生能源多轮驱动的能源供应体系，同步加强能源输配网络和储备设施建设。
能源技术革命	推动能源技术革命，带动产业升级；立足国情，紧跟国际能源技术革命新趋势，以绿色低碳为方向，分类推动技术创新、产业创新、商业模式创新，把能源技术及其关联产业培育成带动中国产业升级的新增长点。
能源体制革命	通过改革，不断推进改革，还原能源商品属性，构建有效竞争的市场结构和市场体系，形成主要由市场决定能源价格的机制，转变政府对能源的监管方式，建立健全能源法治体系。
加强国际合作	全方位加强国际能源合作，通过双/多边合作，有效利用国际资源，实现开放条件下能源安全；参与建设新的全球能源治理体系。

一系列政策包括 2013 年 9 月国务院发布的《大气污染防治行动计划（2013—2017 年）》、2014 年 11 月 19 日国务院办公厅发布了《能源发展战略行动计划（2014—2020）》和 2014 年连续出台的系列能源政策和发展规划。

1.《大气污染防治行动计划（2013—2017 年）》

这一行动计划要求，到 2017 年煤炭消费比重降低到 65% 以下，运行核电机组装机容量达到 5000 万千瓦，非化石能源消费比重提高到 13%；单位工业增加值能耗比 2012 年降低 20% 左右。到 2015 年再淘汰炼铁 1500 万吨、炼钢 1500 万吨、水泥（熟料及粉磨能力）1 亿吨、平板玻璃 2000 万重量箱。

为贯彻落实这一行动计划，2014 年 1 月，国家能源局发布了《2014 年能源工作指导意见》，要求通过过剩产能整顿、产业结构调整，在 2014 年便将煤炭消费比重降低到 65% 以下，天然气占比提高到 6.5%，非化石能源消费比重提高到 10.7%；非化石能源发电装机比重达到 32.7%。

2014年5月，国家发展与改革委员会、国家能源局、环境保护部联合印发的《能源行业加强大气污染防治工作方案》要求，到2015年将非化石能源消费比重提高到11.4%，天然气（不包含煤制气）消费比重达到7%以上；2017年，非化石能源消费比重提高到13%，天然气（不包含煤制气）消费比重提高到9%以上，煤炭消费比重降至65%以下。

为了贯彻2013年9月发布的《大气污染防治行动计划》，各地区均出台了落实这一行动计划的实施细则，如《京津冀及周边地区落实大气污染防治行动计划实施细则》和河北、浙江、江苏、上海等省区（市）大气污染防治行动计划实施方案，旨在通过市场机制，加快淘汰落后产能，抑制不合理能源消费，促进节能减排。2014年11月，国务院常务会议审议通过了《大气污染防治法（修订草案）》，并提请全国人大常委会审议。

2. 加大节能减排政策约束力度

2013年8月，为了落实和推进《"十二五"节能环保产业发展规划》，要求"十二五"期间节能环保产业产值年均增长15%以上，到2015年产业规模将达到4.5万亿元，增加值占国内生产总值的比重为2%左右。为此，国务院发布了《关于加快发展节能环保产业的意见》，明确国家采取九大措施，强化约束激励，为节能环保产业发展创造良好的市场和政策环境，包括开展绿色建筑行动。到2015年，新增绿色建筑面积10亿平方米以上，城镇新建建筑中二星级及以上绿色建筑比例超过20%；推进既有居住建筑供热计量和节能改造；实施供热管网改造2万公里。

2014年5月，国务院下发了《2014—2015年节能减排低碳发展行动方案》，进一步硬化节能减排降碳指标，量化任务，强化措施，对2014—2015年节能减排降碳工作作出具体要求，要求2014—2015年，单位GDP能耗、化学需氧量、二氧化硫、氨氮、氮氧化物排放量分别逐年下降3.9%、2%、2%、2%、5%以上，单位GDP二氧化碳排放量两年分别下降4%和3.5%以上。

这一《行动方案》从八个方面明确了推进节能减排降碳的30项具体措施，包括大力推进产业结构调整；加快建设节能减排降碳工程；狠抓重点领域节能降碳；强化技术支撑；进一步加强政策扶持；积极推行市场化节能减排机制；加强监测预警和监督检查；落实目标责任等。同时将2014—2015年能耗增量控制目标、燃煤锅炉淘汰任务、主要大气污染物减排工程任务、黄标车及老旧车辆淘汰任务分解落实到了各地区，强化地方政府特别是节能减排降碳目标完成进度滞后地区和能耗排放大省的责任，严格控制地区能源消费增长，加强节能减排目标责任考核；强化企业主体责任，动员公众参与，共同做好节能减排降碳工作。

3. 加大能源部门政策，推动能源发展转型升级

2014年3—10月，国家发改委联合有关部门对煤电和煤化工、天然气（页岩气、煤层气）、风电（海上风电）、太阳能、生物质以及核能等能源领域出台了近20余项政策。其中涉及大气污染治理、关乎节能减排的"牛鼻子"政策是煤炭产业政策和强制性的节能减排政策与措施。2013年11月28日，为促进煤炭行业持续健康发展，国务院办公厅印发《关于促进煤炭行业平稳运行的意见》，强调坚决遏制煤炭产量无序增长、切实减轻煤炭企业税费负担、加强煤炭进出口环节管理、营造煤炭企业良好发展环境等手段，化解煤炭产能严重过剩的矛盾，科学调控煤炭生产和消费。

2014年9月12日，发改委、环保部和国家能源局发布《煤电节能减排升级与改造行动计划（2014—2020年）》。这一行动计划的基本目标是实现"三降低、三提高"，即降低供电煤耗、降低污染物排放、降低煤炭占能源消费比重，提高安全运行质量、提高技术装备水平、提高电煤占煤炭消费的比重。为此突出抓三方面重点任务：一要严格控制能效、环保等新建机组准入条件，新建机组煤耗要低于300克/千瓦时，合理规划布局；二要坚决完成现役机组改造升级，加快淘汰能耗高、污染重的落后机组，重点对30万千瓦、60万千瓦亚临界、超临界机组实施综合节能改造，深入推进对环保不达标机组的环保设施改造与升级；三要切实优化调度运行管理，通过优化电力调度、机组运行和促进网源协调等措施，进一步提升高效清洁煤电机组负荷率和运行质量。

煤电节能减排升级改造是一项升级版的系统工程，需要各地区抓好任

务分解、组织实施、经验推广、调度管理等环节；把好新建机组"准入关"、现役机组"改造关"，切实加强监督和政策配套。为此，10月9日，国家发改委召开"全国煤电节能减排升级与改造动员电视电话会议"进一步统一思想、明确任务、落实责任。

2014年，国家发改委和国家能源局还针对近几年来能源发展中出现的问题，有针对性地对煤化工产业、页岩气产业、风电（海上风电）、太阳能、生物质以及核能等能源部门出台了系列政策（见附件1）指导非化石能源的持续协调发展。比如2014年7月22日，国家能源局下发《关于规范煤制油、煤制天然气产业科学有序发展的通知》，严格能源转化效率、水耗、排放等产业准入要求，禁止建设年产20亿立方米及以下规模的煤制气项目和年产100万吨及以下规模的煤制油项目；提出没有列入国家示范的项目，严禁地方擅自违规立项建设。国家发改委、国家能源局随后制定《关于有序推进煤制油示范项目建设的指导意见》和《关于稳步推进煤制天然气产业化示范的指导意见》。这些文件明确煤制油（气）"不能停止发展、不宜过热发展、禁止违背规律无序建设"的方针和"坚持量水而行、坚持清洁高效转化、坚持示范先行、坚持科学合理布局、坚持自主创新"的原则，申报的示范项目必须符合产业政策相关规定，能源转化效率、能耗、水耗、二氧化碳排放和污染物排放等指标必须达到准入值。

4. 稳步推动能源体制改革

2014年2月19日，中国石油化工股份有限公司通过的《启动中国石化销售业务重组、引入社会和民营资本实现混合所有制经营的议案》率先启动国有企业的混合所有制改革。随后，中石油、中电投等大型能源企业相继提出了改革方案，将部分业务向民间资本开放，将部分股权向社会资本转让，不仅为民间资本进入能源领域创造了制度条件，培育了能源市场多元竞争主体，也使大型能源国企得以推进公司治理体系和管控能力现代化、国际化。同时，《进一步深化电力体制改革的意见》和油气管网投资体制改革方案也在讨论之中，将能源市场化改革引向深入。

回顾2013年下半年到2014年，中国连续出台了一系列能源与环境政策，为 20 多年来罕见；这些政策围绕着大气污染治理、节能减排和能源结构优化三大主题推出，既明确战略思路、发展规划，又对 2015 年、2017 年和 2020 年前能源发展提出了具体和具有约束力的政策措施。目的在于通过能源行业的节能减排，推动大气污染治理；通过推动各类能源的清洁高效利用和产业有序发展，既提高节能减排和绿色发展，又提高能源效率和可持续发展；通过推动市场化改革和内外合作，积极推动能源战略转型、升级和跨区域发展，最终建立能源—环境—经济—社会发展良性循环的新型的现代能源体系。

我们认为，大力调整产业结构、提高能源利用效率、推进节能减排，走绿色、循环、低碳和可持续的发展之路，既是现阶段中国谋求科学发展的要求，也是全球气候变化和能源发展的共同趋势。在大气污染和节能减排的压力下，目前中国推动着一场以生态文明建设为前提，以能源转型为核心的能源革命，将对"十二五"末期和"十三五"发展规划，乃至 2025 年和 2030 年经济社会发展战略产生重大影响。

三　可持续能源发展的需求与特征

未来中国和全球能源发展的共同命题在于发展能力的可持续性。从现阶段中国、亚太地区和全球能源治理的诉求看，能源发展的可持续性已经成为全球共识和各国能源政策的重点目标。我们认为，这里的"可持续性"必须从概念和政策要求转变为可衡量、可监督和可分析的发展方向和规制。

1. 可持续能源发展需求

从本报告的"生态能源新战略"情景看，未来的能源战略和政策重点在于培育能源发展的可持续性。这一需求不仅与中国能源发展现状和产业转型升级相关，而且与地区和全球经济社会可持续发展紧密相关。

首先，从理论方面看，能源发展的可持续性在于能源发展目标、发展方向和措施在部门、地区和国家等不同层面的协同性。具体要求：

（1）能源发展目标包含能源发展服务于经济增长的需要，这一目标对于发展中国家来说尤为重要，因为"发展才是硬道理"，经济增长是基础，而经济增长则离不开能源增长的保障作用。但是，与改革一样，发展也是有代价的，基于能源消费增长的经济增长更是如此。其一，能源发展推动工业化，带来经济增长，也带来部门和地区社会经济发展方式和结构的转变，形成对重化工业的依赖；其二，重化工业发展将带来生活水平、经济体活动范围、生活质量和灵活性的大幅提升，也必然带来人们对能源（特别是化石能源产业的）的依赖；其三，能源发展在带来巨大经济效益和社会福利的同时也必然带来基于前两者的污染物排放，如果综合开发利用程度不高，污染必然严重，从而损害生态和健康，使经济、社会和人们付出巨大的代价。因此，能源发展目标如果仅仅局限于经济发展，并片面强调能源发展对经济增长的单向服务和保障作用，负面效应是巨大的，最终国民经济社会以及能源产业自身的发展也难以持续。据此，本报告坚持认为，能源政策必须明确能源发展的最终目标是维护和改善能源生态系统，包括但不仅仅是经济增长。

（2）能源发展方向不仅是不断提升能源供应，组织大规模开发，创造就业和经济效益，而且是一项不断走向清洁、多元、灵活和高效开发利用的服务。因为现代经济、现代社会和民生均离不开能源服务，包括目前看来较脏的煤炭。所有的能源资源都是宝贵的财富。虽然能源（特别是化石能源）开发利用存在污染物排放，但是能源开发的出路在于清洁化、多元化以及灵活高效。清洁化是各国能源发展的共同出路和共同命题；尽管各国的能源结构和重点不尽相同，但是都强调多元开发。从目前以煤为主的中国、以油为主的沙特、以气为主的卡塔尔和今后以可再生能源为主的德国来看，多元开发是选择。面对多元能源开发，无论能源选择和技术路线如何不同，都必须寻求灵活和高效的利用方式。目前，无论是煤炭等传统产业，还是风能、太阳能和核能等新兴产业，都面临各种各样的技术难题，但是得以长期生存的能源，都必须是灵活和高效利用的能源。对于燃煤发电来说，超超临界值和联合循环利用是方向；对于核电来说，只有不断走向更高一代的技术路线才是安全、可靠的；对于新兴的可再生能源来说，也必须是高效率、低成本和稳定供应才是高效的利用方式。清洁、多元、灵活和高效开发利用正是可持续发展的必然要求。

（3）能源发展的可持续性还要求有关部门和地区协同创新发展。能源发展不取决于能源产业自身。其一，能源产业发展涉及上中下游巨大而广泛的产业链和生产与生活的各个方面；其二，能源发展涉及资源开发地区、消费地区和运输所覆盖的地区的协同发展；其三，能源发展不仅是产业自身的事，更是国家战略和公众利益所在。因此，能源发展必须突出产业、国家和公众利益的统一。只有实现三方面的统一，才能为可持续发展提供保障。

其次，从实践方面看，能源发展的可持续性受到各国和国际组织的高度关注。目前，不同能源部门发展的不平衡问题，能源发展与经济增长的相关性问题，能源与环境的矛盾问题均成为全球政治经济中的重大问题，也是近几年来亚太经济合作组织（APEC）领导人峰会的热门话题。

2014年9月初在北京举行的APEC能源部长会议围绕"可持续能源"这一主题展开了深入讨论。这个主题与中国和其他亚太国家和地区经济社会可持续发展密切相关。APEC能源部长级会议同意中国提出的成立"APEC可持续能源中心"的倡议，期待这一研究中心致力于研究APEC各经济体（尤其是发展中国家）面临的日益严重的能源、环境、社会、公众、地区问题和全球未来发展等问题，深入评估可持续发展状况，推动APEC经济体在能源相关领域的战略合作与对话。这一动议对优化亚太地区乃至全球能源结构、改善能源与环境危机、促进各经济体经济社会良性健康发展具有重要的引导意义。但是，根据对本地区经济体能源状况的研究和目前APEC能源研究的现状，我们认为，可持续能源的发展能力是当前和未来本地区的一个重大问题，尤其是对亚太地区的发展中国家来说，迫切需要增强可持续能源的发展能力。

从全球视角看，可持续发展问题主要体现在能源服务于人的中心主题上。从这一方面看，可持续能源是全球能源与环境的重大主题。联合国秘书长潘基文于2011年11月发起"人人享有可持续能源"倡议，提出2030年达到人人享有现代能源服务、能源效率在全球范围内提高一倍、全球可再生能源在能源结构中的比重翻番"三大目标"。2014年6月5日,"联合国人人享有可持续能源十年"计划正式启动,潘基文指出:可持续能源是将消除贫困、平衡增长和健康环境联系在一起的重要纽带,将在2015年后的全球发展议程中处于核心地位。

联合国提出的"人人享有可持续能源"十分明确地把人放在可持续能源发展中的中心地位,强调能源服务于人的普遍性。因为全球能源贫困人口虽有缩小,但依然存在,至今全球仍有12亿人口无电可用。这是联合国必须强调的首要问题,也是能源可持续发展中的基本问题。

2014年7月18日,"UN—CEFC能源可持续发展资助大奖"计划在纽约联合国正式签约及启动。该计划由中华能源基金委员会(CEFC)资助设立,旨在鼓励及表彰全球能源领域的杰出个人或组织机构继续致力于研究和推动世界能源的可持续发展,并持之以恒地为人类的美好生活做出贡献。

2. 可持续能源发展的内涵与特征

清晰定义能源可持续发展并不难,已有的界定往往被人们熟视无睹。在这里,我们将"可持续能源发展"定义为:建立以能源产业自身良性循环为基础,能源生产、运输/配送、服务等部门协同发展,推动能源与环境、社会和公众利益的地区协调、国内协调与国际协调,引领本国(经济体)能源进入中长期、综合、良性协调发展的轨道。这样的可持续能源发展具体体现在能源产业、相关管理部门、环境与生态、社会与公众、国际关系、基础配置和未来发展等方面,并具有以下几大特征:

一是良性循环:要求能源产业的上游、中游和下游部门的协同发展和互动,特别在投资、价格、收益等方面的合理配套是确保能源产业自身可持续发展的基础。

二是协调性:能源产业、政策制定者和公众等不同能源利益相关者的综合协调和平衡、不同地区之间的协调发展和不同国家之间双边和多边发展利益的综合平衡。

三是综合性:跨部门和跨领域的综合平衡。

四是可持续性：内在可持续发展的潜在能力。可持续性不是说出来的，而是一种培育出来的内在支持中长期发展的能力，特别是在基础设施、教育、人才培训与综合治理、中长期政策的系统配套以及长期形成的运作机制和文化氛围。

五是可衡量、可监督和可分析性，即能源发展的可持续性或可持续能源发展能力必须由主观的概念转变为客观的基准，内在的特征外化为外在的判断依据。也就是说，必须将可持续发展能力转变为可衡量、可监督、可分析判断的基准或指数，转变为对政策制定者、投资者和所有其他利益相关方均有意义的分析工具，也是可付诸实施的监督手段以及对策建议的依据。

为此，我们需要通过实践，逐步建立一套相对完整的指标体系和评价方法，将可持续发展能力清晰和客观地体现出来，使不同的利益相关者均可看到本地区能源可持续发展能力的强弱表现、存在的问题、重点和解决问题的方向，以便正确判断和科学施策。同时也可以让能源发展更加透明，便于第三方监督。

3. 可持续能源发展指数（SEDI）的意义

根据以上可持续能源发展的诉求和特征分析，我们提出研发"可持续能源发展指数"。目前，根据我们的调研，SEDI包括能源产业、相关部门、环境、生态、社会、公众、国际关系、基础配置和未来发展九大方面。

我们首先针对每一个大方面，提出3—5个或更多的问题，形成合理的问题系列。比如在能源产业良性循环方面，我们的问题是：能源产业系统良性循环吗？在供应方面，资源有保证吗？各种条件（基础设施和技术）具备吗？需求发展速度适合吗？能源发展速度与经济社会速度的协调吗？在消费方面，可无限索取和追求吗？消费理性吗？适合国情吗？还有哪些不确定性因素和风险？这些不确定性因素和风险可控吗？

其次将每个问题指标化。比如能源产业系统良性循环问题，可用能源产业过剩或不足产能的比例、供需均衡来衡量；对于能源供应的资源保证问题，可用储采比、基础设施与产能配套来衡量；对于能源发展速度与经济社会速度的协调问题以及理性消费等主观问题，既不存在公认的指标，也难以用明确和专业的量化的指标来衡量。因此要求另辟蹊径，将这些主观问题客观化来反映。在将所有问题指标化后，再将这些指标构成一套分层次和合理的指标体系，最后将这些指标整合为一个或数个具有综合意义的指标。

这一指数或指标体系可作为我们衡量能源可持续发展的基准和标杆指标，分析可持续能源发展能力和能源政策制定的协助工具，具有多方面的应用价值和意义。

（1）这一指数可用来评估和分析各经济体能源发展状况，分析和寻找存在问题，比较差距，提出解决方案，寻找增强未来可持续发展能力的途径。这一指数对于各省区、大城市，甚至县市能源发展都适用。

（2）这一指数可为国家能源政策制定部门提供本国能源可持续发展的程度、差距和问题，提高今后能源政策实施的有效性。

（3）这一指数可作为 APEC 可持续能源的一个基本产品，为 APEC 地区分析和评估本地区可持续能源发展提供分析工具，也将与联合国有关部门探索交流与合作渠道，成为"人人享有可持续能源十年计划"的重要内容。

（4）本指数可分解为系列指标，在国内外相关教育和研究机构培养能源产业、相关部门、环境与生态、社会与公众、国际关系、基础配置和未来发展等相关研究与分析力量，为各省市和国家培养多方面的人才。

目前，这一指数已完成概念设计、问题研讨和问题群提炼阶段，正进入指标化阶段。我们将联合有关研究机构，组织专家研讨，推进指数工具化。

四　中国能源政策的选择

虽然目前依然缺乏"可持续能源发展指数"，但是，根据中国和世界能源政策变化方向，从本报告"生态能源新战略"角度看，今后中国能源战略与政策的基本选择有以下三个方面。

（一）逐步减少对化石能源的依赖，走化石能源的清洁化道路

当今各国经济社会发展受到多方面的制约，其中，生态环境污染已成为首要忧虑。而生态环境污染与化石能源的发展紧密关联。

自人类社会进入工业化时代以来，每一次工业革命和社会发展都是以化石能源的大量消费、大规模开采和生态环境恶化为代价而取得的。化石能源的如此大规模消费导致二氧化碳等温室气体排放量的不断增加，使得全球平均气温较工业革命前明显上升。2013年联合国IPCC报告再次指出，从1880年至2012年，全球表面平均温升达到0.85℃。尽管对于这一气温变化存在若干分析，但是人类活动对气候变化的影响是显著和不可否认的，1951年至2010年间观测到的温度上升了约0.6℃，更明确地表明，人类活动导致的温室气体排放极是20世纪中期以来全球气候变暖的主要原因。1970—2010年40年间的人为二氧化碳（CO_2）累积排放约占总历史累积排放量（1750—2010年）的一半，尤其近十年是排放量增加最多的十年。因此，IPCC报告明确指出，2050年实现2℃温控目标要求，到2030年将全球温室气体排放限制在300亿吨—500亿吨CO_2当量的水平，相当于2010年水平的60%—100%；到2050年将全球温室气体减少至2010年水平的40%—70%，到21世纪末减至近零，才能拯救人类赖以生存的地球，谋求可持续的发展。

美国等发达经济体是在工业化时期世界碳排放的主要贡献者。近30多年来，中国制造业中重化工业占比偏高，企业能效水平偏低，导致中国的碳排放总量成为世界第一，人均二氧化碳排放量也超过世界平均水平。因此，这些主要经济体能源政策调整的共同方向和共同呼声必然是减少对化石能源的依赖，增加可再生能源的消费占比，突破环境因素制约。况且，目前在全球大气污染和生态环境的恶化已经倒逼着能源发展，倒逼着经济社会，倒逼着所有的利益相关者。因此，减少化石能源消费是普遍的能源政策选项。我们认同这一政策趋势。

但是，能源资源的化学成分是天然的，均可为人类所用，是利是害取决于人类对能源开发利用的方式和科技手段。因此，在全球发展面临的能

源发展与生态环境之间不应存在对立的关系。根据科技进步和发达经济体的经验，包括煤炭和石油在内的各种化石能源都可在特定条件和方式下加以清洁化或做到清洁高效利用，因而能源开发利用可以与生态环境和谐发展。在本报告的"生态能源新战略"情景中，减少对化石能源的依赖是现阶段的一大政策选项，但不是根本的出路。能源发展的根本出路在于清洁化，能源政策目的也在于鼓励和引导能源的清洁高效利用方向。化石能源的政策重点在于处理（控制、收集和再利用）污染物的排放；可再生能源的政策重点在于利用其清洁和低排放的天然优势，同时解决其高成本和不稳定供应等缺陷。

各国的能源政策各不相同，可以借鉴但均不可复制。大幅提高可再生能源占比对于德国等某些欧盟国家来说是有基础的和可行的。但是，对于美国和日本来说不一定可行。从中国的国情来看，以煤炭为主的化石能源生产和消费仍然占主导地位（目前在中国的一次能源生产结构中，煤炭仍占70%以上，燃煤发电约占电力结构高达77%），虽然这些占比将逐步下降，但是"煤炭王"的地位在2030年乃至2050年前难以改变。因此，只能也必须走清洁化的道路。污染的煤炭开发利用只能是死路一条；从能源特性和技术经济性看，可再生能源具有绿色清洁优势，增加可再生能源占比意味着走向清洁、绿色和可持续发展。但是可再生能源发电在相当长时期内难以与煤炭等量齐观，在2030年前很难成为主导能源。能源的清洁化不是非化石能源化！在"生态能源新战略情景"下，在大力发展可再生能源的同时，应不失时机地抓紧抓好煤炭清洁化利用（见本书第六章）。

（二）坚持能源的战略属性，确立能源的商品属性，还原能源的民生属性和公共利益属性

对于一个国家来说，能源，除了战略属性外，还具有商品属性，遵循着价值规律和受全球大宗商品市场变化的影响。改革开放前，能源资源仅视为战略资源，受到中央计划高度控制；改革开放30多年来，能源不仅是战略资源，而且逐步发展成为商品，推动了中国能源产业的市场化改革与发展。但是，仅仅考虑能源资源的战略属性和商品属性依然是不全面的。因为能源资源及其衍生产品也是关乎百姓生活的民生产品，具有民生和公共利益的属性。但是，在中国的能源政策制定过程中，能源资源的战略属性、商品属性和民生属性缺乏应有的科学认识、有效的关联和决策规则。

近几年来，中国多地连续发生多次因能源政策失调、决策失误导致的群体性事件，不仅对诸如 PX 化工项目、核电项目以及页岩气开发项目造成诸多误解、项目决策延误或取消，而且造成政府、产业与社会公众间比较负面的社会影响。

这种现象在国外常见，学界称之为"邻避"现象，指工业化和城市化的过程中，大型公共项目或生产设施所产生的不良的外部性导致周边居民反对与抗争的现象。目前，人们对于一些地方推行的低碳城镇、生态城、新区建设也有较多负面议论，因为这些项目中重在造城，而无人文情怀，与周围百姓疏远。

我们认为，能源领域的"邻避"现象所反映的能源项目外部性正是上述三个属性失衡和决策失效的结果。今后的能源政策必须研究能源三属性的统一，尤其是不良的外部性，确立能源的公共政策；同时公众应该对能源项目有充分的认知和理解配合，与能源产业和政府建立有效的沟通渠道，决定是否向投资者"发放"项目的"社会许可证"。

发达国家在应对这类问题中积累了一定的经验，即政府的能源政策不仅关注国家和产业规划，而且同时明确不同能源项目的公众利益和相应的公共政策，设计合理的补偿与激励机制，明确信息沟通和交流渠道，组织能源事故的应急演练等，实现政府、产业和公众之间的融合。这些经验给我们的启示是：能源战略与政策的核心和目的是"人的全面发展"，而不仅仅是国家的利益，经济的发展和产业的利益。

（三）突出技术创新，走开源节流的可持续发展道路

对于中国这样一个经济规模巨大并且仍在快速增长的经济体来说，要在保持经济快速增长的同时实现温室气体减排的目标，不仅需要从宏观层面上调整产业结构和能源结构，还需要从产业层面和企业层面上推动能源领域技术研发、创新和推广应用。特别是通过大力研发清洁能源技术和节能减排技术，并利用市场机制实现新技术的应用和扩散，才能使新技术逐渐渗透到能源勘探、开发、加工、转换、输送以及生态环境保护的每一个应用领域，利用科学技术发展的无限潜力来突破资源和环境的约束。

但是，技术进步与创新既要解决开源问题和环境约束问题，也要解决节流/节能、减排和能效的问题。国际能源署（IEA）和工业生产力研究所（IIP）于2012年联合发布的《工业能源管理行动计划——节能创造价值》报告指出，推广节能技术，不仅能够显著减少能源使用量，还能够降低温室气体排放，有利于提高企业的生产效益。从欧洲国家的经验来看，节能技术的推广应用较分散的能源管理活动，在提升能源节约的绩效、实现企业业绩目标以及其他政策目标等方面效果更加明显。麦肯锡公司通过对中国6个关键领域的200多项成熟减排技术的研究，认为仅通过采用这些成熟技术导致的能效进步，就可以每年降低650亿美元的成本投入。从这个意义上讲，节能技术也可以被视为一种具有高效低碳效应的新能源技术。但是，要使能源技术政策同时解决开源和节流两个方面的问题往往面临两难困境，因为在现有的生产方式下，技术投入带来的开源意味着成本的降低，而为节流所投入的技术创新和设备则带来成本的提升。这是可持续发展的困境。尽管2013年8月国务院发布了《关于加快发展节能环保产业的意见》，通过一系列政策措施，大力鼓励节能环保技术和相关产业的发展，比如高效节能锅炉窑炉、电机及拖动设备、余热余压利用等节能领域的技术突破和LED高效节能照明产品的面世以及合同能源管理（EMC）模式的推广，各种节能技术与设备、节能产品已在工业领域、交通领域、建筑和人居领域得到广泛的应用，但是能否实现开源与节流的统一，目前的技术、管理和市场还未给出完美的解决方案。

第三章 煤炭清洁化和政策导向

一 全球煤炭发展态势

1. 全球煤炭资源、生产和消费现状和特征

根据英国石油公司（BP）统计，2013年全球煤炭储量为8915亿吨，储采比为113年。全球煤炭储量的57%集中在非经合国家，其中86%集中于亚太地区（特别是中国、印度和印尼）和原苏联地区（特别是俄罗斯、哈萨克斯坦和乌克兰）。经合国家的煤炭储量（占全球43%）主要集中于美国、澳大利亚及德国。中东非洲的全球煤炭储量占比仅为3.7%，主要集中在南非。南美地区的煤炭主要集中在哥伦比亚和巴西。

世界煤炭储量大国及其全球占比的位次分别为美国（26.6%）、俄罗斯（17.6%）、中国（12.8%）、澳大利亚（8.6%）、印度（6.8%）、德国（4.5%）以及哈萨克斯坦、乌克兰、南非和印度尼西亚10个国家，10国的煤炭储量集中度为91%。

全球煤炭产量为78.96亿吨（38.81亿吨油当量），煤炭生产和消费集中于亚太地区（主要是中国、印度和澳大利亚）。近几年来，煤炭消费大国的中国、印度和德国的煤炭进口有所增加；全球煤炭储量占比不高的生产国澳大利亚和印度尼西亚仍为主要煤炭出口国，有些国家（如哥伦比亚）"产煤而不用煤"，即本国煤产量主要用于出口。

表 3–1　　　全球煤炭资源、产量和消费量的分布　　　单位：百分比

	储量占比	产量占比	消费占比	储采比
经合国家	43.2	25.2	27.9	191
美国	26.6	12.9	11.9	266
欧盟（德国）	6.3（4.5）	3.9（1.1）	7.5（2.1）	103（213）
非经合国家	56.8	74.8	72.1	86
独联体国家	25.6	7.1	4.7	396
俄罗斯	17.6	4.3	2.4	452
哈萨克斯坦	3.8	1.5	0.9	293
乌克兰	3.8	1.2	1.1	384
亚太地区	32.3	68.9	70.5	54
中国	12.8	47.4	50.3	31
澳大利亚	8.6	6.9	1.2	160
印度	6.8	5.9	8.5	100
印度尼西亚	3.1	6.7	1.4	67
中东非洲	3.7	3.8	2.5	128
南非	3.4	3.7	2.3	117

资料来源：BP，*BP Statistical Review of World Energy*，2014。

全球煤炭储量、生产和消费分布的特征是：

（1）经合国家的煤炭资源相对丰富，但是全球生产和消费占比有限。因而煤炭储采比潜力巨大。由于现阶段煤炭生产和消费的高排放特征，在环境保护和全球气候变化的压力下，美国和欧盟的煤炭生产基本平稳，消费稳步下降。近几年来德国和英国的煤炭消费不降反升，带动了碳排放的短期回升。

（2）独联体国家的煤炭储量少于亚太地区，但是环保压力较小，煤炭生产依然继续发展，俄罗斯、哈萨克斯坦和乌克兰的煤炭消费趋于增长，俄罗斯的煤炭出口趋于增长。

（3）中国和印度尼西亚的全球煤产量占比（也使得亚太地区和非经合国家）大于储量占比，储采比较低；其余国家的全球煤炭产量占比

小于储量占比，储采比较高（均在 100 年以上）。同时，中国、印度和德国的全球消费占比大于产量占比。这些特征反映了中国、印度以及欧盟个别国家的煤炭高消费水平及其与煤炭储量和产量占比的分离趋势（表 3－1）。

（4）中国和印度是高度依赖煤炭生产和消费的国家，存在过度生产和消费的特征。中国煤炭储量的全球占比不到 13%，为世界第三大富煤国，位于美国和俄罗斯之后。但是，中国煤炭产量的全球占比超过 47%，消费占比为 50%；而占全球煤炭储量 26.6% 的美国的煤炭产量和消费量的全球占比分别为 12.9% 和 11.9%。这些状况一方面说明中国煤炭产量和消费在世界上具有举足轻重的地位，无论未来发展前景如何，都对全球煤炭市场具有重大影响；另一方面又证实中国煤炭储量、生产和消费比重的严重分离正是中国煤炭产业和经济社会发展的潜在忧虑。

2. 2030 年全球煤炭供需态势

根据国际能源署（IEA）《2014 年世界能源展望》报告预计，过去 30 年全球煤炭需求增长率为 2.5%，而 2012—2040 年全球煤炭需求增长率降为 0.5%。与亚太地区煤炭需求持续增长相比，2012—2040 年经合国家的煤炭需求将下降 8%，美国的煤炭需求下降尤为明显，而中国一直是世界煤炭需求增长的主要来源。2013 年以来，中国的煤炭需求增长明显减速，本报告预计中国煤炭需求将于 2020—2025 年达到顶峰，而 IEA 预计，2030 年中国煤炭需求达到顶峰，同期印度的煤炭需求继续增长，到 2020 年将超过美国，成为世界第二大煤炭消费大国。

从全球能源需求结构看，2040 年煤炭仍然占 24%，大于天然气的占比，小于石油比重。2040 年煤电占发电量的比例将从目前的 41% 下降到 31%，而那时可再生能源发电将超越燃煤发电占比。

在 IEA 的展望期内，70% 以上的全球煤炭产量来自中国、印度、印度尼西亚和澳大利亚四国。这一事实再次证明亚太地区尤其中国和印度煤炭生产对于全球煤炭经济的影响。2012—2040 年，世界煤炭产量将增加 7 亿吨煤当量，相当于 2012 年美国煤炭总产量。美国的煤炭产量约占经合国家煤炭产量的一半以上，受国内煤炭需求下降的影响，2040年美国煤炭产量将大幅下降，欧洲的煤炭产量降幅更加明显。澳大利亚将成为2035年前经合国家中最大煤炭生产国和出口国，主要出口市场是亚洲（尤其是中国、印度和东盟地区）。俄罗斯、哈萨克斯坦和乌克兰的煤炭生产和消费占比较小，但具有较大的提升空间。IEA预计2030年俄罗斯的煤炭产量将达到2.9亿吨煤当量。根据俄罗斯《2030年煤炭战略》，煤炭产量将达到4.8亿吨原煤（3.4亿吨标准煤）。2030年后非洲的莫桑比克也有形成一定的煤炭出口的潜力。

表3-2　　　　　新政策情景下的全球煤炭产量　　　　单位：亿吨煤当量

年度	2012	2020	2025	2030	2012—2030
经合国家	13.61	13.40	12.72	11.97	-0.7%
美国	7.08	6.72	6.01	5.27	-1.6%
欧洲	2.46	1.94	1.56	1.30	-3.5%
澳大利亚	3.43	4.07	4.48	4.76	1.8%
非经合国家	43.06	46.66	48.55	50.11	0.8%
俄罗斯	2.87	2.87	2.90	2.90	0.1%
中国	26.95	28.53	29.18	29.38	0.5%
印度	3.72	4.17	4.51	5.10	1.8%
印尼	3.65	4.52	4.94	5.30	2.1%
非洲	2.18	2.41	2.60	2.78	1.4%
中东	0.01	0.01	0.01	0.01	0.0%
世界合计	56.67	60.06	61.27	62.08	0.5%

注：1吨煤当量即一吨标准煤，1千克标准煤（1kgce）低（位）发热量等于29307千焦（kJ）。

资料来源：IEA, *World Energy Outlook* 2014, Paris, September 2014。

由于上述特征，全球煤炭贸易具有明显的地域性。全球煤炭贸易的重点仍然在亚太地区。日本、韩国为成熟市场，中国、印度和印度尼西亚为新兴消费市场。未来亚太煤炭供应缺口主要依赖于澳大利亚、印度尼西亚、俄罗斯、中亚国家以及蒙古国的出口。受国内油气供应能力的上升和价格因素的影响，美国有可能于2020年前后增加向欧洲和亚洲的煤炭出口。

从煤炭利用技术看，美国、欧盟（德国和英国）是煤炭开发利用相对成熟的国家和地区，这些发达国家的煤炭开发利用技术相对发达，作为煤炭消费国的日本和南非也具有高效、清洁利用煤炭的先进技术与经验。自20世纪90年代后期以来，中国的煤炭生产企业和煤电企业在引进和借鉴国际先进技术和管理经验的基础上，不断研发具有自主知识产权的煤炭清洁化利用技术，但是清洁高效利用还是近几年的趋势。我们认为，2030年前只要中国的能源战略和煤炭政策到位，加强既有技术的集成创新，加强精细化管理，中国煤炭清洁化利用是可以实现的，从而使中国不仅成为全球煤炭消费的巨大市场，而且成为煤炭清洁高效利用技术创新和推广的最佳试验场。

二 中国煤炭现状和政策趋势

1. 煤炭资源、供需态势与困境

据国土资源部的资源评价，截至2012年年底，全国2000米以浅煤炭资源总量5.9万亿吨，其中，探获煤炭资源储量2.02万亿吨，预测资源量3.88万亿吨。全国已查明煤炭资源储量1.4万亿吨，占一次能源资源总量的94%，而油气等资源仅占6%。

过去30多年来，中国能源结构逐步优化，石油在能源消费结构中的占比由1980年的20.7%稳步下降到2013年的18.2%。近20年来，天然气、核能和可再生能源消费比重增长较快，其中，天然气的比重由1990年的2.1%上升到2013年的5.8%，可再生能源的比重由1980年的4%和1990年的5.1%提高到2013年的9.8%。煤炭在能源消费结构中的比重先升后降，1990年达到顶峰76%，到2013年已下降到66%。煤炭在能源消费结构中的下降趋势是一个定势，但是，到2030年甚至2050年前这一"能源之王"的地位难以改变。

框 3-1

重新认识煤炭的属性

从目前中国诸多研究文献看,煤炭与污染之间似乎存在正相关性。但是,根据美国战略与国际问题研究中心(CSIS)能源与气候变化项目 Jane Nakano 的研究,特别是发达国家煤炭清洁化利用趋势分析,污染与煤炭之间的相关性是潜在的但未必是固定的,具体取决于特定的条件和环境。这里的条件和环境主要是技术水平和煤炭开发利用方式。从以下观点看,把污染与煤炭天然地联系在一起,无论在理论上和实践上都是值得商榷的;把煤炭视为落后国家或穷人的能源,把煤炭当作清洁化的"大敌"更是错误的。

第一,当前的煤炭是脏的,但是大量的科学研究和实践证明,通过技术进步和创新,产业消费结构的优化,煤炭可以得到清洁高效地开发利用。特别是通过超超临界、IGCC 燃煤发电和多联产等方式,可以使目前的脏煤得到清洁高效地利用,同时通过既有技术的集成综合应用和精细化管理,可以大大减少燃煤的大气污染物排放,甚至接近燃气机组的排放限值,使燃煤的排放物变得清洁。因此,通过技术进步、精细化管理和利用方式的改进,煤炭可由脏煤变成更加清洁的煤;煤中的排放物得到控制或资源化利用。所以,污染不一定是煤炭的必然产物。

第二,煤炭不仅为穷国服务,也继续为富国服务。至今,煤炭在经合国家中的能源消费占比大体为 20%。其中,美国的煤炭占比 20%,德国的煤炭占比为 25.4%,日本的煤炭占比高达 27.6%。事实并不验证煤炭只是穷国的能源。在技术进步的推动下,清洁煤正成为富国经济发展的一大能源。未来中国经济发展和富裕依然有赖于清洁的煤炭。

需要指出的是,能源清洁化不仅是能源结构的调整变化,而且也是化石能源自身利用的清洁化。从过去 30 多年的发展看,新能源和可再生能源的发展使得能源结构得到优化，能源生产和消费更加低碳、绿色。但是，化石能源自身（尤其是煤炭）清洁化的利用是能源清洁化的重要内容和现实难题。根据联合国新能源的定义，清洁煤也是一种新能源，可以形成对传统能源（如石油）的替代。

总之，煤炭与污染之间的相关性是潜在的。在高度依赖煤炭消费的产业结构中和粗放的开发利用模式下，煤炭与污染间存在正相关性；而在多元能源消费结构中和高效清洁的开发利用模式下，两者之间的正相关性可减弱，甚至分离。这一认识对于正确制定煤炭政策具有重要的意义。

2013年中国煤炭的消费量和产量分别为24.75亿吨标准煤和25.7亿吨标准煤。作为重要的发电燃料、工业燃料和化工原料，作为长期依赖的主体能源，煤炭产业的发展带动了系列相关产业的发展和系列下游产品的延伸，成为地区经济发展、提高地区财税和促进地方就业的重要保证，也是国家能源安全的重要保障。

但是，由于管理、体制和政策的原因，煤炭安全状况、生产质量、经营状况和消费方式一直是备受关注的重大问题。由于长期粗放开发和技术限制，加上消费结构不合理，煤炭产业发展带来了二氧化碳和其它各类污染物的高排放，对生态环境带来了严重破坏，使国民经济和社会发展付出重大代价。

据国家电监会公布的数据，目前，火力发电消耗煤炭占全国煤炭产量55%，其余为工业燃料和部分化工原料。由于在用锅炉（62万台）技术落后，燃煤成为多种污染和排放的主要来源。其中，二氧化碳排放量的全国占比为76%；二氧化硫排放量占75%，燃煤生成的氮氧化物（NO_x）占65%，烟尘占70%。这些污染物被认为是酸雨的主要原因。近几年来，中国出现大面积雾霾天气，煤炭消费再次成为众矢之的。重新认识煤炭的属性和面临的问题不仅必要，而且也是制定今后煤炭政策，谋求科学发展的重要依据(见框3-1)。

框3-2

改革开放后的煤炭政策

改革开放以来的煤炭政策经历了四个演变阶段:

一是1978年至1992年的转轨发展阶段。国家对国有重点煤炭企业仍实行计划经济管理,乡镇煤矿在农业政策支持下快速发展,国家推进煤炭技术进步和规范产业发展的相关政策体系逐步形成,企业自主经营权逐步增加,煤炭企业多种经营的发展思路逐渐形成。同时,国有重点煤矿通过大量引进先进技术装备,推进了煤炭技术进步和产业发展。这一时期的煤炭政策可概括为"国家、集体和个体一齐上,大中小煤矿一起搞",目的是快速提高煤矿产量,满足国民经济发展需要。全国煤炭产量由1978年的6.18亿吨增加到1992年11.15亿吨,其中国有重点煤矿产量4.83亿吨,占43.31%。地方和乡镇煤矿产量快速增长,1984年开始超过了国有重点煤矿产量并出现了较快发展势头。煤炭价格上升,由1980年的21.33元/吨增长到1992年的90.67元/吨。由于国家仍然对煤炭实行价格限制政策,国有重点煤矿的价格一度低于煤炭生产成本。

二是1993—2001年的市场化阶段。国家放开煤炭价格,改革订货制度,以《煤炭法》为基础的政策体系开始建立,历经亚洲金融危机,全国统配煤矿实行属地管理,企业改制,渡过特殊困难,开始步入快速发展阶段。随着市场化改革逐步推进,国家对煤矿逐步由车间式管理向企业管理方向转变,煤炭企业拥有了更多的自主经营权。1993年国家决定放开煤炭价格,取消中央财政对统配煤矿的补贴,使煤炭生产企业拥有了充分的经营权和定价权,标志着煤炭企业开始向市场经济过渡。当时国有重点煤炭企业全面亏损,经核定,1994年国有重点煤矿企业多交增值税额17.1亿元,国务院决定对国有重点煤矿实行增值税定额返还政策。目前这项政策仍然执行，但是由于煤炭产量大幅增加、价格增长，应交增值税额已远远超过这个水平。2008年，全国63家大型煤炭企业应交增值税达到了658亿元。1995年全国乡镇煤矿产量由1991年的4.0亿吨增加到了6.59亿吨，其产量增量占同期全国煤炭产量增量的93.5%。1997—2001年，煤炭企业市场化改革刚刚起步，亚洲金融危机使得煤炭需求下降，绝大多数煤炭企业陷入困境，职工工资拖欠严重，大部分煤矿限产，甚至处于停滞状况，企业利润再次出现大幅亏损，1999年原国有重点煤矿亏损30.96亿元，到2001年仍然亏损18.44亿元。煤矿安全投入严重不足，安全生产基础设施不到位，连续发生多起百人以上的重特大煤矿安全事故。

三是2002—2012年煤炭产业政策变化快、变化大，煤炭产业进入超常规快速发展发展阶段。2002年以后，随着中国经济的快速发展，煤炭需求大幅增加，煤电油运一度出现全面紧张局面。这一时期，煤炭产业得到了快速发展，煤炭产量大幅增加，大型煤炭企业集团快速发展壮大，煤炭生产力水平快速提升，煤炭经济运行质量稳步提高，煤炭行业实现了全行业盈利，煤矿安全形势稳步好转，重特大煤矿事故频繁发生的势头得到抑制。煤炭工业开始步入了一个新的发展阶段，新型煤炭工业体系的发展理念逐步形成。

四是2013年后煤炭工业进入新的发展阶段，同时也给煤炭政策带来新思考。

2. 煤炭政策回顾

改革开放以后到2013年，中国煤炭产业大致经历了由计划到市场、由粗放到集约、由增量到增质、由直接利用到综合利用的发展阶段（见框3-2）。2013年以来，煤炭企业经营持续困难，大型企业利润下降37%，33家企业亏损，企业偿债能力下降，经营风险加大。2014年煤炭产业平均资产负债率大幅上升，由 2012 年 2 月 58.6% 增至 2014 年 9 月 65.55%；2014 年 1—9 月全国规模以上煤企利润总额前 9 月仅 804.7 亿元，与 2012 年同期比降幅高达 66.87%。

尤其是全国大气污染加剧，特别东部多地区出现常态性的大面积雾霾天气使煤炭继酸雨之后再次成为抨击对象。2013 年下半年后，特别是 9 月后国家发展与改革委员会与有关政府主管部门针对节能减排和大气污染防治发布了系列政策性的行动计划和重大措施（详见本报告附件一第二部分和表 3—3）。

2013 年 11 月，国务院办公厅发布的《关于促进煤炭产业平稳运行的意见》明确提出了严格新建煤矿准入标准，停止核准新建低于 30 万吨/年的煤矿、低于 90 万吨/年的煤与瓦斯突出矿井；研究完善差别化煤炭进口关税政策，鼓励优质煤炭进口，禁止高灰分、高硫分劣质煤炭的生产、使用和进口。2013 年 12 月，中国煤炭工业协会、中国煤炭加工利用协会发布了《关于促进煤炭工业现代煤化工产业科学发展的指导意见》，力争到 2020 年，完成现代煤化工大规模工程化示范、技术升级示范和新技术、新产品示范，实现示范工程长周期商业化运行。2030 年前后，力争实现 10 亿吨煤炭的化工原材料转化（不含炼焦），各项技术和工艺、装备实现商业化，能效和产排污达到新水平。

这些政策动向强调控制煤炭消费增长，逐步降低煤炭在能源消费结构中的占比；而在煤炭消费结构中，减少落后工业锅炉，减少煤炭的直接燃烧，同时，增加电煤比例，适度增加煤化工和多联产方式，是今后煤炭政策的主要选项，具体包括：（1）调整国内高耗煤产业，减少过剩产能，直接减少这部分的煤炭消费；（2）增加电煤比重，关闭消费中心区小规模的煤电厂，调整煤炭消费的地区分布；（3）关闭 30 万吨以下煤矿，调整产业结构，提高产业集中度；（4）逐步提升煤炭作为工业原料的比例。在"十二五"期间，中国的煤炭消费趋势已经由燃料向原料与燃料并举方向转变，煤炭的多元、清洁、高效利用政策得到较好的贯彻实施。

3. 2014 年煤炭政策和趋势

2014 年 1—9 月间，国家发改委、环保部和国家能源局分别发布了与煤炭清洁高效利用相关的系列政策（见表3-3）。这些政策强调提高电煤占比，控制煤电的污染物排放，适度发展煤化工等发展方向。

表3-3　　　　　　　　　　2014年的重大煤炭政策

时间	发布机构	文件名称	主要内容
1月	国家能源局	《2014年能源工作指导意见》	2014年将非化石能源消费比重提高到10.7%，非化石能源发电装机比重达到32.7%。天然气占一次能源消费比重提高到6.5%，煤炭消费比重降低到65%以下。
3月	国家发展改革委、国家能源局、国家环境保护部	《能源行业加强大气污染防治工作方案》	到2015年，非化石能源消费比重提高到11.4%，天然气（不包含煤制气）消费比重达到7%以上；2017年，非化石能源消费比重提高到13%，天然气（不包含煤制气）消费比重提高到9%以上，煤炭消费比重降至65%以下
7月	国家能源局	《关于规范煤制油、煤制天然气产业科学有序发展的通知》	规范项目审批程序，禁止建设年产20亿立方米及以下规模的煤制天然气项目和年产100万吨及以下规模的煤制油项目。强化要素资源配置，严禁在煤炭净调入省发展煤制油（气）；严禁挤占生活用水、农业用水和生态用水，以及利用地下水发展煤制油（气）。对取水量已达到或超过控制指标、主要污染物排放总量超标地区，暂停审批新建煤制油（气）示范项目
9月	国家发改委、国家能源局、环保部	《煤电节能减排升级和改造行动计划（2014—2020年）》	提出全面落实"节约、清洁、安全"的能源战略方针，推行更严格能效环保标准，加快燃煤发电升级与改造，努力实现供电煤耗、污染排放、煤炭占能源消费比重"三降低"和安全运行质量、技术装备水平、电煤占煤炭消费比重"三提高"。

2011年发布的《火电厂大气污染物排放标准》要求，从2014年7月1日起，现役火力发电锅炉及燃气轮机烟尘、二氧化硫、氮氧化物和烟气

黑度的排放限值达到限值。继上海外高桥第三发电厂后，浙能嘉兴电厂 8 号机组等改造工程相继达到或低于燃气机组的限值标准，实现了"超低排放"；国华三河电厂 1 号机组和舟山电厂 4 号机组新建示范机组相继达到或低于燃气机组的限值，实现了"近零排放"。根据这一趋势，国家发改委、国家能源局、环保部于 2014 年 9 月发布了《煤电节能减排升级和改造行动计划（2014—2020 年）》（下称《煤电节能减排行动计划》）。这一行动计划明确提出了加快燃煤发电升级与改造，推行更严谨能效环保标准，努力实现"三降低"和"三提高"六个方面的内容。

（1）供电煤耗：全国新建燃煤发电机组平均供电煤耗低于 300 克标准煤/千瓦时；东部地区新建燃煤发电机组大气污染物排放浓度基本达到燃气轮机组排放限值，中部地区新建机组原则上接近或达到燃气轮机组排放限值，鼓励西部地区新建机组接近或达到燃气轮机组排放限值。到 2020 年，现役燃煤发电机组改造后平均供电煤耗低于 310 克/千瓦时，其中现役 60 万千瓦及以上机组（除空冷机组外）改造后平均供电煤耗低于 300 克/千瓦时。东部地区现役 30 万千瓦及以上公用燃煤发电机组、10 万千瓦及以上自备燃煤发电机组以及其他有条件的燃煤发电机组改造后的大气污染物排放浓度基本达到燃气轮机组排放限值。

（2）污染排放：新建燃煤发电机组（含在建和项目已纳入国家火电建设规划的机组）应同步建设先进高效脱硫、脱硝和除尘设施，不得设置烟气旁路通道。东部地区新建燃煤发电机组大气污染物排放浓度基本达到燃气轮机组排放限值（即在基准氧含量 6% 条件下，烟尘、二氧化硫、氮氧化物排放浓度分别不高于 10、35、50 毫克/立方米），中部地区新建机组原则上接近或达到燃气轮机组排放限值，鼓励西部地区新建机组接近或达到燃气轮机组排放限值。[①] 支持同步开展大气污染物联合协同脱除，减少三氧化硫、汞、砷等污染物排放。

（3）煤炭占能源消费比重：在执行更严格能效环保标准的前提下，到

---

① 东部地区指辽宁、北京、天津、河北、山东、上海、江苏、浙江、福建、广东、海南等 11 省市；中部地区指黑龙江、吉林、山西、安徽、湖北、湖南、河南、江西等 8 省；其余省区为西部地区。

2020年，力争使煤炭占一次能源消费比重下降到62%以内。在气源有保障的条件下，到2017年京津冀区域城市建成区、长三角城市群、珠三角区域基本完成自备燃煤电站的天然气替代改造任务。

（4）安全运行质量：优化电力运行调度方式，合理安排各类发电机组开机方式，在确保电网安全的前提下，最大限度降低电网旋转备用容量。推进机组运行优化。加强电煤质量和计量控制。发电企业加强燃煤采购管理，鼓励通过"煤电一体化"、签订长期合同等方式固定主要煤源，保障煤质与设计煤种相符，鼓励采用低硫分低灰分优质燃煤；加强入炉煤计量和检质，严格控制采制化偏差，保证煤耗指标真实可信。加快推进"西电东送"等大型输电通道建设，强化区域主干电网，加强区域电网内省间电网互联，提升跨省区电力输送和互济能力。

（5）技术装备水平：进一步加大对煤电节能减排重大关键技术和设备研发支持力度，通过引进与自主开发相结合，掌握最先进的燃煤发电除尘、脱硫、脱硝和节能、节水、节地等技术。以高温材料为重点，全面掌握拥有自主知识产权的600℃超超临界机组设计、制造技术，加快研发700℃超超临界发电技术。推进二次再热超超临界发电技术示范工程建设。扩大整体煤气化联合循环（IGCC）技术示范应用，提高国产化水平和经济性。适时开展超超临界循环流化床机组技术研究。推进亚临界机组改造为超（超）临界机组的技术研发。进一步提高电站辅机制造水平，推进关键配套设备国产化。

（6）电煤占煤炭消费比重：将电煤占煤炭消费比重提高到60%以上，扩大和发挥煤发电的清洁高效一体化利用程度和作用。

从上述内容看，《煤电节能减排行动计划》比《火电厂大气污染物排放标准》在个别大气污染物排放（烟尘和氮氧化物）指标方面有所宽松，但是要求新建煤电机组达到或接近燃气机组的要求没有改变，而且对煤电清洁高效利用的要求更加全面、配套。根据我们对浙能嘉兴电厂和国华舟山电厂示范机组的调研，"超低排放"或"近零排放"所体现的既有减排集成技术确可大大降低燃煤电厂的污染物排放。与燃气机组不同的是，燃煤机组实现这一发展目标是有条件的：一要求具有经济实力，企业财力允许，新增成本可控；二要求实施精细化管理；三对煤炭质量有较高的要求。其他相关电厂可以依据条件给予实施，效果略有差异。这一发展趋势说明，超低排放是燃煤发电的方向，在上述条件下是可行的。

从煤炭的消费结构看，适度提高目前电煤比例至 60% 以上，意味着增大燃煤发电比例和对电煤清洁高效利用的程度；同时，适度发展煤基化工也是合理的，并与 2014 年 7 月国家能源局《关于规范煤制油、煤制天然气产业科学有序发展的通知》中关于适度控制煤基化工的发展精神相一致的。该通知规范项目审批程序，禁止建设年产 20 亿立方米及以下规模的煤制天然气项目和年产 100 万吨及以下规模的煤制油项目。强化要素资源配置，严禁在煤炭净调入省发展煤制油（气）；严禁挤占生活用水、农业用水和生态用水，以及利用地下水发展煤制油（气）。对取水量已达到或超过控制指标、主要污染物排放总量超标地区，暂停审批新建煤制油（气）示范项目。

我们认为，上述政策将对 2014—2020 年的煤炭消费结构调整和煤炭清洁化利用方向具有重大的影响，从而对这一时期和以后的能源需求趋势、能源结构优化和 2020 年前后的能源展望具有直接的影响。

三　中国煤炭供需展望

国内外关于中国煤炭供需趋势具有不同的展望。这里对比展示 IEA、国内行业和本报告的展望。

1. IEA 展望

2014 年 IEA 在现行政策情景下认为，中国煤炭需求增长相对平缓。2012 年为 28.24 亿吨煤当量，2020 年为 31.29 亿吨，2025 年为 31.78 亿吨，2030 年为 32.06 亿吨。中国煤炭需求高峰出现在 2030 年后，中国的煤炭消费全球占比基本维持在 51%。而在供应方面，IEA 认为，2012 年中国煤炭产量为 26.95 亿吨煤当量，2020 年为 28.53 亿吨，年均增长 0.7%，之后开发成本上升，成熟矿区产量基本平衡。尽管小煤矿比较普遍，但是，中国的大型煤矿集中在华北和东北地区（其中山西、陕西和内蒙古占全国煤炭产量60%）。但是发电企业和工业中心基本集中在东部地区。因此，长期以来，大量的煤炭产量需要通过铁路和海上长距离运输。2012—2014年煤炭生产成本提高了11%。目前大约80%的煤炭生产成本为65美元/吨，山西等老矿区的生产成本约为80美元/吨。运输成本另加35美元/吨。

国内较高的煤炭生产成本形成了南方生产和运输成本与进口煤炭价格之间的差价，使得过去四年国内企业进口煤炭需求大幅提升，2013年比2012年提高17%，达到2.54亿吨煤当量（大部分来自印度尼西亚和澳大利亚），2020年的进口煤炭规模可能达到2.75亿吨煤当量。IEA预计，2025年中国煤炭产量为29.18亿吨煤当量，走向高峰平台，2030年为29.38亿吨煤当量形成峰值。同期，中国煤炭产量的全球占比维持在48%。

2. 国内煤炭行业的展望

中国煤炭行业协会发表的《2013年中国煤炭工业发展研究报告》重点考察了三种煤炭需求情景：

一是较高的煤炭消费情景，即以煤炭为主的能源战略仍以满足经济增长需求为目标，以保障供应和能源安全为主要着力点，适度考虑节能和减排要求，技术进步和能源效率有一定提高和改善。

二是适度节能情景，即继续保持现有节能政策取向，根据经济发展阶段、经济承受能力和技术水平，选择适当的节能战略；在政策上中央政府保持较强的节能减排政策力度，同时积极利用市场机制，推动企业自主节能，加快核能、风能和太阳能等新能源开发，降低煤炭在能源消费结构中的比重。在此情形下，经济发展模式有一定转变，但未专门针对气候变化采取重大对策，节能减排重大技术突破不显著，CCS技术普及程度不高，节约型生活方式未能普及，"先污染、后治理"的现象未杜绝。

三是强化节能情景，即在节能战略的基础上，进一步强化节能力度，通过财政、税收、技术支持等措施，积极推进严格和约束性节能战略，同时大力推进能源市场改革，充分利用市场机制和能源价格杠杆，控制温室气体和助燃物排放，进一步加快新能源和可再生能源开发步伐并形成相当的产业规模，提高非化石能源在能源结构中的比重，从而进一步降低煤炭在能源消费中的比重，同时增强煤炭利用效率，在洁净煤技术和 CCS 技术等方面取得较大突破和普及应用。在综合考虑能源可持续发展、能源安全、经济竞争力和节能减排能力基础上，经济发展方式出现重大变化。

在强化节能情景下，结合煤炭消费因素分析和耗煤部门法预测，中国"十二五"末的煤炭消费总量为 27.9 亿吨—29.3 亿吨标准煤；按照"十三五"规划，到 2020 年煤炭消费量为 32.1 亿吨—35.7 亿吨标准煤。峰值预测为 34.03 亿吨标准煤，出现在 2025—2029 年。

在适度节能的情景下，煤炭消费峰值为 35.84 亿吨标准煤，出现在 2020—2025 年。显然，这不符合 2014—2020 年煤电节能减排行动计划。这份行业报告认为，从情景内涵、消费规模和峰值时间看，强化节能情景更加符合可持续发展的要求。而且，只有强化节能减排才是未来煤炭产业发展的方向，也应是煤炭政策的核心。

3. "生态能源新战略"情景下的煤炭供需展望

根据本报告"生态能源新战略"情景，我们认为，2030 年前中国煤炭发展需适应煤炭需求总量降速、低速，甚至负值增长的趋势，逐步降低煤炭在一次能源消费中的比例；在稳步降低煤电比例的同时，稳步增加电煤比例，引导煤炭的清洁高效利用；强化节能减排的推进作用。从 2014 年煤电"近零排放"或"超低排放"进程看，在现有技术下实现的减排并未节能，未来的技术方案必须实现节能与减排的统一。同时，稳步推进煤基化工，适时解决煤基化工中面临的发展布局、方式和环保等问题。

根据我们对能源展望数据库的优化，结合 2014 年 10 月前中国煤炭政策和执行情况，我们认为，2014 年煤炭需求增长为 0.4%，达到 24.85 亿吨标准煤，煤炭供应增长 0.37%，达到 25.8 亿吨标准煤。与 2013 年相比，煤炭需求和供应增速分别下降了 2.3%%和 0.68%。预计"十三五"

时期，煤炭需求年均增长速度为 2.37%，2020 年达到 28.15 亿吨标准煤，2025 年将缓慢下降到 27.94 亿吨，2030 年进一步下降为 27.03 亿吨；"十三五"时期，预计煤炭供应年均增长 1.08%，2020 年达到 27.50 亿吨标准煤，2030 年下降为 26.95 亿吨标准煤。2020—2030 年煤炭的消费和供应进入高峰平台，并于 2020—2025 年达到煤炭消费和供应的峰值。2020—2030 年煤炭消费和供应年均增速为 -0.41% 和 -0.25%。

在本报告展望期内，煤炭的能源需求占比和供应占比经历明显的变化。2013 年，煤炭的能源需求占比为 65.69%，2014 年为 64.08%，2015 年降到 62.6%，2019 年下降到 60% 以下，2030 年为 50.37%；2013 年煤炭的供应比例为 75.96%，2014 年为 74.32%，2015 年为 73.06%，2017 年为 69.45%，2020 年煤炭供应比例可能下降到 67.41%，2030 年为 60% 以下。2014 年的煤电占发电量比为 72.78%，2015 年为 71.90%，2020 年下降为 68.12%。2013 年电煤在煤炭消费中的比重占 50.26%，2015 年为 52.46%，2020 年可达到 59.40%。

由于库存项和平衡差额项放大的缘故，官方统计的煤炭产量仍大于消费量，故对外依存度为负值。实际上，2009 年以来，中国已成为煤炭净进口国家。2013 年中国进口煤炭 3.27 亿吨，同比增长 13.4%；2014 年进口煤炭 2.9 亿吨，同比下降 10.9%。2030 年前中国仍为煤炭净进口国家。

表 3 - 4　　　　2013—2030 年中国煤炭供需和对外依存度展望

单位：1 为亿吨油当量，2 为亿吨标准煤

年度	2013	2014	2015	2020	2025	2030
煤炭需求 1	17.33	17.39	17.53	19.71	19.56	18.92
煤炭需求 2	24.75	24.85	25.05	28.15	27.94	27.03
结构（%）	65.69	64.08	62.59	58.42	54.21	50.37
增速（%）	2.73	0.40	0.79	2.03	-0.15	-0.66
煤炭供应 1	17.99	18.06	18.24	19.25	19.20	18.87
煤炭供应 2	25.70	25.80	26.06	27.50	27.43	26.95

续表

年度	2013	2014	2015	2020	2025	2030
结构（%）	75.96	74.32	73.06	67.41	63.31	59.63
增速（%）	1.25	0.37	1.00	1.00	-0.05	-0.35
对外依存度（%）	-3.85	-3.83	-4.04	2.32	1.83	0.29

注：2025年和2030年的增速为五年年均增长速度。

资料来源：IWEP能源展望数据库。

本报告的煤炭需求和供应展望均于2020—2025年达到高峰平台，早于IEA的展望，且分别比IEA展望数据低3亿吨和0.5亿吨左右；到2020年和2030年，本报告的煤炭的一次能源占比为58.42%和50.37%，也低于IEA的60.2%和54.9%。

与国内行业机构预测相比，本报告认为，2020年国内煤炭需求可达到28.15亿吨，2030年下降为27.03亿吨，不仅高峰期比国内行业机构预测提前，而且数值远低于后者（即使强化节能情景下）的煤炭需求水平（34亿吨标准煤）。

为实现本报告所期待的煤炭供需发展趋势，我们认为，必须强力推进煤炭清洁、高效、节能和减排的开发利用方式；必须强力推进煤炭产业体制、煤炭治理方式的重大改革和创新；必须强力推进有效管理和公众参与的重大贡献；通过科技进步、产业结构调整和节能减排措施，逐步走向合理科学和良性循环的发展轨道。

四 煤炭清洁化政策导向

1. 未来煤炭政策和重点

综合以上分析，我们认为，今后煤炭清洁化政策的总体要求可概述为高效开发、优质供应、节能减排，使清洁化成为可行的煤炭发展方向，使清洁煤成为小康社会的基础能源。为此，当前的煤炭政策重点是：（1）着力消除当前产业的过剩产能，包括关闭小规模企业和小规模产能，淘汰落后设备，从而直接减少煤炭消费；（2）把煤炭清洁化政策导向与产业结构重组相统一，重点推进钢铁、水泥、平板玻璃等煤炭消费大用户的节能减排，提高能效；（3）在现有煤炭消费中，既要减少直接燃烧和直接排放，更要依靠技术进步，加快对现有锅炉的改造，大力促进煤炭的高效利用。具体地说，在生产方面，既要强调煤炭生产企业优化、集中度，提高效率，更要提出煤电一体化和多联产；在技术方面，既要强调技术创新，更要突出成熟技术、节能减排方案和示范工程的推广应用；在市场方面，推进多元合理价格市场化，促进竞争、煤电价格联动机制和联营参股，激励节能减排效果；在地区产业发展上突出综合治理政策，加快地区发展尤其是煤炭资源型省区和市的经济转型。

2. 强化煤炭节能减排和升级改造的措施

在强化节能减排和升级改造上，着力推进以下六个方面的措施：

（1）商品煤供应优质化。中国煤炭禀赋复杂、煤炭质量相对较差，而且煤质差距较大。推进煤炭的提质加工，改善煤炭质量，是实现煤炭节能减排、清洁高效利用的源头和重要基础。煤炭企业需要"能选尽选"，长距离运输的商品煤必须经过洗选，满足较高的环保要求，节省运力。[①] 在"优质煤"供应相对短缺的情况下，分阶段分区域（尤其在京津冀地区、长三角地区、珠三角地区以及各沿海城市）强制推行"优质煤"。

（2）燃煤发电清洁高效化。目前中国清洁高效燃煤发电技术（超超临界机组和IGCC洁净煤发电技术）总体上处于国际先进水平，但在装备制造、系统优化、稳定性、可靠性、材料研制等方面仍有较大的改进空间。百万千瓦装置的蒸汽参数设计值与国际先进水平相当，可在高参数大容量机组的设计及制造、系统优化、高温部件材料等方面进行创新研发；循环流化床发电锅炉技术整体上处于国际先进水平，但单机容量和参数尚未达到现代电力工业的水平，厂用电高、可靠性低，需要提高可用率、供电效率、国产大型化装备研发制造能力，从根本上解决循环流化床的厂用电、燃烧效率和可靠性问题。

---

① 煤炭洗选后可就地排出大量矸石，排出矸石量按平均18%计算，2012年我国入选原煤20.44亿吨，就地排除洗矸石近4亿吨，节约运力2208亿吨/公里，节约运费支出217亿元。

（3）研发和推广"节能环保型工业锅炉和窑炉"，提升煤设备现代化。随着工业化发展和城镇化建设，供热需求不断提升；燃煤工业锅炉总容量所占比重将有所降低，绝对量将保持稳定。燃煤工业锅炉节能减排潜力巨大。因此，有效提高煤炭利用率和锅炉使用效率并降低大气环境污染必须开展先进高效工业锅炉技术研发、应用示范和推广工作。实施先进技术更新、改造，推广应用新型高效洁净燃煤技术及成套装备，因地制宜选择先进工业锅炉技术，提高分散式功能燃煤效率和污染物控制水平。同时开展高效率、大容量工业锅炉岛技术进步及应用示范工作。对现有锅炉和锅炉房严格按照设计规范要求进行改造，配备自动监测仪和自动控制设备，消除人为操作因素的影响；对效率较低的链条炉等进行技术改造，提高燃烧效率和热效率，减少污染物排放。

（4）节能意味着减排，但是减排不一定能促进节能和提高效益。烟尘和二氧化硫排放超标是锅炉排放污染的一个重要问题。除尘减排设备的合理配置是减轻环境污染的有效手段，但是设备配备的增加带来的节能压力和运行费用的提升需要投融资支撑；加强对锅炉效率和污染物排放的监督和控制；提高排污费征收标准和加大超标排放处罚力度。

（5）煤基化工环保化。近几年来，煤基化工作为一个重点发展方向得到了商业化应用，也是一个政策指导方向。但是煤化工项目发展必须综合考虑煤炭资源、水资源、生态环境等诸多因素，结合地区情况、污染控制目标和市场空间，适度发展。而且中国煤化工历史较短，技术配套仍不成熟，需要一个长期的实践过程，逐步寻找到相对成熟的煤基化工的发展模式。

（6）监督常态化，严格监控用煤质量、节能和减排设施。为强制使用"优质煤"以及强制性减少排放污染物，需建立严格的管理和监督机制。在环境敏感地区建立区域煤质监管机构，对进入该地区的煤进行煤质分析评级，按照评级结果决定是否进入和使用。

综上所述，中国是世界最大的煤炭生产国和最大消费国。2020年前，在美国和欧盟的煤炭生产和消费趋于下降的同时，中国的煤炭生产和消费规模仍将平稳低速增长。与欧盟国家全面向新能源转变不同，中国未来几十年的经济发展仍然需要依靠煤炭资源和煤炭产业的可持续发展。但是，煤炭发展战略必须突出节能减排和清洁高效利用。2014年中国明显加大了政策力度、管理措施和改革努力，积极探索适合本国国情的煤炭清洁化的生产方式和消费方式。在煤炭产业技术进步、市场化和清洁高效利用模式上，中国有可能成为全球煤炭清洁化技术、管理和改革创新的最佳试验场。

第四章 电力发展趋势和政策研究

一 全球电力发展现状和态势

1. 现状分析

（1）世界电力消费继续保持增长，其中非经合国家成为主要拉动力量。根据英国石油公司（BP）统计数据，2013年全球电力消费量约23万亿千瓦时，[①] 比2012年增长2.5%。在过去的10年里，除了2009年外，全球电力消费量持续增长。另据国际能源署（IEA）统计，2013年经合国家电力消费总量为10.3万亿千瓦时，同比下降0.1%。[②] 其中，美国电力消费总量为41476亿千瓦时，同比增长0.6%；日本为9921亿千瓦时，同比下降2.3%；加拿大为5909亿千瓦时，同比增长1.9%；德国为5513亿千瓦时，同比下降2.1%；法国为4975亿千瓦时，同比增长1.0%；韩国为5123亿千瓦时，同比增长0.5%。而非经合国家电力消费自2009年暂时下滑后出现快速回升和增长，2013年同比增长4.8%，占全球电力消费总量的比重达到53.2%。其中，2013年中国的用电量为53616亿千瓦时，[③] 高于美国，继续保持世界第一（图4-1）。

（2）主要国家电力消费结构差异较大。美国、法国电力消费结构以居民生活用电为主，比例超过35%。日本电力消费结构以商业服务业用电为主，比例超过37%。日本、法国和加拿大工业用电比例在28%到40%之

[①] 指全口径电力消费量，包含线损、厂用电和其他能源加工部门的用电量。
[②] BP全口径电力消费量显示，2013年经合国家电力消费总量10.8万亿千瓦时，同样比2012年下降0.1%。
[③] 与中国电力企业联合会的数据（53223亿千瓦时）接近。

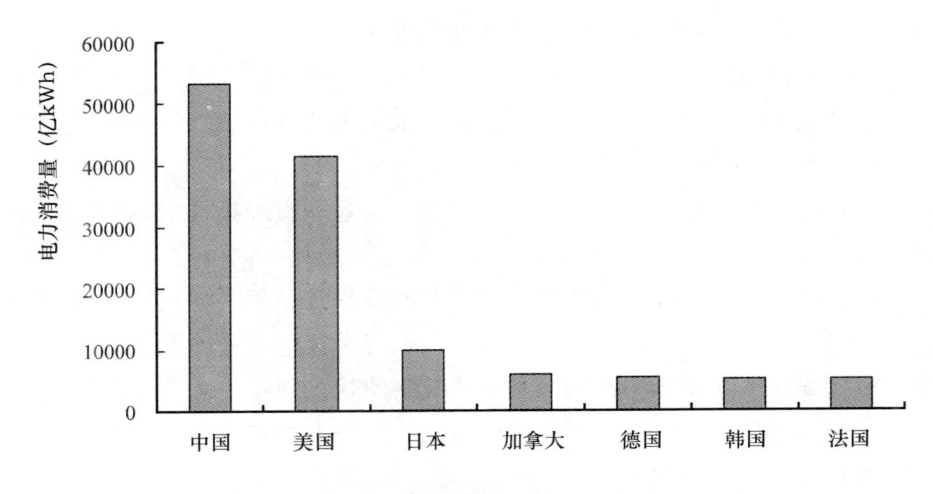

图 4-1 2013 年中国、美国和部分经合国家电力消费量

间；美国工业用电比例仅为 24% 左右。中国、韩国、巴西、俄罗斯、印度、德国电力消费主要以工业为主，其中，中国工业用电比例最大（超过70%），韩国工业用电比例约 52%，巴西工业用电比例约 46%，俄罗斯、印度、德国接近 45%；印度的农业用电约占电力消费量的 17%。

（3）全球电力供应结构仍以火电为主，电源清洁化和多元化并行不悖。根据统计，2013 年，全球火电装机约 37.9 亿千瓦，占 66.2%；水电装机约 10.1 亿千瓦，占 17.7%；核电装机约 3.8 亿千瓦，占 6.6%；风电、太阳能发电等其他发电装机约 5.4 亿千瓦，占 9.5%，风电等其他可再生能源发电装机首次超过核电。从发电量构成看，火电、核电、水电、风电及其他可再生能源发电量分别约占 69.8%、10.9%、14.2%、5.1%，电源多元化趋势明显。

自 20 世纪 90 年代以来，尽管风电等其他可再生能源发电量比重上升了 3.6 个百分点，核电、水电发电量比重分别下降了 6.1 和 4.0 个百分点，世界火电发电量比重不仅没有下降，反而上升 6.5 个百分点。总的趋势是火电的主导地位得到持续增强，而风电等其他可再生能源发电量上升幅度缓慢。电源的多元化并非削弱火电的地位，相反，后者随着化石能源利用的不断清洁化而适度增强了。

（4）经合国家出台有利的制度安排和激励机制，强化电力基础设施投资。近两年来,经合国家的电力基础设施进入大规模退役期,需要大力推进电力基础设施的更新、更换和升级;同时,随着风电、光伏发电及其可再生能源发电的大规模发展,包括欧美国家在内的许多国家和地区迫切需要新建大量的配套的基础设施,投资计划庞大。

一些西方国家已经开始探索建立促进电力基础设施投资的制度安排和相应的机制。2012年英国发布新能源法案,实施新一轮电力市场化改革,一方面建立容量市场机制,吸引发电基础设施投资;另一方面改进电网价格监管机制,促进电网投资和技术创新。随着智能电网建设的推进,国外电力市场逐渐加大需求侧资源参与市场机制的建设力度,力图基于智能电网技术的物理基础,通过市场手段,激励用户侧参与市场的积极性,充分发挥用户侧灵活调整市场平衡的能力,从而提高市场运行的稳定性和经济性。2010年,美国电力监管委员会发布《需求侧响应机制国家实施方案》后,建立了由公共机构、私营企业和用户组成的联盟,通过提供需求侧响应的技术援助,开展培训,制定通用标准等措施,促进各州最大限度地开发和使用需求侧资源。

2. 态势判断

国际能源署(IEA)预计,在世界经济和人口增长的推动下,2011—2035年世界电力需求年均增速约2.2%,其中经合国家年均增速约0.9%,非经合国家约3.3%。2035年世界电力需求总量约达32.15万亿千瓦时,非经合国家发电量及其增长速度显著超过经合国家。从增长动力来看,经合国家的电力需求自然增长已经趋于饱和,未来电力需求增长的主要动力将来自于电能对其他能源的替代,例如电动汽车推动电能替代燃油。随着清洁能源快速发展并且大部分清洁能源以电能形式被利用,世界能源需求结构中电能的比重将持续较快提升,电力需求将可能以更快的速度保持增长。

从世界主要国家和地区看,未来发电量的增长主要来自非经合国家。2011年非经合国家的发电量与经合国家基本持平;2030年非经合国家的发电量将比经合国家约高70%。美国、欧盟和日本等经合国家发电量年均增速均在1%以下。中国和印度发电量增长速度较快(见表4-1)。

表4-1　　　　　　　2035年主要国家发电量展望　　　　　单位：万亿千瓦时

国家/地区	预测基准		预测值	
	IEA（2011）	EIA（2010）	IEA（2035）	EIA（2035）
OECD	10.80	10.31	13.10	13.54
非OECD	11.32	9.93	23.98	22.61
美国	4.33	4.11	5.25	4.98
日本	1.04	1.05	1.22	1.19
欧盟	3.26	-	3.61	-
俄罗斯	1.05	0.99	1.52	1.65
中国	4.76	3.90	10.00	11.00
印度	1.05	0.90	3.37	2.30
巴西	0.53	0.51	1.09	1.04

从世界发电量的构成看，煤电和气电分别占发电总量的35%和22%，核电和水电分别稳定在12%和16%左右。非水可再生能源发电比重将从4%左右提高到12%左右。

随着能源转型和能源技术的不断推进，世界各国正重新认识电力发展方向和目标，不断调整改革目标、路径与措施，由最初单纯以促进竞争、提高效率、降低成本为经济目标转向兼顾经济发展、环境友好和社会公平等综合目标；通过市场机制和政府管控的有机结合，促进可再生能源、智能电网等新技术发展，吸引电力基础设施投资，保障能源供应安全和电力工业的可持续发展。

美国、日本等国将能源安全纳入电力市场化改革的目标，关注能源长期供应安全，保障能源的可持续发展。欧盟在2020年能源战略中提出，欧盟能源市场要以保障欧盟能源供应和应对气候变化为目标；同时根据2012年颁布的能源效率指令（2012/27/EU），要求各成员国能源公司在2014—2020年每年新增节能量达到年均销售额的1.5%，大型企业每四年进行一次能耗审计工作等。英国为了实现碳减排目标，贯彻2012年颁布的能源法案，对低碳机组实行基于固定价格的长期合同以吸引低碳机组的投资，对新建机组支付一定的容量费用以鼓励备用机组建设，应对间歇性可再生能源的增长。

二 中国电力发展现状和政策

1. 电力消费现状与特征

（1）改革开放以来，全社会用电量快速增长。2013 年，中国全社会用电量达到 5.32 万亿千瓦时，是 1978 年的 21.3 倍，年均增速达到 9.3%。全社会用电量由 1 万亿千瓦时上升至 2 万亿千瓦时用了 8 年（1997—2004 年），从 2 万亿到 3 万亿千瓦时（2004—2007 年）、3 万亿到 4 万亿千瓦时（2007—2010 年）、4 万亿到 5 万亿千瓦时（2010—2013 年）各自仅用了 4 年。2013 年中国人均用电量达到 3911 千瓦时，[①] 是 1978 年的 15.1 倍，年均增速达到 8.3%。

根据 IEA 的数据分析，随着经济的快速发展，中国电力消费量快速增长，在各国中的名次不断提前。1990 年超越加拿大和德国，上升到第四位；2000 年进一步上升到第二位。2001—2007 年，虽然仍为第二位，但占世界总消费量的比重上升较快。中国电力消费总量于 2011 年超过美国位居世界首位，但是人均用电量与发达国家的差距较大。

自改革开放以来，中国人均电力消费从 500 到 1000 千瓦时，用了 11 年时间；从人均 1000 到 2000 千瓦时，用了 6 年时间；从 2000 到 3000 千瓦时，仅用了 4 年时间。从对应人均 GDP 水平可以看出，从人均 1000 美元之后，中国的电力消费明显加速增长。这一阶段，可看作经济起飞后的加速增长阶段，经济增长对电力的需求依赖大大增强。

同时，随着人们生活水平的提高，家用电器普及率和使用率逐步上升，人均生活用电水平也大幅提升。1990—2000 年，人均生活用电量由 40 千瓦时上升到 132 千瓦时，年均增长 12.6%；2001 年以后，随着电脑、电视、空调、洗衣机、电炊等家用电器的不断普及，居民生活用电继续保持较高增长，2013 年人均生活用电量上升到 499 千瓦时，2001—2013 年

[①] 此处采用 IEA 统计数据，IEA 统计的用电量＝总发电量＋进口电量－出口电量－线损电量；中电联统计 2013 年中国人均用电量为 3940 千瓦时。

年均增长 10.8%。

（2）随着产业结构不断调整，中国电力消费结构发生了较大变化。1990 年以后，第二产业在技术进步和结构调整等因素影响下用电比重有所下降，同时第三产业、居民生活用电在生活水平和消费水平提高的带动下快速增长，相应的比重逐步提高，第一产业用电比重较小，稳步下降。进入 21 世纪后，中国经济发展的重工业化特点日益凸显，第二产业用电快速增长，用电比重不断上升，第一产业比重则快速下降，第三产业、居民生活用电比重变化不大。随着中国进入工业化中后期，第三产业发展步伐加快，其用电比重呈现上升趋势。

表 4-2　　三次产业及居民生活用电增长及结构变化情况　　单位：亿千瓦时

年份	类别	全社会	第一产业	第二产业	第三产业	居民生活
1990	用电量	6126	308	4864	493	461
	结构%	100	5.0	79.4	8.1	7.5
2000	用电量	13466	534	9786	1474	1672
	结构%	100	4.0	72.7	11.0	12.4
1991—2000	增长率%	8.2	5.7	7.2	11.6	13.7
2010	用电量	41999	976	31450	4478	5094
	结构%	100	2.3	74.9	10.7	12.1
2001—2010	增长率%	12.1	6.4	12.5	11.8	11.8
2013	用电量	53223	1014	39143	6273	6793
	结构%	100	1.9	73.5	11.8	12.8
1991—2013	增长率%	9.9	5.5	9.6	11.8	12.5

（3）电力弹性系数多年平均值在 1 附近。由于重工业电力消费快速拉升电力消费增长，"十五"期间电力弹性系数最高为 1.33。但是受到产业结构调整和节能降耗政策的影响，"十一五"期间电力弹性系数降至 0.97，"十二五"前三年电力弹性系数为 0.98。1981—2013 年期间平均电力弹性系数为 1.0。

2. 电源电力供应分析

煤电：中国西部和北部地区煤炭资源丰富，山西、陕北、陕西彬长、宁东、蒙西、锡盟、呼盟、哈密、准东等煤炭产区具备建设大型煤电基地的资源条件。在以上基地中，除呼盟外，其余几个煤炭产区都是水资源较为缺乏的地区，煤电基地建设需同步开展供用水规划，保障煤电基地的合理用水。

气电：2013年，发电用气占天然气消费总量的比重为18%，未来几年发电用气需求基本平稳。

水电：2012年年底，中国大陆在建水电规模6648万千瓦，已建装机，在建水电规模31595万千瓦，其中常规水电约2.95亿千瓦。从13大水电基地的开发情况看，长江上游、乌江、南盘江红水河、黄河上游及其北干流、湘西、闽浙赣和东北水电基地等8个水电基地开发程度较高；金沙江、雅砻江、大渡河、澜沧江和怒江等5个分布在西南地区的水电基地开发程度较低。上述5个水电基地干流规划电站总计113座，规划总装机容量2.63亿千瓦。目前西南水电基地干流已投产水电站装机容量较少，开发率不足10%，开发潜力巨大。

风电：从中国风能资源的总体分布看，风能资源高值区主要分布在"三北"地区和东部沿海地区，这些地区风能资源储量和技术可开发量占全国80%以上，风能资源开发潜力较大，未来中国风电开发主要集中在这些地区。

风电场建设除了考虑风能资源条件外，还需考虑工程地质、场址范围、自然灾害、土地或近海开发利用等多方面因素。根据全国风电建设前期工作成果，具备建设大型风电基地条件的区域主要集中在甘肃酒泉、新疆哈密及达坂城、宁夏北部、辽宁、吉林西部、黑龙江、蒙东、蒙西、河北北部、山西北部、山东沿海、江苏沿海等地区。这些区域都位于"三北"或东部沿海风能资源丰富带，且场址条件相对较优，适合进行大规模风电开发。全国其他地区风能资源条件相对较差，不适宜建设大型风电基地，但可结合当地资源及建设条件，因地制宜地开发分散的风电。

太阳能发电：中国西北部太阳能资源富集地区具有大面积的荒漠荒地可用于太阳能基地开发；中国荒漠化土地面积约264万平方公里，其中干旱区荒漠化土地面积250多万平方公里，主要分布在光照资源丰富的西北地区。按利用中国戈壁和荒漠面积3%的比例计算，太阳能发电可利用资源潜力可达27亿千瓦，年发电量可达4.1万亿千瓦时。同时，中国具有大量的建筑物屋顶。2009年曾估计全国既有建筑屋顶面积总计约400亿平方米，假如1%安装光伏系统，可安装光伏发电装机容量约3550万—6620万千瓦，年发电量287亿—543亿千瓦时。[①]

生物质发电：与煤电和水电这两大主电源和发电方式相比，生物质发电暂不具备成本优势。与风电和太阳能发电相比，生物质发电也不具备资源优势。从利用途径考虑，在未来第二代生物质燃料乙醇技术取得突破后，生物质资源的能源转化利用应以生产生物质燃料乙醇为主，以部分替代交通燃料。考虑生物质资源的有限性和产品的经济性，生物质发电应有限制和有条件地发展。由于生物质发电原料多样，原料特性差别明显，目前主要以农业废弃物为主（包括林业剩余物和潜在的灌木林）。今后生物质发电技术的应用应因地制宜，鼓励生物质发电技术的多样化发展；在规模上根据原料供应的可能性，以中小规模为主。根据《生物质能发展"十二五"规划》的相关数据测算，中国生物质能资源最大可支撑发电、燃料、燃气等用途的发展规模可概述如表4-3所示。

表4-3　　中国生物质资源最大可支撑发展规模

应用领域	最大可支撑发展规模		年产能量	
	数量	单位	数量	单位
1. 生物质发电	10021	万千瓦	6013	亿千瓦时
农林生物质发电	8345	万千瓦	5007	亿千瓦时
沼气发电	1028	万千瓦	617	亿千瓦时
垃圾发电	649	万千瓦	389	亿千瓦时

---

① 中国科学院电工研究所：《中国太阳能资源及开发利用前景研究》，2009年9月。

续表

应用领域	最大可支撑发展规模		年产能量	
	数量	单位	数量	单位
2. 生物质供气	2310	亿立方米		
沼气用户	1982	亿立方米		
农业剩余物燃气	128	亿立方米		
工业废水生产的沼气	200	亿立方米		
3. 生物成型燃料	10431	万吨		
4. 生物液体燃料	5215	万吨		
生物燃料乙醇	4172	万吨		
生物柴油和航空燃料	1043	万吨		

资料来源：《生物质能发展"十二五"规划》。

3. 电源开发规模与布局

国民经济和社会发展第十二个五年规划纲要要求推进能源多元清洁发展，优化能源开发布局，建设山西、鄂尔多斯盆地、内蒙古东部地区、西南地区和新疆五大国家综合能源基地，提高能源就地加工转化水平，减少一次能源大规模长距离输送压力。《可再生能源发展"十二五"规划》要求加大资源富集地区可再生能源开发建设力度，建成集中、连片和规模化开发的可再生能源优势区域。预计到2015年，全国装机容量达到15.2亿千瓦，[①]"十二五"新增装机5.5亿千瓦，年均新增1.1亿千瓦。从电源结构看，煤电装机比重由2010年的70.5%下降到2015年的63.5%；清洁能源装机比重由25%提高到34.7%，清洁能源发电装机比重得到明显提高。

表4-4　　　　　　　　　全国电源装机容量　　　　　　单位：万千瓦

项目	2010年	2015年
水电	19924	29014
抽蓄	1694	2568

---

① 这些数据略高于本报告展望的数据，但是趋势一致。

续表

项目	2010 年	2015 年
煤电	68101	96153
燃气	2641	6371
核电	1081	4008
风电	2958	10000
生物质	213	1300
太阳能	29	2100
总计	96641	151514

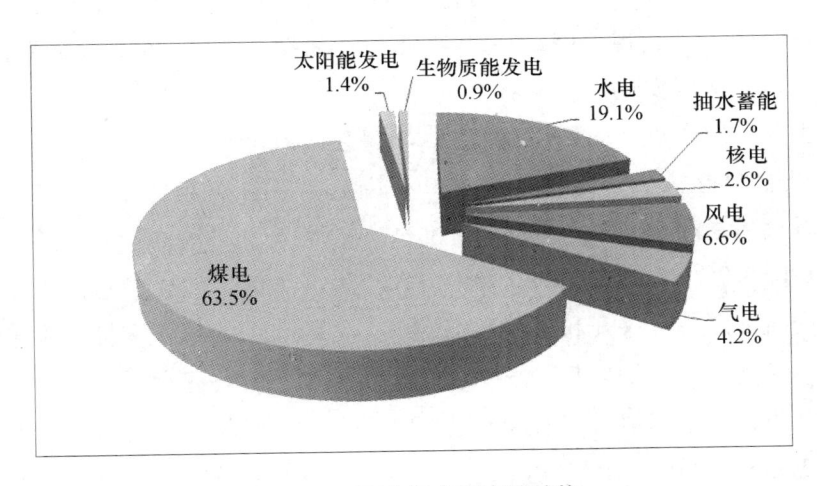

图 4-2 2015 年全国电源结构

从电源布局看，未来十年新增煤电装机容量主要分布在晋陕蒙宁新等省区，西部北部地区煤电装机容量占全国的比重由 2010 年的 21% 提高到 2015 年的 27%，新增煤电装机容量占全国比重在 60% 左右。新增水电主要集中在西南地区的四川、云南、西藏等省份，占全国的 80%。新增风电主要集中在国家规划的九大风电基地，占全国的 85% 以上。

4. 电力输送现状

中国基本形成了华北—华中、华东、东北、西北、南方五大同步电网，除台湾地区外，已实现全国联网格局。大电网的规模效益显现。华北、华中通过 1000 千伏交流联网，东北与华北通过高岭直流背靠背实现异步联网，西北与华中通过灵宝直流背靠背、德阳—宝鸡 ±500 千伏直流、哈密—郑州 ±800 千伏直流实现异步联网，西北与华北通过宁东（银川东）—山东（青岛）±660 千伏直流实现异步联网，华中与华东通过葛洲坝—上海（南桥）、三峡（龙泉）—江苏（政平）、三峡（宜都）—上海（华新）、三峡（荆门）—上海（枫泾）±500 千伏直流以及金沙江（向家坝）—上海（奉贤）、雅砻江（锦屏）—江苏（同里）、溪洛渡左岸—浙江金华 ±800 千伏直流工程实现异步联网，华中与南方通过三峡（荆州）—广东（惠州）±500 千伏直流实现异步联网。2010 年新疆与西北通过 750 千伏交流实现联网，2011 年青海—西藏 ±400 千伏直流工程投运，西藏与西北电网实现异步联网。

国家电网公司（简称"国网"）经营区域覆盖国土面积的 88%，供电人口超过 10 亿人，占全国人口的 80% 以上。"国网"经营区域内装机容量和全社会用电量分别占全国 77% 和 80%。目前，"国网"形成了 1000/500/220/110（66）/35/10/0.4 和 750/330（220）/110/35/10/0.4 千伏两个交流电压等级序列和 ±500（±400）、±660、±800 千伏直流输电电压等级序列；形成了华北、华中、华东、东北、西北五大区域电网，西北以 750 千伏为主网架，其他区域以 500 千伏为主网架，华北、华中电网电压等级提升到 1000 千伏；建成 1 回 ±400 千伏、7 回 ±500 千伏、1 回 ±660 千伏、4 回 ±800 千伏直流输电工程和 3 个直流背靠背工程；配电网在网架结构、设备状况、技术水平、管理水平等方面不断完善。

三　中国电力体制、政策和发展展望

1. 现行体制分析

自 2002 年中国电力市场化改革以来，电力工业发展取得显著成绩，有效促进了电力工业投资，电源和电网建设发展迅速，行业的资源优化配置水平不断提升，实现了电力系统的安全稳定运行，总体满足了国民经济和社会发展需求；同时也存在诸多问题，具体体现在：

（1）行业统一规划机制缺失。厂网分开后，未能建立适应新形势的电力行业规划管理机制。缺乏统一的电力行业规划和投资引导，出现了电源布局与能源资源、电力需求格局不协调，电源与电网发展不协调，电力建设与需求增长不协调等问题，导致电力企业盲目投资、负债率攀升，煤电运紧张反复出现、风电难以高效消纳等现象，给电力行业可持续发展带来长远影响。

（2）竞争市场基础缺乏。目前的电力行业仍采用政府制定发电计划和电力价格的运行机制。与市场相适应的法制和诚信机制不完善；市场竞争和节能调度之间存在争议；缺乏公平竞争、公平负担的定价机制。因此，市场难以发挥资源配置的基础性作用。

（3）电价改革处于两难之中。厂网分开后，电价体系和机制不完善，电价改革推进缓慢。电力价格仍是政府宏观调控的重要手段，由于过度担心电力价格调整对消费价格指数的影响，导致电力调整与联动机制执行不及时、不到位。同时，发电侧仍由政府定价，独立的电网电价尚未形成，市场竞争价格与销售电价联动机制难以建立。

2. 现行规划和政策要求

2013年1月，国务院印发的《能源发展"十二五"规划》中与电力行业相关的目标是，到2015年用电量达到6.15万亿千瓦时；火电供电标准煤耗下降到323克/千瓦时；电网综合线损率降为6.3%；电力装机容量14.9亿千瓦，其中煤电、水电、核电、气电、风电和太阳能发电装机分别为9.6亿、2.9亿、0.4亿、0.6亿、1亿和0.2亿千瓦。

2013年7月国务院出台的《关于促进光伏产业健康发展的若干意见》不仅明确提出，到2015年国内光伏总装机容量达到35吉瓦以上，大规模扩大国内装机市场，而且在并网、征地、补贴等各个环节深入细致地给出了许多突破性的政策措施。同年8月，国家发改委发布《关于调整可再生能源电价附加标准与环保电价有关事项的通知》要求，自2013年9月25日起，将除居民生活和农业生产用电之外的其他用电可再生能源电价附加标准由每千瓦时0.8分提高到1.5分。使可再生能源发展基金增加300亿元，可有效缓解可再生能源资金补助发放的问题，为各类可再生能源发展提供动力。

同年9月，国务院发布《大气污染防治行动计划》提出，积极有序发展水电，开发利用地热能、风能、太阳能、生物质能，安全高效发展核电，为可再生能源发展带来了新的机遇。到2017年，运行核电机组装机容量达到5000万千瓦，非化石能源消费比重提高到13%。

2014年2月，国家能源局印发《新建电源接入电网监管暂行办法》规范新建（包括扩建、改建，以下统称新建）电源接入电网系统工作，确保新建电源公平无歧视接入电网。

3. 未来电力需求展望

考虑到今后中国加大发展方式转变，推进体制机制改革，采用先进技术，提高能源效率，加强环境保护等政策趋势，本章设定了以下不同的电力需求增长情景。

一是基准情景：这一情景设定中国经济将继续过去的发展态势，即劳动力继续稳步转移，人力资本水平不断积累，科技进步持续发展，体制改革进一步深入，各生产要素在不同部门之间得到合理有效地配置，使得2030年前全要素生产率（TFP）年均增长率保持在2%左右。城市化和工业化继续得到推进，城市化水平每年提高0.7—1个百分点，到2020年城市化率提高到60%左右，2030年达到70%左右。考虑到国际经济环境和中国比较优势的变化，出口增长速度逐步降低，贸易顺差在较长时间内继续存在，但呈逐渐缩小的趋势，到2030年左右实现外贸进出口基本平衡。各种税率及转移支付比例保持现有水平。世界经济逐步恢复，到2030年的平均增速维持在3%左右。就业率相对较高，就业人口年均增速0.82%，而且第一产业就业人口逐步向第二产业和第三产业转移。固定资产投资的产业结构基本稳定，略有小幅微调。[①]

二是发展方式转变较快的情景：这一情景设定各项体制改革快速推

[①] 这一情景与本报告的现行政策情景类似。

进，改革红利不仅抵消了结构转型对经济增速的阻碍，并为经济发展质量提升创造了条件。市场在资源配置方面的基础作用进一步增强，结构调整大力推进，经济增长方式转变取得进展，政府逐步消除劳动力转移的壁垒，城市化进程加快，2011—2030 年城镇化率提高幅度比基准情景高 0.1%—0.2%，到 2020 年城镇化率提高到 63.5% 左右，2030 年达到 71.3% 左右。政府加大对于教育、医疗及科研及社会福利的投入，调整政府公共支出的结构，增加教育、医疗及科研及社会福利方面的支出比重。提高国有企业回报上缴比重，2011—2030 年间逐步提高三成到四成，增加政府公共支出，提高政府对于贫困地区和贫困人群的转移支付，2011—2030 年比基准情景提高 10%—15%。完善服务业规制改革，逐步使服务业的税负降低 10%，2011—2030 年服务业 TFP 比基准情景高 0.9 个百分点。固定资产投资的产业结构有所调整，第二产业投资占比进一步下降，第三产业占比稳步上升。劳动力的产业结构中，第一产业劳动力占比下降较多，分流到第二产业和第三产业。2011—2030 年间用电效率平均比基准情景高 1 个百分点。[①]

（1）电力需求展望

预计 2020 年前中国经济增长速度有所放缓，但仍可保持平稳较快的增速，电气化水平稳步提高，电力需求保持较快增长。2020 年后，中国基本完成工业化，并逐渐进入后工业化阶段，工业增长大幅放缓，高耗电产品产量开始下降，电力需求增速也将大幅回落。

在发展方式转变较快的情景下，2014—2020 年本报告的全社会用电量年均增长 6.7%，其中"十三五"期间年均增长 6.6%，电力弹性系数为 0.9；2020—2030 年年均增长 3.0%，电力弹性系数为 0.54。2020、2030 年全社会用电量分别为 8.4 万亿千瓦时和 11.3 万亿千瓦时。与基准情景相比，发展方式转变较快情景下 2020、2030 年的电力需求总量分别减少 2.7% 和 7.5%，2010—2020 年和 2020—2030 年的电力需求年均增速分别

---

① 这一情景与本报告"生态能源新战略"情景存在一定的差距。

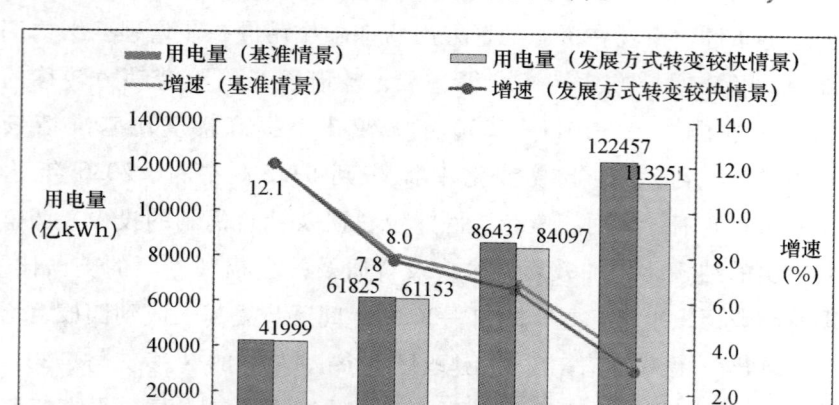

下降 0.3 和 0.5 个百分点，电力弹性系数有所下降。[①]

图 4-3 中国全社会用电量增长展望

未来经济结构的调整将带动电力需求结构调整，尤其在工业化完成后，由于第三产业比重加快上升以及居民生活水平大幅提高，中国电力需求结构变化有所加快，但中国制造业规模较大，未来第二产业用电比重仍较高。在发展方式转变较快的情景下，三次产业和居民生活用电比例从 2013 年的 1.9∶73.5∶11.8∶12.8 发展到 2020 年的 1.7∶66.2∶14.8∶17.3 和 2030 年的 1.6∶54.8∶20.8∶22.8。2014—2030 年，第一产业和第二产业用电比重分别下降 0.3 和 18.7 个百分点，第三产业和居民生活用电比重分别上升 9.0 和 10.1 个百分点。

完成工业化后，第三产业和居民生活用电量将成为拉动全社会用电量增长的主要动力。2014—2020 年，中国电力需求增量的 45% 来自第三产业和居民生活用电；2020—2030 年该比例上升到 77%。

[①] 在"生态能源新战略"情景下，2014—2020 年本报告的全社会用电量年均增长 6.6%，其中"十三五"期间年均增长 6.9%，电力弹性系数 0.99；2020—2030 年均增长 2.58%，电力弹性系数为 0.47。2020、2030 年分别 8.4 万亿和 10.8 万亿千瓦时，本章与发展方式转变较快情景相比，2020 年用电量基本相近。但更多考虑到经济结构转型和技术进步的影响，2030 年本报告的全社会用电量低于上述两个情景。

第四章　电力发展趋势和政策研究

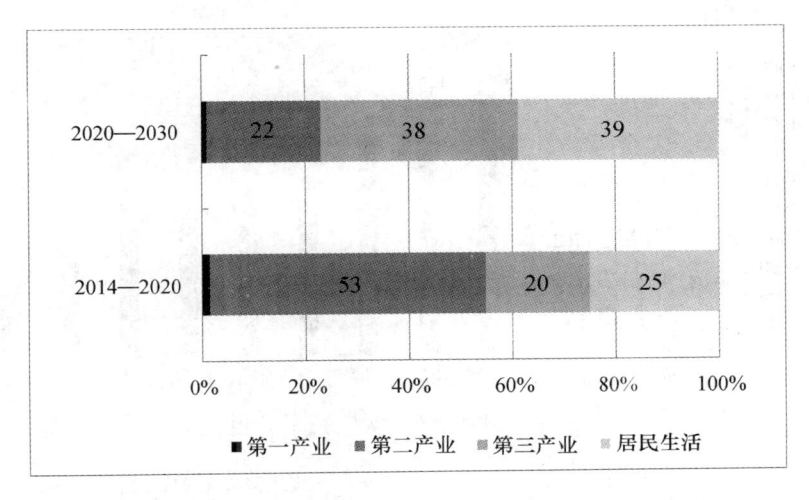

```
2020—2030   22 | 38 | 39
2014—2020      | 53 | 20 | 25
            0%  20%  40%  60%  80%  100%
          ■第一产业  ■第二产业  ■第三产业  ■居民生活
```

图4-4　发展方式转变较快情景下的新增电力需求结构

随着全社会用电量的增长，未来中国人均用电量将大幅提升，但与发达国家的差距仍然较大。按照国际口径测算，发展方式转变较快情景下，2020年中国人均用电量约为5600千瓦时/人，接近日本2011年人均用电量的三分之二和美国2011年人均用电量的42%；2030年中国人均用电量约为7300千瓦时/人，约为日本2011年人均用电量相当，但仅为美国2011年人均用电量的三分之二。2020年中国人均生活用电量约为1000千瓦时/人，接近日本2011年人均生活用电量的45%，略高于美国2011年人均生活用电量的五分之一；2030年中国人均生活用电量约为1760千瓦时/人，接近日本2011年人均生活用电量的三分之二，略高于美国2011年人均生活用电量的三分之一。

（2）电力供应展望

煤电：《大气污染防治行动计划》要求稳步推进大型煤电基地建设，在中西部煤炭资源富集地区，鼓励煤电一体化开发，建设若干大型坑口电站。严格控制环渤海、长三角、珠三角地区新增除热电联产之外的燃煤机组。通过加大西电东送规模，解决煤电运紧张矛盾。

水电：中国水电技术可开发量5.7亿千瓦，其中四川1.2亿千瓦、云南1.02亿千瓦、西藏1.4亿千瓦。未来重点开发金沙江、雅砻江、大渡

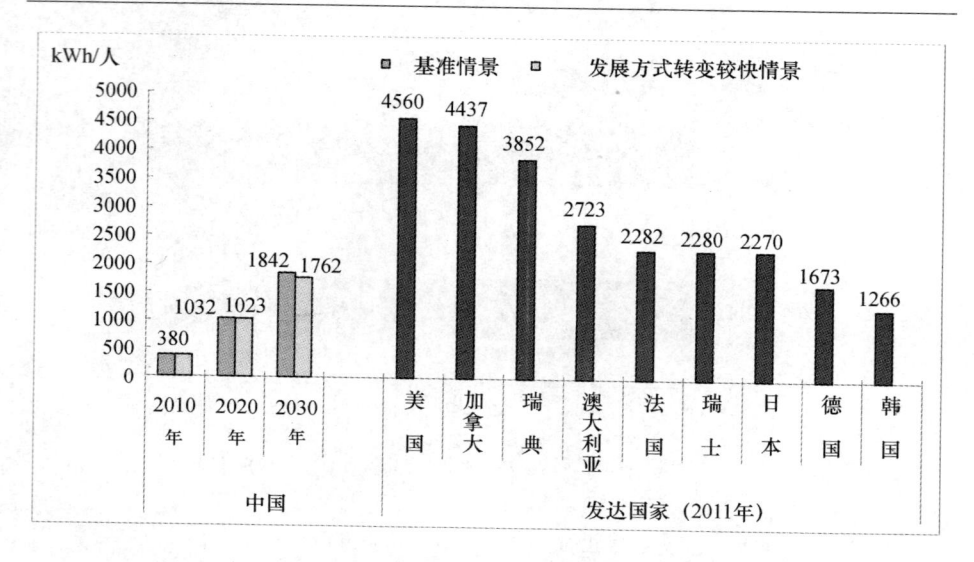

图4-5 国内外人均生活用电量对比

河、澜沧江、怒江五大流域，2011—2020年新增水电装机1.5亿千瓦，2020年全国常规水电装机达到3.5亿千瓦。

风电：根据国家风电发展规划，2015年全国风电装机1亿千瓦，2020年2亿千瓦。2011—2020年新增风电装机1.7亿千瓦。重点建设新疆、甘肃、蒙西、河北、蒙东、黑龙江、吉林、山东和江苏九个大型风电基地。

太阳能发电：青藏高原、甘肃、宁夏北部、新疆南部、蒙西等地区具有利用太阳能发电的良好条件，宜以集中开发为主；东中部地区主要发展分布式光伏。2011—2020年新增太阳能发电装机5000万千瓦。

核电：在确保安全的基础上，平稳高效发展核电成为今后的方向。预计2020年核电装机达到6160万千瓦，主要在浙江、江苏、福建、山东、广东等沿海地区。2011—2020年新增核电装机5080万千瓦。

气电：天然气资源优先满足民用、工业燃料和化工为主，重视大规模发展气电带来的电力成本和能源安全问题。

（3）未来电力流总体格局

未来中国将在资源富集和负荷中心地区，重点建设大型煤电基地、大型水电基地、大型核电基地和大型可再生能源基地，满足经济社会发展对电力的需求。从地理分布看，未来中国大型核电基地主要分布在沿海地区和内陆缺能省份，靠近负荷中心。而西部和北部大型煤电基地、西南大型水电基地、风电与太阳能发电等可再生能源基地远离负荷中心，需要远距离输送到京津冀鲁、华中东四省、华东、南方两广等负荷中心地区消纳，如图4-6所示。

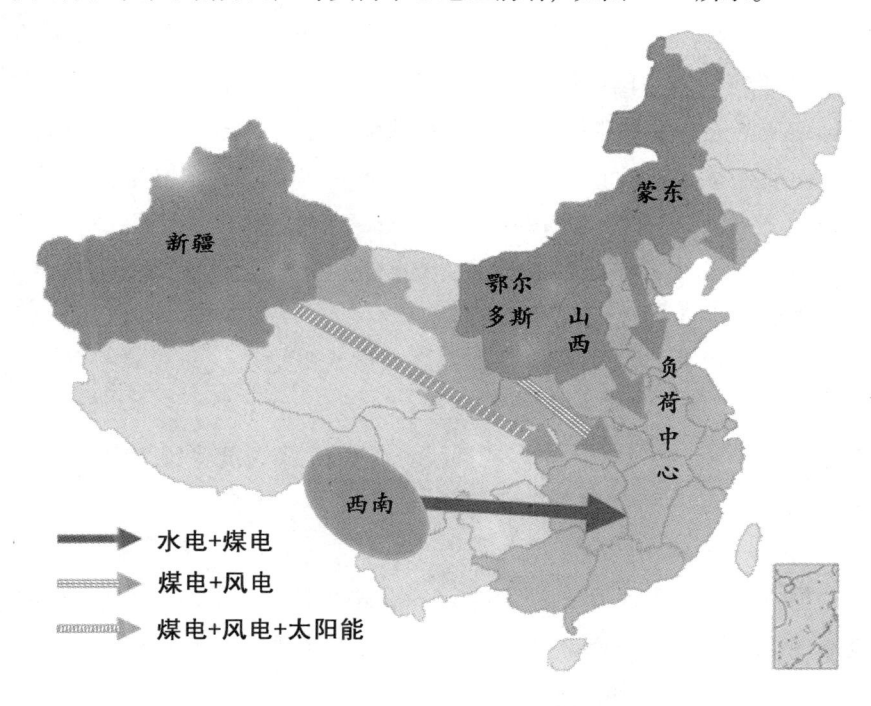

图4-6 未来中国电力流总体格局示意图

综合考虑中国电力负荷分布及电源布局，中国"西电东送"、"北电南送"的电力流格局进一步扩大。到2020年，东中部12省（市）受入电力3.5亿千瓦。2011—2020年新增电力流2.88亿千瓦。

从送端来看，煤电电力流主要来自国家"十二五"规划纲要确定的五大国家级综合能源基地，煤电电力流规模2.56亿千瓦，国外电力输入1600万千瓦，总规模2.72亿千瓦。清洁能源电力流主要来自西南水电和"三北"风电基地，其中水电电力流7400万千瓦，"三北"风电送出9800万千瓦，与火电"打捆"外送。上述煤电基地开发所需水资源可以得到保障。

从受端来看，2015年，"三华"受端受入电力流1.5亿千瓦，2020年，

"三华"受端受入电力流3.5亿千瓦。其中，2020年华北京津冀鲁、华东沪苏浙闽和华中东四省受入电力分别为1.12、1.30和1.04万千瓦。受端12省（市）本地火电占电源供应总量的比例由2012年的72.2%下降为2020年的47.2%，电源供应结构得到明显优化。2011—2020年，东中部12省（市）新增区外煤电2.3亿千瓦、占64%，本地新增火电1.27亿千瓦、占36%。

2030年前后，中国以煤为主的能源格局保持不变，但煤电布局将进一步优化，清洁能源发展进一步加快，跨区输送电力流规模进一步增长；四川、云南水电基本开发完毕，西藏水电将成为西电东送水电电力流接续电源；风电电力流仍处于快速增长阶段，输送规模比2020年翻一番；太阳能发电跨区输送需求逐步加大，到2030年达到亿千瓦级规模。2030年，预计电力流规模6亿千瓦左右。

2030—2050年，风电、太阳能发电将成为电力流大规模增长的主要推动力。预计2050年，风电电力流规模将超过4亿千瓦，太阳能电力流规模超过2亿千瓦；"三华"受端地区受入电力流总规模将较2020年扩大一倍左右。2050年，预计电力流规模10亿千瓦左右。

（4）未来电网构建展望

根据中国"西电东送"、"北电南送"电力流特点，国家电网发展呈现东北、西北、西南为送端，华北、华中、华东为受端的基本格局。

其中，华北、华中、华东同处电力流受端，且彼此为邻，网间距离短、联网投资省，可作为一个整体统筹规划，通过特高压交流构建主网架，形成"三华"同步电网。依托坚强的特高压交流电网，根据需要逐步解开1000/500千伏省间电磁环网，省内500千伏网架实现合理分区，"三华"负荷中心通过特高压交直流接受区外电力。

东北地区能源资源分布与负荷分布不均衡，电力流总体呈现"西电东送、北电南供"的格局。着眼于长期能源资源优化配置需要，东北电网目标网架构建思路为：加强蒙东、黑龙江东部两个送端电网及中部吉林电网建设，支撑跨区直流及区内电力的大规模输送。以黑龙江东部、蒙东大型能源基地开发外送为契机，建成连接送受端，贯穿蒙东及黑吉辽负荷中心的交流特高压输电通道，形成坚强的辽宁特高压受端环网，提高受端电网

第四章 电力发展趋势和政策研究

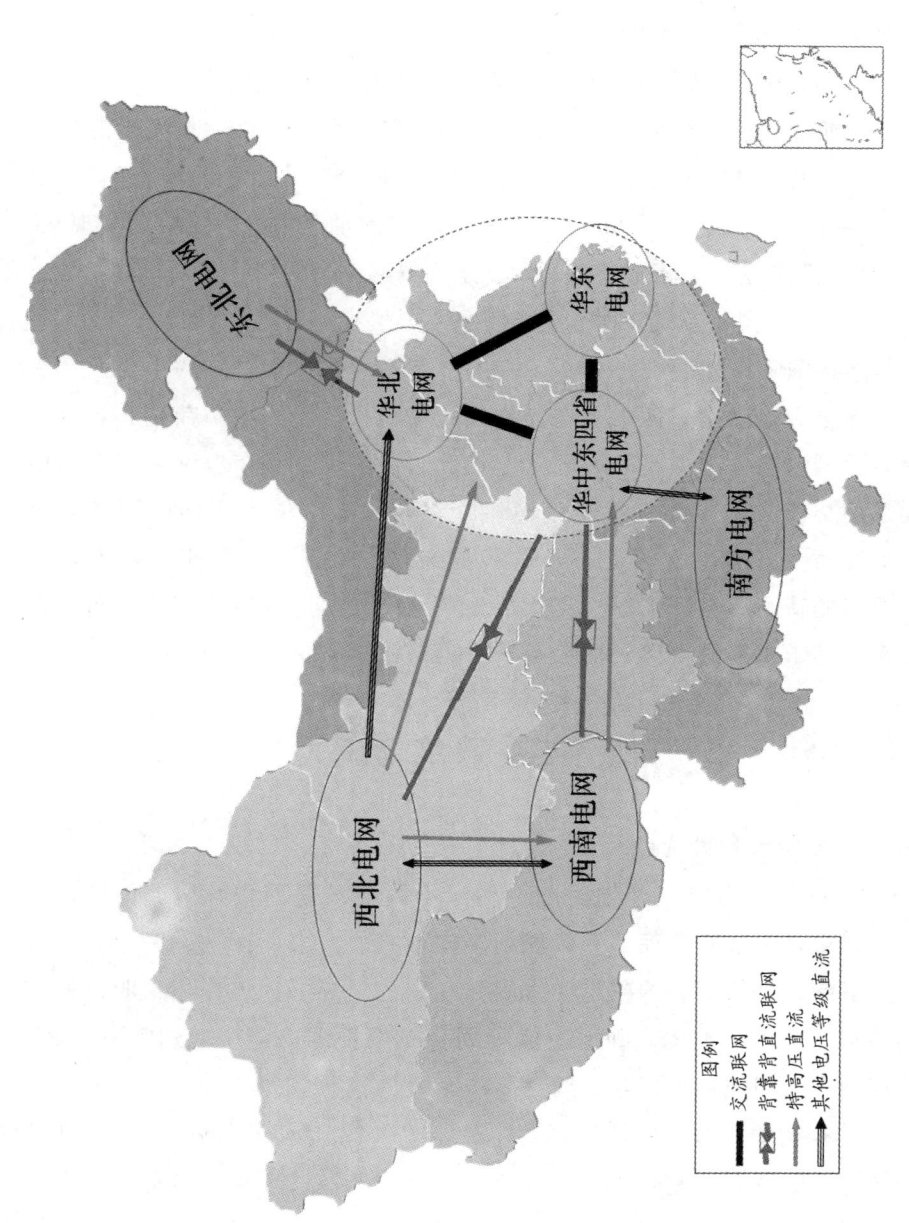

图 4-7 "三华"特高压同步方案区域电网互联格局示意图

安全稳定水平，为接受跨国大规模电力奠定基础。

西北地区能源资源十分丰富，属能源送出地区，在满足自身用电需求基础上，电力主送"三华"负荷中心。西北电网地域跨度全国最大，整体电力流向呈"西电东送"格局，省间电力流向具有"东西互供，水火互济"的特点。西北电网目标网架规划思路是：加强省间 750 千伏主干通道建设，围绕各省负荷中心形成坚强 750 千伏网架结构，满足区内电力供应，实现水、火、风、光互济运行；形成坚强的西北送端电网，为大型能源基地开发外送提供坚强支撑，进一步实现西北能源资源在全国范围内优化配置。

西南是国家规划的重要水电基地，西南电网是国家电网的主要送端之一，整体电力流向呈"西电东送"格局，覆盖川、渝、藏负荷中心和水电基地。大型水电外送主要采用直流方式，送往华中、华东电网，中小水电主要采用交流方式汇集送往川渝电网；将西藏电网纳入西南电网统筹考虑，提高藏中电网供电能力；建设新疆准东、哈密、伊犁能源基地至四川、重庆的特高压直流工程，实现西北煤风光与西南水电的互济运行，保证西南电网丰水期送得出、枯水期不缺能。

四　电力政策选择

1. 电力发展政策选择

（1）建立电力统一规划机制，确保不同层级规划相互协调、衔接有序。加强规划全过程管理，完善规划实施检查、监督、评估、考核及后评估工作机制，发挥市场的决定性作用和规划的指导、约束作用；明确规划编制的责任与参与主体，确保整体规划和专项规划、全国规划和省规划、电源规划和电网规划等相互协调、衔接有序。

（2）构建输煤输电协调发展的能源运输体系，逐步提高输电在能源输送中的比重。特高压输电相对于直接输煤具有能源、环境、经济等综合效益，对解决中国长期以来的煤电运紧张问题、生态破坏及环境污染问题、新能源集中开发利用问题具有重要意义。未来中国能源运输体系建设应坚持输煤输电并举，逐步提高输电比重。结合大型能源基地建设，采用特高压等大容量、高效率、远距离先进输电技术，稳步推进西部能源基地向华北、华东、华中等负荷中心送电。结合中国能源资源区域分布不均衡的国情，打破铁路、公路、水路、管道、电网等各能源输送行业各自为政的局面，以"大能源观"为指导，提出各能源输送方式间的综合平衡和优化配置方案。

（3）加强新能源与电力发展的统一规划，促进中国新能源的大规模可持续发展。加强风电发展的规划管理，科学有序地进行风能资源的开发和利用，做好风电场与配套送出工程的统筹协调，统一审批，同步建设。提前谋划电网布局，为清洁能源的大规模消纳提供必要的网络支撑和足够的输电能力。加快东北、西北等地区抽水蓄能电站的站址资源普查和电站建设，提高当地电网的风电消纳能力；加快华北、华东等地区的抽水蓄能电站建设，保证"三北"风火打捆电力大规模进入后系统的调峰平衡；在资源条件许可的地区建设一定规模的燃气电站，解决风电等可再生能源大规模发展所带来的调峰问题，提高电网的风电消纳能力。

2. 电力行业改革政策探讨

（1）目标设定

深化电力市场化改革，应从中国发展阶段和现实国情出发，解决制约电力可持续发展的突出问题，实现以下目标：

优化资源配置：随着东部有限的能源资源日渐枯竭，能源开发重点逐渐西移和北移，以往省内、区域内自我平衡的电力发展方式已难以为继，全国范围优化资源配置势在必行。深化电力改革，需要发挥市场在配置资源中的决定性作用，突破省间和区域壁垒，构建全国统一的电力市场体系。

保障电力安全：现代社会对电力的依赖性越来越大，大电网事故是整个社会的灾难。电力生产、输送、消费瞬时完成、实时平衡，对安全性的要求极高。中国电力工业处在较快发展阶段，大量新工程、新设备连续投运，电网结构、运行方式不断变化，电力安全始终面临巨大挑战。因此深化电力改革，必须把确保电力安全作为基本前提。

实现普遍服务：电力服务是基本的公共服务。深化电力改革，要充分考虑城乡、区域发展的差异性，解决好农村、边远地区电力发展和无电人口、低收入群体的用电问题。特别是在发生重特大自然灾害情况下，电力管理体制机制必须适应紧急抢险救灾的要求，最大限度减少损失。

推动科技创新：能源技术创新正在推动世界能源变革和产业升级，电力在其中发挥核心作用，我国需要抓住这一历史机遇，抢占世界电力技术制高点，加快新型产业发展。深化电力改革，要充分考虑技术创新要求，鼓励新技术应用，激励企业提高自主创新能力。

促进节能减排：促进低碳发展是电力发展面临的新形势，各国正积极调整改革措施，实现经济、环境、社会目标的统一。我国电力改革应有利于推动节能减排、促进经济低碳发展，通过大范围联网，充分发挥网络经济性，推动可再生能源消纳，为经济社会发展提供清洁的电力供应。

提高企业效率：深化电力改革，要统筹发挥宏观调控和市场机制的作用，更加注重利用市场经济手段，发挥市场主体作用，挖潜增效，全面提升电力投资、建设、生产、运营和服务效率。

（2）改革方向

电力市场化改革，既对经济社会发展产生重大影响，也受到经济社会环境的制约，是一项十分复杂的系统工程。应按照"放开两头、监管中间"的思路，统筹考虑改革的条件和时机，加强改革及配套措施的总体设计，分阶段推进改革。

"放开两头"是指对于可竞争的发电和售电环节，培育多元化市场主体，逐步放开用户选择权，逐步消除地域间的贸易壁垒，构建符合国情、开放有序的全国电力市场体系，在电力市场平台上同时实现发电侧和售电侧竞争。

"监管中间"是指对于具有自然垄断属性的电网环节，应在考虑我国电网历史沿革和未来发展趋势的基础上，继续发挥当前电网统一管理的体制优势，加强对电网价格、收入、成本、公平接入、供电服务，以及公平调度和交易等方面的监管，充分发挥电网规模效益、确保电力系统安全、促进公平竞争、维护公共利益。

3. 完善电力法律体系

完善的法律法规体系是推进电力市场化改革的根本保障，需要从最高立法层面规范政府、市场、企业的定位和关系、权利和义务，同时从政府监管、市场运行、电网服务、技术规范等各层面制定系统的法律规范。随着电力改革的深化、电力技术的迅速发展和社会经济形势的变化，电力工业发展与相关法律法规之间的冲突和不协调性日益显现。未来需要按照国家有关法律法规和行政管理体制改革的总体要求，形成与中国电力改革相适应、有利于促进电力工业持续、健康发展的法律法规体系，实现电力法与石油、天然气、煤炭等资源法的协调，促进能源资源的合理利用和开发。

第五章 核电发展新趋势和政策选择

一 全球核电发展态势和情景

1. 对全球核电现状的再认识

（1）核电产业依然是低占比、高集中度的能源部门。根据英国石油公司（BP）统计，2013年全球核能为5.63亿吨油当量，仅占一次能源比例4.42%，核发电量约占全球发电量10%左右，且主要集中在美国（33.4%）、法国（17%）、俄罗斯（6.9%）、韩国（5.6%）、中国（4.4%）、加拿大（4.1%）、德国（3.9%）、乌克兰（3.3%）、英国（2.8%）、瑞典（2.7%）和西班牙（2.3%）。以上11个国家发电量的全球占比86.5%。另据国际原子能机构（IAEA）统计，2013年全球在运核电机组434座，分布在31个国家和地区，经合组织（OECD）国家占75%；全球装机容量371.7吉瓦，OECD国家占80%。

与此相应，全球核电利用15660堆年，其中，美国3912堆年、法国1932堆年、日本1646堆年、英国1527堆年、俄罗斯1124堆年、加拿大655堆年、印度为397堆年，中国仅为160堆年，仅为全球堆年总数1%。

（2）核电项目建设向发展中国家转移。全球核电产业自日本福岛核事故后一度停滞，但是，近两年来出现了增长势头。截至2014年12月，全球在建机组71座，装机容量69.4吉瓦。除美国和法国等主要核电大国在建少数第三代机组外，在建装机容量主要集中于发展中国家，特别是金砖国家。目前金砖国家拥有在运机组81座，装机容量50.7吉瓦，全球占比分别为18%和14%，但是，在建机组达到43座，装机容量39.3吉瓦，分别占全球的 61% 和 57%。

从地区分布来看，全球 51% 在建机组位于东亚（日本、中国和韩国等），23% 位于东欧，11% 位于南亚。全球拟建机组 92 座,[①] 其中，中国 35 座、俄罗斯 22 座、美国 16 座。拟建机组建成后，俄罗斯核电机组数将超过法国和日本，中国将超越上述三国，成为仅次于美国的核电大国（图 5-1）。此外，越南、孟加拉国、马来西亚、印度尼西亚、泰国、埃及、约旦、沙特阿拉伯、土耳其和智利均有 5—15 年内建设核电站的计划。

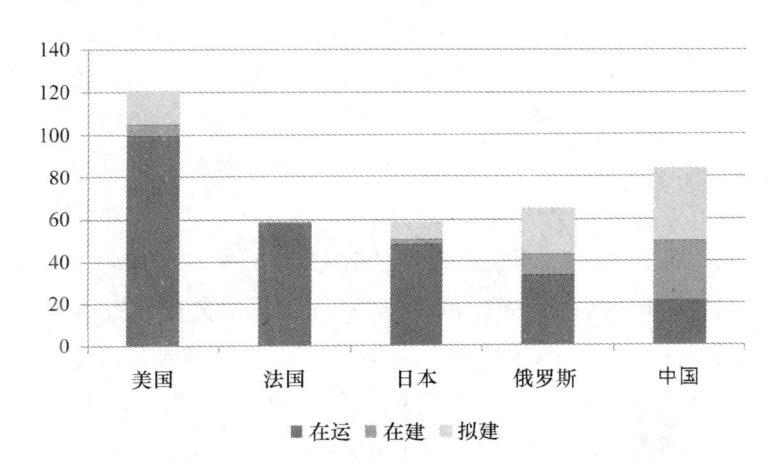

图 5-1 部分国家在运、在建和拟建核电机组数

资料来源：IAEA, *Nuclear Power Reactors in the World*, 2014。

（3）核能技术向第三代和第四代发展。全球在运和在建压水堆（PWR）分别有 273 座和 60 座。美国、法国、俄罗斯、中国和韩国均具有自主品牌的压水堆堆型，倾向利用压水堆为主要技术方向；全球在运沸水堆 81 座，在建 4 座。沸水堆（BWR）的工作压力和堆芯温度低于压水堆，构造相对简单，主要为美国、日本和中国台湾地区利用；重水堆（PHWR）在燃料浓度和乏燃料利用方面具有优势，主要被加拿大、印度和阿根廷采用。全球在运重水堆 48 座，在建 5 座，堆型主要为加拿大的

---

① 指已计划建设机组，即已向所在国相关监管机构递交了建设执照申请的机组。此处数据截至 2014 年 1 月。

CANDU 系列。全球运行中的气冷石墨慢化堆（GCR）和轻水冷却石墨慢化堆（LWGR）各有 15 座，前者全部位于英国，后者全部位于俄罗斯。这些反应堆主要建设于 20 世纪七八十年代，技术相对落后，各国无再建设此类反应堆的计划。

目前，全球在运和在建核电站主要采用第二代核电技术，但是随着安全标准的提升，各国加大了对第三代技术的研发和应用。在第三代反应堆中，进步型沸水堆（ABWR）最早成熟，目前已在日本建成 4 座，日本和中国台湾地区各有 2 座在建，美国亦有建设计划。第三代压水堆中发展比较成熟的有 AP1000、EPR1700 和 APR1400，均处于建设之中。其中，AP1000 在建 8 座（中国和美国各有 4 座）；EPR1700 在建 4 座（中国在建 2 座，芬兰和法国在建各 1 座）；APR1400 在建 2 座（均位于阿联酋）。

为了满足更高的安全标准，提高储量有限的天然铀的利用效率，解决核废料处置问题，核大国开始研发第四代核能系统。[①] 美国"下一代核电站"产业联盟选取阿海珐集团的棱柱形模块化蒸汽高温气冷堆（SC-HTGR）作为下一代核电站的最优设计方案。根据"联邦专项计划"，俄罗斯积极发展建造反应堆的钠工艺（SFR），并在这一类型反应堆基础上优化核电站的技术经济性能。2014 年完成 BN-800 建设和 BN-1200 的设计工作，并且计划于 2019 年建成多用途快中子研究型反应堆（MBIR）。高"自然安全"的铅合金液态金属冷却快堆系统（LFR）是俄罗斯的另一个发展方向，计划于 2020 年建成该技术的示范堆型。法国进行气冷快堆系统（GTR）、纳冷块堆（SFR）和超高温气冷堆系统（VHTR）的研究的研究，韩国也在进行 SFR 和 VHTR 的研究。至今，中国尚无明确的技术路线选择，现已开工建设一座高温气冷反应堆（HTGR），预计于 2017 年建成，同时积极进行纳冷块堆（SFR）和超临界水冷堆（SCR）的研究。

近几年来，一些电力需求规模小、电网基础设施薄弱的地区和国家积

---

① . 第四代核能系统具有四个重要的特征：核能的可持续利用、经济性、安全与可靠性、防扩散与实物保护，具体分为三种快中子反应堆系统和三种热中子反应堆系统，分别为：气冷快堆系统（GFR）、铅合金液态金属冷却快堆系统（LFR）、液态钠冷却快堆系统（SFR）；超临界水冷堆（SCWR）、超高温气冷堆系统（VHTR）和熔盐反应堆系统（MSR）。

极发展小型模块化反应堆。① 2012年3月美国能源部曾宣布一项经费总额为4.5亿美元的科研资助计划,用以推进小型模块化反应堆的技术研发和许可证申请。2014年俄罗斯的浮动式小型核反应堆(KLT-40S)竣工,用于俄罗斯远东堪察加半岛城市供电以及北极资源开发。韩国的SMART获得了韩国核安全与安保委员会颁发的标准设计合格证,预计在2017年建成一座70兆瓦核电站。2012年阿根廷启动了CAREM-25原型堆的土木工程建设,预计2016年投入试运行。中国核工业集团公司和中国广核集团也分别启动了小型模块化反应堆自主研发工作。其中,中核集团ACP100的设计采用完全非能动的安全设施,不依赖外部电源,14天内不需要外部干预。2014年下半年完成示范工程设计,2015年可以建设推广。

(4) 核电安全性得到持续改进。核能发展的首要前提是安全利用。2011年日本福岛核事故后,各国坚持并贯彻"纵深防御"的策略,包括:(1) 提高应对极端外部事件标准。比如日本考虑在自然灾害中追加了龙卷风和森林火灾的危害,把以往海啸的最高纪录作为"基准海啸";(2) 改进防止放射性物质释放的关键系统、设备、构筑物,使其抵御超设计基准灾害。比如法国采取加固提高水坝和防波堤,加强厂房密封性,加强配电盘水淹防护能力,加强电器设备的抗震能力;(3) 加强国家和电厂的应急准备能力,组建快速应急组织。美国在亚利桑那州建立核应急响应基地,储存五套完整的便携式备用设备,可在24小时内用于全国任何地方,确保反应堆和乏燃料池的安全性。中国组建国家级核应急救援队伍,负责复杂条件下核电厂重特大核事故的突击抢险和紧急处置任务。

2. 全球核能发展展望

世界核电经历了70年代和80年代的迅速发展后,从90年代开始发展放缓,运营核电机组数在430台左右徘徊,装机容量年增长速度不足1%,

---

① 此类堆型规模是一种新型核能利用形式,采用模块化设计、设备系统模块化工厂预制和现场模块化组装建设,是现有商用核电站规模的1/3或更小,具有灵活性高、安全性高和投资小等特点,可用于边远地区供电、居民和工业供暖供热、海上石油开采、海水淡化等领域。

但是经历了日本福岛核事故后的短暂安检后，在全球能源需求增长以及气候变化的推动下，全球核电装机容量呈现明显的回升态势。

IAEA 在《2050 年能源、电力和核电预测》中对未来全球核电发展进行了预测：在高值情景下，到 2030 年和 2050 年核电装机容量分别达到 722 吉瓦和 1113 吉瓦，核电占发电量分别为 13.5% 和 12.1%；在低值的情景下，核电装机容量将从 2013 年的 371.7 吉瓦增长到 2030 年的 435 吉瓦和 2050 年的 440 吉瓦，核电占发电量比分别为 9.9% 和 4.8%。

IEA 在《2014 年世界能源展望》中预计，在新政策情景下，2012 至 2040 年核能年均增长 2.3%，快于一次能源总需求的增速 1.1%。2020 年、2030 年和 2040 年核电装机容量分别为 451 吉瓦、543 吉瓦和 624 吉瓦，同期发电量为 3243 太瓦时、4016 太瓦时和 4644 太瓦时，2020 年和 2030 年核电占发电的比例分别为 11.7% 和 11.8%；在现行政策情景下，2020 年和 2030 年核电装机容量分别为 447 吉瓦和 496 吉瓦，发电量 3215 太瓦时和 3670 太瓦时，核电占发电量的比例下降到 11.2% 和 10.1%；在 450 情景下，2020 年和 2030 年核电装机容量分别为 458 吉瓦和 661 吉瓦，发电量分别为 3293 太瓦时和 4912 太瓦时，核电占发电量的比例将提高到 12.3% 和 16.2%。

IAEA 高值情景比 IEA 的 450 情景预测还高，预示核电装机容量将以年均近 3% 增长，迎来快速发展期，而在 IAEA 低值情景下，核电装机容量仍以 1% 速度增长，在 2030 年后进入 440 吉瓦高峰平台。在 IEA 的新政策和现行政策情景下，装机容量低于 IAEA 高值情景，但高于低值情景，与 IEA2013 年的展望报告结论一致（图 5 - 2）。

核电发展需要铀供应能力保持同步增长。世界核能协会（WNA）在《全球核燃料市场：2013—2030 年的供应与需求》中对 2030 年核电发展和铀供需进行了三种情景预测。在基准情景下，全球核电占发电比例保持在 12% 水平，2020 年和 2030 年装机容量将达到 466 吉瓦和 574 吉瓦，铀需求将由目前的 6.2 万吨的水平分别增至 7.76 万吨和 9.74 万吨。而未来全球铀矿的产量，在基准情景下，假设目前开发中的铀矿按照计划投入使用，将由目前的 5.83 万吨增加至 2020 年的 6.74 万吨，2025 年达到约 7

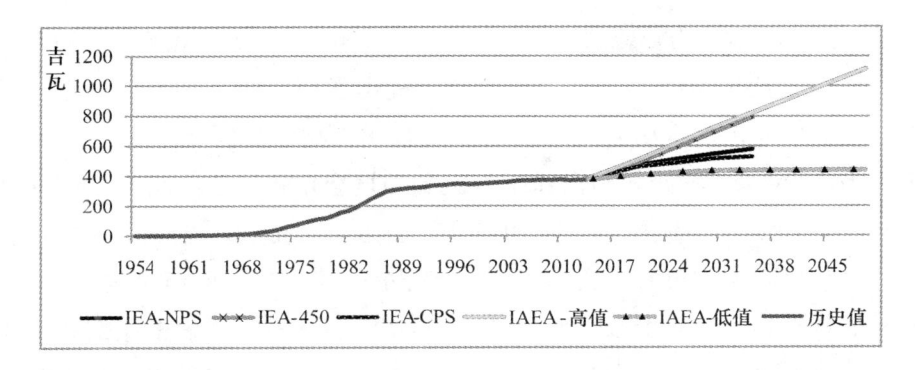

图 5-2　各种情景下核电发展趋势

资料来源：IAEA, *Energy, Electricity and Nuclear Power Estimates for the Period up to 2050*, 2013; IEA, *World Energy Outlook*, 2013。

万吨，到 2030 年将降低至 5.3 万吨。[1] 可见铀市场将长期处于供不应求局面，需要二次铀资源（乏燃料循环利用、政府和民间库存、核武器高浓缩铀的转化）作补充，使得 2025 年前铀市场达到有效供给的状态，2025 年后则需要开发新的铀矿以满足需求。

3. 主要国家的核电政策趋势

在福岛事故前，德国的核电占比为 23%，事故发生当年德国关闭了 8 台核电机组，2013 年核电占比下降为 15%，计划到 2022 年关闭国内所有核电站。我们认为，德国可再生资源丰富且技术领先，国内电网与欧洲大陆统一并网，用电高峰和峰谷时期与法国等邻国输受电顺畅，用电负荷增加缓慢，加上民众反核态度强烈，促使德国采取"弃核"政策。瑞士和比利时具有类似的国情，亦采取了逐步关闭核电站的"弃核"政策，意大利通过全民公投，否决了建设核电站的计划。

在福岛核事故前的 2010 年，日本的核电占发电量为 26%。福岛核事故后，日本一度倾向"零核"的政策态度，致使用电受限、天然气进口需

---

[1] World Nuclear Association, the Global Nuclear Fuel Market: Supply and Demand 2013—2030, London, September 2013, 转自伍浩松的"全球核燃料供应可以满足未来的市场需求"，《国外核新闻》2013 年第 10 期。

求及碳排放激增。当年原油及液化天然气（LNG）进口费用剧增。经过近 2—3 年的论证，2014 年 4 月自民党政府提出了第四次能源基本计划，再次肯定了核电作为重要基荷电源的重要作用，决定适时重启部分核电机组。2014 年共有 19 个机组向原子能规制委员会申请重启，川内核电站已于 9 月和 12 月通过审核，预计 2015 年 2 月后方可重启。

为推动能源结构多样化，降低对核能的依赖，法国不但设定 6320 万千瓦的核电装机容量上限，而且计划到 2025 年将核电占发电比例由目前的 75% 下降到 50%，并将其写入能源过渡法案。美国在加强安全管理的同时，计划新建部分电站，替代退役电站。2013 年，美国永久关闭 4 台机组的同时正式启动 4 台 AP1000 建设工作。俄罗斯政府于 2013 年 11 月批准并公布了在 2030 年之前在 9 家核电厂新建 21 台机组的计划。韩国调整核电发展规模目标，避免出现"过度扩张"和"突然崩塌"，在 2013 年发布的《第二期国家能源基本计划案（2013—2035 年）》中，韩国计划到 2035 年核电装机容量占比达到 29%，而上一期计划中这一数字为 41%。

上述国家在肯定和坚持发展核电的同时均在探索适应本国能源需求、核产业链特点和民众意愿的适度的核电规模、适度的比例和适度的发展速度。

对于一批发展中国家来说，经济迅速增长带来能源消费的快速增长，将核能推为清洁能源和可持续发展的一个解决方案。印度计划到 2017 年将核电装机容量从 2013 年的 5.3 吉瓦提高到 10.1 吉瓦；南非计划在 2030 年前至少实现 50 吉瓦新增装机容量，其中 9.6 吉瓦来自核电，使其核电占比达到 25%；越南设置 2030 年核电装机容量达到 10.7 吉瓦的发展目标；泰国计划到 2026 年和 2027 年分别建成一台百万千瓦级核电机组；菲律宾、马来西亚和印度尼西亚也有发展核电的计划。对于西亚北非一些国家来说，为了降低对化石能源的依赖，也发布了通过发展核电部分替代化石能源的政策。其中，阿联酋已开工建设 2 台机组，计划短期内再开工建设 2 台机组；沙特计划首批建设 3 台机组；埃及已完成核电厂址选择，将开始国际招标；约旦则已完成国内首座核电厂的招标工作。

发展中国家的上述核电发展计划不仅将成为未来全球新增核电发展的重心,而且将推动未来核电产业的技术转移、设备贸易和国际合作,与美国、俄罗斯、日本、中国和韩国等一些技术领先的国家支持核电站和装备出口与对外合作政策相呼应。

二 中国核电发展现状和政策趋势

1. 中国核电现状概述

截至2014年底,中国商业运行核电机组22座,装机容量20.258吉瓦,在建机组26座,装机容量28.32吉瓦。此外,中国还拥有一座实验快中子增殖堆(FBR)并网发电,除快堆外,核电机组均分布在沿海地区。2013年核电发电量达112太瓦时,核电占发电总量2.1%,核能占能源消费总量的比例不足1%。

经过三十多年的发展,通过自主创新与引进吸收消化国外先进核电技术相结合,中国核电技术已经具备了接近世界先进水平的研发能力,而核电站建设、运行、管理水平已经达到世界先进水平,形成了相对完整的核工业体系,核电设备制造能力和设备自主化水平不断增强。在核电技术上,中国以二代改进型为过渡、积极发展第三代技术,分别从美国西屋公司和法国阿海珐公司引进第三代核电技术AP1000和EPR1700。中国通过引进AP1000,在世界上率先掌握了第三代核电AP1000的五大核心技术,[①]开发具有自主知识产权、功率更大的非能动大型先进压水堆CAP1400。中核集团和中广核在融合ACP1000和ACPR1000+两种技术后推出"华龙一号",是中国自主研发的三代核电技术。在核电运行上,中国在役核电机组运行安全稳定、性能良好,在运核电机组未发生2级及以上核事故,秦山三期核电机组在世界核电运营者协会(WANO)的评比中多次位列第一。

中国核能技术发展采取热堆(压水堆)—快堆—聚变堆"三步走"战

[①] 即岛筏基大体积混凝土一次性整体浇注技术、核岛钢制安全壳底封头成套技术、模块设计和制造技术、主管道制造技术、核岛主设备大型锻件制造技术。

略路线，但是在第四代技术上尚无明确的战略规划和技术路线选择。中国原子能科学研究院积极推进纳冷快堆系统（SFR）研发，2010年中国实验快堆实现首次临界，计划于2017年开工建设示范堆。由清华大学主要负责研发的山东荣成示范项目高温气冷堆（HTGR）具有第四代核能系统安全特征，计划于2017年建成。中科院上海应用物理研究所积极研究熔盐堆系统（MSR），计划于2017年开始建设2兆瓦固态和液态熔盐堆，并于2025年开始10兆瓦钍基熔盐堆示范项目建设。中国核动力研究设计院开发超临界水冷堆系统（SCWR），2013年底，"超临界水冷堆技术研发（第一阶段）"项目已通过国防科工局验收，提出了超临界水冷堆的总体技术路线。

中国坚持"闭式循环"核燃料发展路线，基本形成完整的核燃料循环体系。目前，中国核燃料循环前端发展相对完善，而后端在产业规划和设施建设方面相对滞后。

中国天然铀储量十分有限，以小型矿为主，已探明铀矿储量16.6万吨，占世界3.1%。根据WNA统计，2013年中国铀产量1450吨，需求为5999吨，对外依存度达到75%。在海外开发方面，通过投资收购，中国拥有尼日尔阿泽里克铀矿开发项目、蒙古古尔万布拉克铀矿勘探开发项目、纳米比亚湖山铀矿项目、哈萨克斯坦铀资源开发项目、澳大利亚EME勘探公司的项目，并积极在纳米比亚、阿尔及利亚、津巴布韦和乌兹别克斯坦进行铀资源勘探活动。在贸易方面，中国已与哈萨克斯坦原子能公司、卡梅科公司和阿海珐集团等分别签订了长期采购合同。中国核燃料产能建设先于需求，可供应国内全部类型核电机组的燃料需求，仅中核建中核燃料元件年生产能力达到800吨，可满足30个百万千瓦级压水堆核电机组的换料需求。国内核电厂所需燃料元件制造已基本实现自主化，并积极研发具有自主知识产权的CF系列核燃料元件，2017年有望实现工业化应用。

但是，中国核燃料循环后端面临乏燃料运输能力有限，乏燃料贮存和后处理厂建设滞后挑战。目前，中国乏燃料的年运输能力仅为104组，"十三五"期间全国核电站所需外运的乏燃料总数超过3000组，运输能力严重不足。国内多个在运核电站的乏燃料贮存水池将在 2016 至 2019 年相继饱和。中国与法国签署了商用后处理—再循环项目合作意向书，计划 2030 年建成具备年处理 800 吨乏燃料后处理能力的大厂，但仅能满足 50 吉瓦核电机组的燃料后处理。

2. 核电政策走势

2000 年以来，中国核电政策经历了从"适度发展"到"积极推进"再到"安全高效"的发展过程。2001 年，《国民经济和社会发展第十个五年计划》提出"积极发展水电、坑口大机组火电，适度发展核电"的方针。随着电力需求的急剧增长和环境保护压力加大，2006 年，《国民经济和社会发展第十一个五年规划》提出"积极推进核电建设"，2007 年 6 月，《中国应对气候变化国家方案》明确提出"积极推进核电建设，把核能作为国家能源战略的重要组成部分，逐步提高核电在中国一次能源中的比重"，随后又将"积极推进核电建设"写入中国第一个《核电中长期发展规划（2005—2020 年）》，并掀起了核电建设的热潮，2008 年至 2010 年，分别有 6 台、9 台和 10 台机组开工。

2011 年，《国民经济和社会发展第十二个五年规划》提出，"在确保安全的基础上高效发展核电"。受日本福岛核事故影响，中国对在运和在建核电机组进行安全大检查，编制了《核电安全规划（2011—2020 年）》，调整完善了《核电中长期发展规划（2011—2020 年）》。2013 年出台的《能源发展"十二五"规划》提出"安全高效发展核电"。

2014 年以来，重启核电项目成为核电政策的突出议题。1 月，全国能源工作会议提出"适时启动核电重点项目审批，稳步推进沿海地区核电建设，做好内陆地区核电厂址保护"，4 月，国家能源委员会提出"适时在东部沿海地区启动新的核电项目建设"，6 月，中央财经领导小组要求"在采取国际最高安全标准、确保安全的前提下，抓紧启动东部沿海地区新的核电项目建设"。

目前的核电政策具有如下新走向：

第一，将不断提高安全标准作为核电发展的根本前提，坚持"纵深防御"的策略，全面加强核电安全管理，提高核事故应急响应能力，将"安全第一"方针落实到核电规划、建设、运行、退役全过程及所有相关产业。

中国持续改进核电厂抵御外部自然灾害、缓解严重事故的能力，将运行核电机组安全性能指标保持在良好状态，避免发生2级事件，确保不发生3级及以上事件和事故。对于新建核电项目，按照最新的核安全标准进行选址和设计。《核安全与放射性污染防治"十二五"规划及2020年远景目标》明确要求，新建核电机组每堆年发生严重堆芯损坏事件的概率低于10—5，每堆年发生大量放射性物质释放事件的概率低于10—6。这些安全指标也是目前IAEA为新建核电厂推荐的安全指标，是世界最高的安全标准。

第二，稳步提升核电发展规模。2013年出台的《能源发展"十二五"规划》提出，到2015年运行核电机组达到40吉瓦，在建规模18吉瓦；2014年出台的《能源行业加强大气污染防治工作方案》提出，力争2017年底运行核电装机达到50吉瓦、在建30吉瓦，年发电量超过280太瓦时。根据《核电发展中长期规划（2011—2020年）》要求，2020年中国运行核电装机容量将达到58吉瓦，在建30吉瓦。

第三，合理布局，谨慎推进内陆核电站建设。福岛核事故后，政府明确提出，"十二五"时期只在沿海地区安排少数经过充分论证的核电项目，暂不安排内陆核电项目，反映了核电政策对科学论证和公众认知的充分尊重。

第四，稳步提升核电技术和装备水平，支持核电基础研究和关键技术开发，依托重点工程，提高重大能源装备设计和制造能力。在核电技术方面，已全面掌握AP1000核电关键设计技术，完成自主知识产权的中国先进非能动核电技术相关设计；开工建设20万千瓦级模块式高温气冷堆商业化示范电站，攻克高温气冷堆工业放大与工程实验验证技术、高性能燃料元件批量制备技术；在核电装备方面，采取以先进核电项目为依托的方式，加快提高大型锻件、核主泵、关键材料、数字化仪控系统、核电泵阀等关键设备的自主制造能力。

第五，坚持国际合作的方针，提前谋划核电"走出去"战略。2013年10月，国家能源局首次提出核电"走出去"战略，支持核电企业以工程建设、设备制造、技术支持和国家银行贷款等多元化方式参与国际项目竞争，并在2014年有了较大的进展。[①] 中国新一代核电技术将面临激烈的国际竞争和工程考验，必须谨慎谋划，稳步推进"走出去"战略。

三 中国核电发展展望

1. "生态能源新战略"情景下的核电发展趋势

目前，中国是一个核能/核电低占比国家。2014年中国核电占发电量的比例分别为2.4%，核能占能源消费总量为1.1%。在"十三五"特别是"十四五"时期，我们期待中国核电进入一个快速发展的时期。按照本报告对2014年各类相关政策的研究评估，到2020年，核电装机容量可达到55.8吉瓦，年发电量达到441太瓦时，核电的发电占比将将至5.3%，核能在能源消费中的比例为2.7%。到2030年核电的装机容量和发电量可分别达到111.8吉瓦和867太瓦时，核电和核能的占比将进一步提高到8.0%和4.4%。在本报告的展望期内（2013—2030年），中国核发电量增长速度为12.8%，明显快于全国发电量的增长速度（4.2%）和能源消费总量的增长速度（2.1%），从而将大大改善中国能源结构和电力结构。

但是，受福岛核事故后安全检查和AP1000首台机组建设中遇到的装备和工程等问题的影响，2009年和2010年开工建设的19座核电机组预计延后到2015—2016年集中投产运行。从2014年看，中国的核电机组建设步伐已慢于核电规划和相关政策所期待的增长速度。根据目前的实际建设进度，2015—2017年的核电装机容量仅可达到33.4吉瓦、41.9吉瓦和44.3吉瓦，难以实现《能源发展"十二五"规划》和《能源行业加强大

[①] 2014年3月习近平出访法国时，推动中广核集团以参股方式参与法国电力公司在英国新建核电项目的开发建设；7月，他在拉美之行中促进中国与阿根廷双方达成"在阿根廷建设重水堆核电站的协议"。经过四年多的努力，2014年10月，中广核与罗马尼亚国家核电公司签订项目建设意向书，成为该国Cernavoda核电站3、4号机组的投资者。

气污染防治工作方案》中规划的（2015年的）40吉瓦和力争50吉瓦的目标。目前在运机组和在建机组装机容量合计为48.6吉瓦，要实现《核电发展中长期规划（2011—2020年）》中规划的（2020年的）在运58吉瓦，在建30吉瓦的中长期目标，需在2015年新开工8—9台机组，在"十三五"时期年均开工建设5台机组。

表5-1　　　　　　　2013—2020年中国核电发展展望

年度	2013	2014	2015	2016	2017	2018	2019	2020	2025	2030
在运机组	17	22	34	41	44	46	48	54	81	99
在建机组	31	26	20	21	23	26	29	28	18	8
其中：新开工	3	0	6	8	5	5	5	5	—	—
装机容量（吉瓦）	14.81	20.26	33.37	41.94	44.30	46.46	48.58	55.84	91.23	111.83
装机占比（％）	1.19	1.51	2.37	2.70	2.69	2.5%	2.54	2.71	3.88	4.35
发电量（太瓦时）	112	135	209	293	336	354	371	441	697	867
发电占比（％）	2.10	2.42	3.49	4.55	4.89	4.83	4.76	5.27	7.19	8.04
能源消费占比（％）	0.92	1.06	1.58	2.13	2.32	2.35	2.37	2.69	3.85	4.36

注：在运机组是指通过168小时试运行试验，如果以机组并网为节点衡量，数据将会发生变化。

资料来源：IWEP能源展望数据库。

2. 不同情景下核电发展展望比较

在发展规模上，在IEA新政策情景和450情景中，2030年我国核电装机容量将分别达到114吉瓦和164吉瓦，发电量分别为849太瓦时和1261太瓦时，发电量占比9.1%和15.6%。而在"生态能源新战略"情景下，2020年的核电装机容量和发电量略低于IEA的新政策情景和450情景；到2025年和2030年，本报告的核电装机容量和发电量规模与IEA的新政策情景相近，大幅低于450情景（见表5-2）。

在发展速度上，IEA新政策情景认为，中国将在2015—2025年迎来核电快速发展时期，每年建成6座百万千瓦级核电站。但是，考虑到第三代技术成熟周期，核产业链协调发展，在"生态能源新战略"情景下，中国需稳步发展核电，在2020—2030年迎来快速发展期。2014年IEA大幅修改了对 2020 年和 2025 年中国核电装机容量的乐观展望。在 IEA 新政策情景下，2030 年中国核电装机容量为 114 吉瓦，超过美国 113 吉瓦，成为世界第一，略高于本报告的 112 吉瓦。

表 5-2　　　　　　　　　不同情景下核电发展展望　　　　　单位：吉瓦、太瓦时

年度	2020		2025		2030	
	装机容量	发电量	装机容量	发电量	装机容量	发电量
生态能源新战略	56 (2.7%)	441 (5.3%)	91 (3.9%)	697 (7.2%)	112 (4.4%)	867 (8.4%)
IEA 的新政策情景	60 (3.2%)	448 (6.2%)	92 (4.3%)	683 (8.2%)	114 (4.7%)	849 (9.1%)
IEA 的 450 情景	60 (3.3%)	448 (6.5%)	-	-	164 (7.14%)	1261 (15.6%)

注：括号内为核电装机容量和发电量占全国装机容量和发电量的比例。

资料来源：IWEP 能源展望数据库；IEA, World Energy Outlook 2014。

四　中国核电的政策选择

根据上述核电发展现状和态势，特别是目前中国核电政策走向与问题，我们认为，今后中国的核电政策需要在确保安全的前提下，强调核电发展的适度规模与合理比重，强调稳中求进的稳步发展方式和产业链的协调发展，谨慎谋划核电"走出去"战略。主要依据是：

1. 适度的发展规模是核电政策的基本任务

核裂变是现阶段各国相对成熟的核能利用方式，但不是人类利用核能的终极方式。核裂变不仅受制于天然铀的有限供应，而且在发电过程中承担放射性物质泄漏的潜在风险，而且发电产生的乏燃料尚未寻求到永久安全有效的处理方式。因此，任何时候都不能将核裂变的安全和技术绝对化。

现阶段的核能是一种特殊的清洁能源，安全利用取决于特殊而严密的管控方式，核电的选址和布局取决于特定的自然环境与人文环境。为此需

在认识、管理和推广等方面将之与其他清洁绿色能源（天然气与可再生能源）相区别。天然气的发展主要受制于基础设施、成本与价格，可再生能源的发展受制于技术、成本和商业模式，而核电的发展受制于特定的技术体系、安全性和公众的接受程度等。

同时，核能的发展又离不开与其他能源的协同关系。这一点的负面论证更加清晰。因为一个核事故可能意味着整个核电站甚至整个核电部门的关闭。而核电供应中断只能由其他能源来替代其基荷功能。这一点正是如今日本和德国核电面临的重大问题，即核电难以脱离其他能源部门而独立发展，或忽视其他能源的替代能力而独自关闭。

根据本报告对日本福岛核事故后各国核电政策的讨论，无论是有核国家走向零核，还是高核国家走向低核，也不论资源禀赋、技术水平和公众认知如何不同，各国都在寻求最适合本国国情的适度的核电规模和比重（见上述第一部分第2—3点）。相对于中国的国情和能源清洁化趋势，中国的核电仍处于低占比和堆年较短的阶段，并未达到适度的利用规模。核能产业具有较大的发展空间和余地。通过对现有能源政策的评估，我们预计，2020年中国核电的适度规模的参考值在56吉瓦左右，低于目前规划的58吉瓦，年发电量440太瓦时左右，核电占发电量比例5%以上，核能占一次能源需求比重2.7%。届时，天然气的需求量要求达到3918亿立方米，占一次能源比例为10.5%。到2030年核电装机容量达到110吉瓦，年发电量850太瓦时以上，核电发电量占比达到8%，核能占能源需求超过4%。届时，天然气的需求量要求达到5934亿立方米，占一次能源比例为14.2%。

最后，核电的发展规模还受制于不同利益相关者的态度和接受程度。目前国内关于核能的发展规模和布局意见不一，政策制定者的任务是合理规划不同时期核电发展的适度规模和中长期发展方向。对于过高或过低的发展目标，应该给予指导或调整。

2. 稳中求进是核电发展的理性方式

纵观各国核电历史，核电发展受制于技术、经验、人才、产业链、标准制定和公众认知等多个方面，应谨慎而理性地推进。其中，核能技术进步是相对的，三代技术比二代技术先进，但是三代技术本身也是相对的。在核能的技术进步和应用面前，我们须持谨慎发展的态度；根据中国的国情，坚持热堆、快堆、聚变堆"三步走"的技术路线，以百万千瓦级先进压水堆为主，积极发展高温气冷堆、商业快堆和小型堆等新技术。

核能的稳步发展必须与安全运营的经验积累同步。目前法国已达到2000堆年安全运行记录；日本在安全运营至1441堆年时出现了福岛事故。中国核电安全运行记录仅100多堆年，存在运行时间和经历不足的问题。全球历史上三次重大核事故均出现在所在国核电快速发展的阶段。因此，为了确保核电安全运行，必须谨慎稳步发展，避免大干快上。

核电发展必须与相应的人才培训和储备相匹配。根据中国的核电站专业人才配比看，一台百万千瓦级机组至少需要300位各类专业技术和管理人员。由此规划2020年装机容量达到56吉瓦，需要新建成32台机组，至少需要相应的专业人才一万人。中国核工业基础人才主要依靠高校培养。目前全国开设核工程与核技术专业的高校仅20余所，一年培养人才不过千人，只有通过在岗培训、强化培养和转岗培训等多种途径，才能适应56吉瓦核电发展的需求。况且核电关键岗位培训与核电建设一样需要一定周期，如培养一个合格的核电站主控室操作员需要8—10年，正式上岗前还需要3000小时的实践操作。脱离人才培养和储备，核电发展无从谈起。

核电发展需要与核产业链相配套，具体涉及天然铀资源开发与供应，设备设计和制造，燃料元件的生产，乏燃料的贮存、处理及放射性废物的最终处置。核电的发展速度须与整个产业链的发展相适应。在燃料循环的前端，加快铀矿投入，采用先进技术，加大国内天然铀资源勘查开发，提高现有铀矿生产能力。在燃料循环的后端，应制定燃料循环体系管理规划，统筹规划乏燃料运输、中间贮存、后处理，做好与核电发展相匹配的乏燃料处理处置能力建设规划，完善乏燃料处置基金管理办法。

核电发展与公众利益紧密相关，任何国家都难以超越公众认知和接受程度来规划核电发展。德国计划的"零核"和日本正在探索的"适度规模"正是国内不同接受程度的反映。今后中国核电的发展需要不断提升公众认知和接受程度,并在政府、产业与公众之间形成良性互动和互信,才能按适度规模和速度稳步发展。

第六章 能源技术进步和贡献分析

一 全球能源技术发展态势

全球能源技术正处于从传统能源的粗放开发与利用向多能并存、清洁高效利用的时代转变。近几年来，能源清洁化技术、能效技术、环保技术和新能源技术取得重大发展，虽然大部分关键性技术仍处在示范、实验甚至研发阶段，一旦得到实验推广和大规模的商业化应用，将会对2020年前后和2030年前后全球能源生产、运输和消费产生巨大的影响。

1. 关键技术发展趋势

（1）燃煤发电技术进入清洁高效利用阶段。600℃超超临界值是目前世界燃煤发电的主流技术，而700℃超超临界值成为研发主攻方向。欧盟对700℃高温材料已经进行10万小时的仿真实验，由于资金和技术等原因，示范工程处于暂停状态；日本从2012年开始对A-USC汽机的部件材料进行中试，预计2016年中完成；美国计划2001—2007年完成760℃超超临界材料和部件制造技术的研发，2008年左右开始示范电站建设，2016年左右实现商业化运作，目前的进度比原计划延后（见表6-1）。

同时，有关整体煤气化联合循环发电（IGCC）技术的争议依然存在，[①] 认为煤气化后再发电并未实现大幅减排，且造价和发电成本高，推广困难，除非国家给予补贴。但是，目前全球共有近30座IGCC示范电厂

---

① 彭源长等：《"能源变革，煤炭清洁利用仍是关键"——专访国家能源委员会专家咨询委员会主任张国宝》，《中国电力报》2014年4月22日。

表 6-1　　欧美日 700℃ 研发计划汇总

项目	欧盟 AD700	日本 A-USC	美国 AD760
发展目标	500MW 37.5MPa/705℃/700℃ 机组净热效率≈50%（LHV）	650MW 35MPa/700℃/720℃ 机组净热效率≈46%	750MW 37.9MPa/732℃/760℃ 机组净热效率≈45%—47%
周期	17年（1998—2014）	9年（2008—2016）	15年（2001—2015）
计划时间表	1998—2003　总体设计和可行性研究 2002—2005　锅炉、透平设计 2004—2008　部件测试 2008—2014　示范电厂试车及投运	2008年以前已经完成第一阶段和第二阶段材料方面的研究 2008—2012　锅炉、透平及阀门技术研究，材料长期测试 2012—2016　材料测试，实验透平	2001—2006　材料研究 2006—2007　深入研究（包括纯氧燃烧的应用） 2008—2015　建造750MW示范电厂
主要任务	可行性研究 材料研究 电站设计（锅炉透平优化设计） 示范工程建设和运行	可行性研究和经济性分析 材料研究 锅炉优化设计、透平相关技术 高压试验透平	经济性和可行性研究 材料研究（锅炉、透平材料） 电站设计（锅炉、透平优化设计） 示范工程建设和运行
目前状态	关键部件的现场测试 示范电厂建设	完成第二阶段研究 材料长期测试，制造工艺研究	完成第二阶段研究 示范电厂设计建造

资料来源：国家重大技术装备，http://www.chinaequip.gov.cn，2010 年 11 月 1 日。

在运行，总装机容量超过 8000 兆瓦，其中运行超过 10 年的 IGCC 电厂有 4 个，因此不可忽视有关国家对 IGCC 的选择。相比其他清洁煤发电技术，IGCC 的优点是发电效率高达 45% 以上，可实现 98% 以上的污染物脱除效率，耗水小，燃烧前的碳捕捉成本低，可与其他先进的发电技术（如燃料电池等）结合。因此，仍需要继续实践。

（2）现代煤化工成为煤炭清洁化利用的另一技术路线。新型煤化工以生产洁净能源和可替代石油化工产品为主，如柴油、汽油、航空煤油、液化石油气、乙烯原料、聚丙烯原料、替代燃料（甲醇、二甲醚）、电力、热力等，以及煤化工独具优势的特有化工产品，如芳香短芳烃类产品。这一技术的特点是：高新技术及优化集成，同时通过信息技术的广泛利用，在高起点上快速产业化发展；建设大型企业和产业基地；通过资源充分利用及污染的集中治理，达到各种煤炭达到物尽其用、减排和环境友好的目的，满足人的全面发展的需求。现代煤化工在发达国家经历了上百年的发展，相关技术发达。但是在中国，现代新型煤化工历史刚刚起步，面临诸多关键技术、环保标准和管理瓶颈；在成本方面，现代煤化工需要较高的石油价格支撑，在80美元以下，将受到市场需求的抑制。

（3）天然气开发利用技术迅速发展。天然气具有发电、民用和工业用途等多种利用途径。其中，天然气发电是现代电力系统发展的一个重要趋势。目前，天然气发电技术在欧美发达国家和日本与韩国应用广泛和成熟。目前，高价进口的天然气、缺乏灵活的市场以及可再生能源的不断扩展，冲击了天然气联合循环燃气轮机（CCGT）的灵活性和经济性。未来的经济性取决于电力市场结构、竞争技术（如引擎和单循环汽轮机技术）的竞争力和市场价格对发电企业的吸引力。同时，天然气民用用途和副产品加工利用具有较大的发展空间。

（4）核电技术和可再生能源发电技术的进步。截至2014年12月，全球有71座核反应堆在建。经合国家核电的新增装机容量增长被不盈利或退役的容量抵消；日本核电厂仍然处于关闭状态，但是，与德国形成鲜明的对比的是，日本恢复核电的愿望增强。金砖国家等一批新兴经济体纷纷推出了雄心勃勃的核电发展计划，将引领今后全球核电发展的势头，其中，中国的核电技术引人关注。

2013年以后，全球陆上风电和光伏发电的单位成本继续降低。欧美国家通过市场竞争和技术创新，不断增强可再生能源成本的竞争力。但是，除了巴西外，多数新兴经济体的可再生能源的发展速度和技术相对落后。生物技术、海上风能、地热能，太阳能热发电和海洋能的发展还相对滞后。

（5）储能成本降低，储能技术得到稳步推进。近年来，燃料电池和气体燃料稳步向前。2014年全球市场的燃料电池装机容量从2012年的180

兆瓦提升 400 兆瓦。电池的成本从 2012 年的 485 美元/千瓦大幅降低到 400 美元/千瓦，加速了向 2020 年 300 美元/千瓦目标的推进步伐。燃料电池和气体燃料技术在重型运输工具（如长途运输）中具有相对优势。

2013 年即插型和电池电动车的市场份额也有增长。目前，80% 的汽车生产商生产电动车，大生产商不断发布新型电动车。但是，整体增长速度仍低于前些年。美国、荷兰、挪威的电动车的市场份额达到 1%。正在出现的新技术正在通过商业模式的创新，捕捉新的市场缝隙谋求发展。目前，电动车已经在世界一些重点城市发布的快速增加的汽车份额中占 10% 以上，展示了电动汽车市场增长的良好前景。

（6）综合节能技术，特别是网络技术有待推进。根据国际能源署（IEA）的研究，按照全球温度上升控制在 2 度以内的要求，到 2025 年各产业必须减少 11% 的能源利用，直接降低二氧化碳排放 14%。IEA 的调研显示，在钢铁、化学、水泥、造纸、铝化工等产业大规模推广使用最佳可行技术（BATs）能够从技术上减少能源消费 11%—26%。

建筑节能是节能技术应用的重要部门。为此，一些欧洲国家制定了 2020 年新住宅建筑零能源目标的时间表。美国颁布了较为严厉的建筑节能的法规，包括强制日光照明和自动照明控制。发展中国家也日益重视新建筑的能源性能和示范项目，正在制定新标准和节能技术的推广政策。

由于信息和通信技术已无处不在。全球与网络设备相关的电力需求正以惊人的速度增长。如今，全球的家庭和办公室已经有 140 亿的网络设备；2020 年这一数据将暴涨到 500 亿。网络设备在待机模式下仍利用大约 80% 的电能以保持连接。全球与网络设备相关的电力需求正以惊人的速度增长。如果不采取措施，推进网络节能技术，到 2025 年这些设备的电力需求将达到 1140 太瓦时/年。而实施最佳可行技术和解决方案，则可以减少 60% 以上的电力需求，从而大大减少能源需求。为此，需要强有力的政策干预。

（7）碳捕捉、利用与储存（CCUS）技术。IEA 预计到 2035 年，CCUS 的碳减排贡献度将占全球碳减排的 19%。然而在过去十年内，CCUS 技术发展缓慢。至今全世界还没有实施过一个完整的大规模 CCUS 项目。由于该技术设施需要大量的资金投入,提高了电厂的资金和成本压力。加上目前建设CCUS设施没有补贴,碳市场又较为疲软,发电企业对安装CCUS设施没有足够的动力。因此,今后对这一技术的研发与应用和碳市场发育给予支持,来减少成本和降低风险。2012年11月底出台的英国《能源法案》明确支持该技术的研发应用,并启动了一项总额为1.25亿英镑的研发经费项目,对一个10亿英镑的示范工程进行招标。由碳基金发起的一项研究表明,到2050年,CCUS产业的发展可对英国GDP累计贡献30亿—160亿英镑。欧盟也在努力打造一批CCUS技术的示范项目,认为CCUS可以减少减排的成本。美国已连续几十年在大型电厂实施碳捕捉,并利用一个6000公里的管道网络运送二氧化碳用于碳酸饮料的生产和油田强化开采。美国政府持续资助改进CCUS技术的主要研究项目。在亚洲,诸多国家虽对CCUS技术具有正面认识,但是,大面积推广CCUS依然具有较大难度。

2. 发达国家既有的能源技术政策

清洁高效利用一直是美国能源技术的政策重点。2011年5月,美国能源部公布了2015年前能源技术发展战略,主要目标是推进能源技术变革,保障美国在清洁能源技术领域的领先地位;同时,着力发展能源科学和工程事业,夯实研发能力,为提升能源技术提供基石,最终推动能源转型和发展,确保国家能源安全。

其中,为保持美国在非常规油气开发领域的领先态势,2011年8月美国能源部选择了11个研究项目,投资1240万美元,研发页岩气开发配套技术,提高石油采收率。同年7月,在燃气轮机方面,投资近500万美元,为该部化石能源局大学轮机系统研究计划(UTSR)框架下的10个项目提供支持,项目承担大学匹配经费120余万美元,致力于开发新一代燃气轮机技术和设备。

在洁净煤方面,美国怀俄明州洁净煤工作组推进九个项目的洁净煤项目,涉及碳捕集与封存、气化技术、燃烧后方法、气体净化以及煤制油等领域,鼓励产学结合,进一步推进清洁煤研究。在减排问题上,根据2011

年能源部发布的 CCS 研发示范路线图，确定了新的发展路径，重点关注高效、经济的解决方案，快速实现商业化，并接受公众监督。

在电网现代化方面，根据经济复苏法案，对电网现代化投资 45 亿美元，加上私营部门自筹匹配，总额超过 55 亿美元，建立必要的输电基础设施、开发并部署智能电网技术，推动可再生能源并入电网，适应更多的电动汽车上路，降低对新电厂的需求。奥巴马政府的国家科学技术委员会（NSTC）还发布了《21 世纪电网政策框架》报告，提出美国电网升级改造政策的四大要点及实施路径，即确保经济有效的智能电网投资；充分发挥电力部门的创新潜力；消费者方便获取信息并保护隐私；保障电网安全可靠及免受攻击。

在新能源方面，近几年来美国不断加大对可再生能源、节能汽车、分布式能源供应、天然气水合物、清洁煤、节能建筑、智能网络等领域的投入，鼓励能源技术研究和应用。根据奥巴马的新能源计划，到 2020 年将投入 1500 亿美元，资助替代能源的研究，包括乙醇燃料、混合燃料动力汽车研发等。在 7870 亿美元刺激经济计划中，与新能源开发相关的投资总额超过 400 亿美元。奥巴马政府强行执行 2007 年众议院的决定，到 2020 年将把联邦燃油标准从现在的每加仑汽油行驶 27.5 英里提高到 35 英里。按照新标准，到 2016 年，美国新生产客车和轻卡每百公里耗油不超过 6.72 升。

欧盟自 2007 年公布"战略性能源技术发展计划"（SET - Plan）后，积极推动低碳技术的开发应用，能源技术政策在欧盟可持续发展、低碳经济、能源安全和应对气候变化挑战中扮演着重要角色。自 2008 年起，这一计划在欧盟成员国正式实施，不断推动欧盟新能源技术产业的快速扩张，提升欧盟能源工业的竞争力，促进经济增长，扩大就业，建立起符合 21 世纪可持续发展的新型能源供求体系。此后，欧盟的"第七研发框架计划"（FP7）能源主题资助了 350 个能源技术研发创新项目，资助金额超过 18 亿欧元。这一研发投入 70% 来自工业界，20% 来自成员国政府，10% 来自欧委会。迄今，上述行动计划在经济社会发展方面产生了积极的放大效应。

根据2013年"行动计划"年度大会信息，欧委会出台了进一步刺激新能源技术研发与创新的新政策行动建议，未来的欧盟研发框架计划"2020地平线"将继续增加对新能源技术研发的投入，集中一切力量，在"欧洲研究区"（ERA）确定共同的研究议程和推广战略，努力实现2020年的欧盟能源战略和2050年应对气候变化的目标。近几年来，欧盟的上述能源技术措施已经为欧盟能源行动计划提供了坚实的基础，各方面通过各种技术平台和"卓越网络"携手合作，联合攻关，将大大提高欧盟能源技术的集中性、强化性和统一性，加快欧洲尖端低碳技术的创新进程。

2013年12月，欧盟委员会公布了"行动计划"在风能、太阳能、电网、生物能源、CCS以及核裂变能等领域的研发与示范（RD&D）投资情况，肯定了公共和私营部门在技术融资方面的贡献：2010年欧盟行动计划在技术领域总投资达到53亿欧元，可与美国和日本媲美，其中德国的投入主要集中在风电和光伏领域，法国优先考虑生物能源和核能技术。如果加上2010年针对CCS和近海风能项目的欧洲能源复苏计划（EEPR），这一规模达到56.4亿欧元。

欧盟的能源技术政策始终围绕着能源供应安全、清洁化和多元化展开，使多样化的清洁、高效和低碳能源技术成为经济增长和保障就业的主要推动力。在低碳能源研发计划的帮助下，欧盟的能源科技研究成绩显著，在太阳能、生物能源、风能发电、配送技术、CCS等一系列能源生产和能效技术方面拥有世界领先的地位。

框6-1

德国能源技术补贴政策

德国于1991年通过了一项风力发电的税收补贴法案，2000年发布第一部《可再生能源法》。《可再生能源法》鼓励企业利用风能、太阳能和生物能等发电，而且企业可以将全部研发成本、制造成本和一定的利润计入电价，以免除企业的后顾之忧。而电网巨头必须无条件采购、无条件入网，在任何配电站和输电网中享有优先调度权。电网经营者有义务供应给新能源企业电力，以最低价格出售；该法律还要求在全国范围内实行税收补贴计划，平衡电网运营商所支付的费用。2004年和2008年德国两次修订《可再生能源法》。目前使用税收补贴递减制度，税收补贴固定为20年。为了有助技术进步和成本的持续降低，德国风能协会规定了补偿比例逐年递减的机制。根据不同的技术类型，新安装的小型水电厂每年减少1%，而建筑物采用的集成光伏系统减少比例则高达5%。目前德国还使用因地制宜的累进税收补贴政策，以支持陆地和海上的风能利用。该法案还规定，如果电厂满足某些标准，那么税收补贴水平就可提高。德国还针对陆上、海上和热电联产等不同技术条件，采用不同的税收补贴政策，对于技术含量高或者节能减排影响大的项目，税收补贴更高。

日本能源技术政策主要集中在可再生能源、核能、化石能源利用效率和节能技术上，主要特点是：长期推行能源"阳光计划"和新阳光计划，①确保在战略规划上未雨绸缪，突出利用政策、价格和市场导向；在战术层面确保新能源战略付诸实施；同时强调以官产学联合的方式，联合攻关，克服在能源开发方面遇到的各种难题，实现经济增长、能源供应和环境保护之间的平衡。

2008年日本公布了"凉爽地球能源技术创新计划"，选定了12项能够大幅降低二氧化碳的技术作为技术创新重点，这些技术涵盖了发电、运输、产业等众多部门；还公布了"低碳技术计划"，从长期战略角度确定了日本低碳技术创新的超燃料技术、超时空能源利用技术、节能型信息生活空间创生技术、低碳型交通社会构建技术和新一代节能半导体元器件技

---

① 1974年日本提出新能源技术开发计划，后又分别于1978年和1989年提出了"节能技术开发计划"和"环境保护技术开发计划"。1993年日本政府将上述三个计划合并成了规模庞大的"新阳光计划"。"新阳光计划"的主要研究课题分七大领域，即再生能源技术、化石燃料应用技术、能源输送与储存技术、系统化技术、基础性节能技术、高效与革新性能源技术、环境技术等。其中，再生能源技术研究包括太阳能、风能、温差发电、生物能和地热利用技术等，其中最受重视的是太阳能。

术五大重点领域。现在看来,这些战略计划和措施确保了目前日本在环境和能源领域的技术领先地位。特别是在超高效太阳能电池研发方面,在锗和硅片上形成结晶,使每1平方厘米单晶上的能量转换率分别达到约31%和18%,居世界领先水平。

二 中国能源技术发展与政策趋势

1. 能源技术发展态势

(1) 洁净煤技术:包括煤炭高效开采开发、洁净燃煤发电、先进煤转化、先进污染物控制方法和资源化利用技术在内的煤炭清洁化利用系列技术一直是中国的重大课题。自20世纪90年代以来,中国政府先后出台了洁净煤技术的系列相关政策,技术发展的基本方向是"大型、高参数、洁净"。

然而,20年来,中国的煤炭清洁化利用程度依然较低。首先原煤入洗率为53%,动煤入洗率仅为30%,比发达国家低30个百分点。[①] 近几年来国内火力发电煤耗从366克/千瓦时,下降到目前的315克左右,但是仍比国际先进水平高出15克左右。在"十二五"时期,各大煤炭企业对洁净煤开发技术、重大技术装备更新和科技管理方面的投入不断加大,取得不菲的成绩。比如兖矿集团已经取得了多项自主知识产权的洁净煤核心技术(包括对置式多喷嘴水煤浆气化技术、粉煤加压气化技术、低压羰基醋酸合成技术、煤炭间接液化技术和煤气化发电与甲醇联产技术),形成具有自主知识产权的煤基多联产系统集成技术,并建成国内首个高硫煤洁净利用示范基地。但是,多数煤炭企业和煤电企业的洁净煤核心技术并不成熟,存在成本高、创新含量低、技术推广困难等问题。

(2) 油气勘探开发技术:经过过去几十年的努力,中国已掌握了国内油气盆地资源评价、盆地—区带—目标优选、陆相碎屑岩储层特征分析、海上集束勘探、海上高分辨率地震勘探等核心技术。复杂山地、沙漠、黄

---

① 《我国原煤入选比重偏低》,《中国能源报》2012年6月27日。

土壤等地震勘探配套技术、低孔低渗油气层和酸性火成岩测井解释技术、优快钻井技术、超深井钻机装备、地质导向钻井技术，以及高含水油田分层注水及聚合物驱技术、低渗透油田超前注水和开发压裂技术、中深层稠油注蒸汽吞吐及蒸汽辅助重力泄油（SAGD）技术、高压凝析气田高压循环注气技术等达到国际先进水平。近十多年来在复杂地形勘探开发方面的重大装备研发和应用也取得重大进展。但是，深盆、深海油气勘探开发和非常规资源开发依然存在关键技术和成套设备瓶颈。非常规油气开发技术也有待大量的实验和实践。

（3）化石能源加工与转化和运输技术：近十多年来，中国的煤气化技术朝着大型化、高适应性、低污染、易净化方向取得明显的进展。但是，煤化工依然面临高成本和环境污染治理方面的双重难题。炼油工业已形成完整的炼制技术体系和创新体系，完全依靠自主技术建设千万吨级炼油厂，主要炼油技术设备达到国际先进水平。但是，油气深加工程度、产品多样性、精细化工和环保标准依然不能满足经济社会发展和环保需要。在油气储运方面，能够设计、建设和运营大口径、高压力、长距离输气管道，顺序输送4—5个品种的长距离成品油管道，以及冷热油顺序输送的原油管道；同时也研制成功了14.7万立方米液化天然气（LNG）运输船，解决了进口LNG运输瓶颈问题。但是在油气运输关键技术设备制造方面仍不能满足市场发展的需要。

（4）超超临界发电技术：中国已经投运600℃超超临界机燃煤组100台，装机容量超过8000万千瓦，数量和总容量居世界第一。但是，600℃超超临界火电机组的高温重要部件金属材料仍需进口。由于知识产权问题，机组出口销售须外国公司批准，严重影响了我国600℃超超临界机组的生产和销售。

《国家能源科技"十二五"规划（2011—2015）》要求掌握具有自主知识产权的600℃百万千瓦级超超临界发电技术；掌握700℃超超临界发电机组的关键技术，进一步研究提高蒸汽参数的技术路线和可行性，攻克建设700℃超超临界示范电站需要解决的材料、工艺、设备制造以及主厂房紧凑型布置等关键技术，使火电机组的供电效率达到50%。目前，中国研发700℃超超临界火电机组的发电技术几乎与国外同步，期待2017年取得较大成果。

（5）水力发电技术：中国已建成世界最大规模的三峡水电站、世界最高的龙滩碾压混凝土重力坝和水布垭面板堆石坝，2013年建成投产世界最高的锦屏一级混凝土拱坝和双江口心墙堆石坝。掌握了超高坝筑坝、高水头大流量泄洪消能、超大型地下洞室群开挖与支护、高边坡综合治理以及大容量机组制造安装等成套技术。电网安全保障技术、配电自动化技术和电网升级关键技术等均取得显著进展。同时，国内也具有配套的水电技术服务、装备制造和能力配套措施。今后这些技术和能力逐步形成余量，需要寻找市场。

（6）核能发电技术：中国已具备自主设计建造300兆瓦、600兆瓦级和改进型1000兆瓦级压水堆核电站的能力，正在开展三代核电自主化依托工程建设。自主研发了10兆瓦高温气冷实验堆，正在建设200兆瓦高温气冷堆示范工程。快堆技术研发也取得重大进展，中国实验快堆（CEFR）已实现临界和并网发电，正在推进商用示范快堆的建设。先进核燃料元件已实现国产化制造。乏燃料后处理中试厂已完成热试。值得指出的是，由中核集团ACP1000技术和中广核ACPR1000＋两种技术相融合的"华龙一号"已于2014年8月22日最终通过总体技术方案审查。"华龙一号"的成熟性、安全性和经济性满足三代核电技术要求，设计技术、装备制造和运行维护技术等领域的核心技术具有自主知识产权，是目前国内可以依托和考虑出口的核电机型。

（7）新能源发电技术：在风力发电方面，风电机组主要采用变桨、变速技术，并结合国情开发了低温、抗风沙、抗盐雾等技术。3兆瓦海上双馈式风电机组已小批量应用，6兆瓦机组已经下线。在太阳能发电方面，已形成以晶硅太阳能电池为主的产业集群，生产设备部分实现国产化；薄膜太阳能电池技术已开始产业化。已掌握10兆瓦级并网光伏发电系统设计集成技术，研制成功500千瓦级光伏并网逆变器、光伏自动跟踪装置、数据采集与进程监控系统等关键设备。太阳能热发电技术在塔式、槽式热发电和太阳能低温循环发电等方面取得了重要成果。

在生物质能应用方面，生物质直燃发电和气化发电已逐步实现产业化，单厂最大规模分别达到 25 兆瓦和 5 兆瓦；以木薯等非粮作物为原料的燃料乙醇技术正在起步应用，已建成年产 20 万吨燃料乙醇的示范工厂；生物柴油技术已进入产业示范阶段；大中型治气工程工艺技术已日趋成熟。生物质的直接、间接液化生产液体燃料技术准备进行工业示范。

（8）特高压技术和电网自动化技术：经过 10 年努力，中国已经全面掌握了特高压核心技术，特高压交直流设备国产化率均超过 90%，打破了跨国公司的长期垄断。现在中国的特高压交流电压成为国际标准，直流工程已实现"走出去"，可以说中国的特高压技术已经达到世界领先水平。国际电工委员会（IEC）有 4 个专委会秘书处设在国网公司，显著提升了中国在世界电网标准领域的话语权和影响力。1000kV 交流试验示范工程和 ±800kV 直流示范工程均已成功投运，电网自动化水平逐步提高，先进的继电保护装置、变电站综合自动化系统、电网调度自动化系统以及电网安全稳定控制系统得到广泛应用，电网供电可靠性大幅提高。

（9）储能技术：近 10 年来，中国储能行业在市场化和商业化方面取得较快发展。近几年来国内氢燃料电池研究活跃，有关企业已进入该行业的供应链体系，拥有诸多燃料电池专利。随着国际燃料电池产业环境的逐渐成熟，迫于能源短缺和环保的压力，燃料电池的战略地位将大幅提高，世界燃料电池销售翻番，进入发展的快车道。但是，中国燃料电池技术主要处于实验室阶段，政府补贴少，开发成本高，商业化程度较低，已经成为储能技术方面的一大短板。

（10）减排与节能技术：目前，国内节能减排途径主要依靠技术进步和设备材料，提高能效。节能技术必然带来减排，但是减排未必带来节能。2014 年，现有煤电清洁高效发电的减排技术取得重大进展。2014 年 7 月以来，神华集团的三河电厂 1 号机组、舟山电厂 4 号机组以及浙能集团的嘉兴电厂 8 号机组的烟尘、二氧化硫和氮氧化物排放浓度达到或优于燃气机组的标准，预示着先进燃煤电机组进入低排放的时代。

中国的节能挑战依然巨大。与国外工业和建筑等领域的节能技术研发和运用相比，中国还存在巨大的节能潜力，仅建筑耗能就占全社会总能耗的 27%。节能的具体途径包括使用新型环保能源，开发和利用新型燃烧技术；对生产过程中产生的副产品进行有效再利用等。近些年来，在工业炉窑生产中的技术水平已经有了显著提高，通过多元集成技术、设备扩容和精细化管理等努力，可以达到节能的效果。

综上所述，经过过去 30 多年的发展，中国主要能源技术水平有了显著提高，在石油、水电、核电和特高压等领域拥有了系列核电技术和重大装备，个别处于世界领先水平，但是仍然缺乏诸多清洁化利用的核心技术和新能源开发的核心技术，或开发应用水平低，仍然落后于世界先进水平，或依赖于国外进口。比如适合我国复杂地质条件的煤层气和页岩油气勘探、开采与利用技术体系尚未形成。大功率高参数超超临界机组尚未形成自主知识产权，高温材料尚未取得技术突破；燃气轮机技术长期落后。智能电网技术刚刚起步，超导输电、交流输电等技术与国际先进水平差距较大。三代核电的关键设备尚未实现国产化、核燃料元件和乏燃料处理技术落后于发达国家。风电的自主创新能力不强，控制系统、叶片设计以及轴承等关键部件依赖进口。太阳能热发电技术与国际先进水平相比还具有一定差距。

同时，世界能源技术正处于从研发到应用和推广期，而中国的能源技术体系正处于追赶和发展期，同时又面临能源发展的转型期，"十三五"时期是完成追赶、发展和转型的关键时期，应抓住机遇、把握方向、明确目标、加大投入，实现自主创新和实现跨越式发展。

2. 能源技术政策

"十二五"时期，根据能源发展和结构调整的需要，科技部确定了 19 个能源应用技术和工程示范重大专项，制定了实现能源"十二五"发展目标所需要的能源技术路线图，并针对重大专项中需要突破的关键技术，规划了 37 项重大技术研究、24 项重大技术装备、34 项重大示范工程和 36 个技术创新平台，[①] 覆盖煤炭清洁化利用、石油天然气勘探与开采、油气

---

① 详见《国家能源科技"十二五"规划（2011—2015）》。

加工与转化、现代发电与输配电和新能源等重点技术领域。

根据国家"十二五"能源技术发展规划，影响未来能源转型的技术政策主要体现在以下几个方面：

（1）突出洁净煤的高效清洁利用技术的推广应用：在2015年前，在煤炭资源地质方面，建立煤炭资源勘探与高效安全开采技术研发平台，及时跟踪和掌握全球煤炭资源综合勘探的先进技术；在煤炭开采方面，主要研发和依靠煤炭地下气化技术、大型矿井快速建井技术、复杂地质条件下煤炭高效开采技术、矿井数字化与工作面自动化技术、煤炭高效自动化采掘成套设备研发、大型高可靠性煤炭分选成套设备、大型矿井快速施工与工作面自动化示范工程、煤矿灾害综合防治技术、大型露天煤矿装备，全面掌握煤炭开采、安全和分选等先进技术，实现煤炭开采千万吨级工作面配套装备国产化。2012年国土部出台的煤矿"新三率"试行标准明确要求，对于新建和改扩建煤矿，原煤入选率原则上应达100%，根据能源发展"十二五"规划要求，到2015年全国煤炭入选率达到65%以上。在煤层气方面，主要是勘探开发技术、煤矿区煤层气规模开发技术和示范工程。

洁净煤技术的重要方向是：①大型超超临界发电成套技术和高参数超超临界关键技术；②高参数、新型循环流化床燃煤锅炉；③大规模整体煤气化联合循环发电关键单元技术及装备、燃气轮机及其集成示范；④燃煤污染治理、二氧化碳分离、埋藏及利用技术等。

（2）深化油气勘探开发技术：复杂极造三维建模等技术得到广泛应用，地震地质数据采集技术向四维方向发展，处理、解释技术向叠前深度域方向发展；测井技术向三维成像测井方向发展，成像测井仪器向小型化、集成化和网络化方向发展；高含水油田共享地模、虚拟表征等技术发展迅速，低渗透油田超前注水压裂技术逐步配套完善，稠油及超稠油热采技术有了系列化发展；滩海和海上油田开发技术向平台一体化、作业智能化、设备高可靠方向发展。

对于未来提高油气产能具有重大意义的核心技术群将逐步集中在深盆勘探开发技术、深海勘探开发综合技术和非常规尤其开发技术。相应地，需要形成深盆、深海和非常规的物探、测井、钻井装备制造能力和工程技术。

石油加工更加高效、清洁并向化工领域延伸，促进炼油技术进一步向集成化、精细化方向发展；车用燃料向超低硫、低烯烃、低芳烃、高辛烷值方向发展。在油气储运领域，天然气管道输送向高压、大口径及网络化方向发展；同时液化天然气技术（包括罐装液化天然气）已成为长途运输和储备的重要手段。

（3）推动发电技术向高端、环保和综合利用方向发展：首先在火力发电方面，超超临界燃煤机组向更高参数（35MPa，700℃）方向发展；燃气轮机向更高温（1500℃）方向发展；以煤气化为基础的 IGCC 技术和多联产以及煤气化—燃料电池—蒸汽联合循环等高效、清洁的发电技术得到快速发展。在环保和减排方面，除尘、脱硫、脱硝和 CO_2 捕集技术向多元化、集成化方向发展。其次，在水力发电方面，已投入运行的常规水电机组和抽水蓄能机组最大单机容量分别达到 700 兆瓦和 450 兆瓦，水力发电机组正向高效、大容量方向发展，主要坝型建设高度达到 200—300 米。在水电开发研究中，工程安全、河流的生态环境保护以及工程防洪、供水、灌溉及航运等综合利用得到了高度重视。

（4）大步推进新能源技术的研发和产业化：在核能发电方面，为了应对特大自然灾害及突发意外情形并提高核电安全性，三代压水反应堆技术向非能动安全以及采取严重事故预防与缓解措施等方向发展。四代核电技术向固有安全和经济性、减少废物量、防止核扩散、提高核燃料循环利用率等方向发展。高度重视燃料的后处理和利用的瓶颈问题以及核废料的处理处置等技术问题。

在风力发电方面，风电机组朝着大型化、高效率的方向发展。已运行的风电机组单机最大容量达到 7 兆瓦，正在研制 10 兆瓦以上风电机组；解决海上风电机组安装、电力传输、机组防腐蚀等技术难题以及对海洋环境的潜在影响问题。

在太阳能发电方面，太阳能利用向采集、存储、利用的一体化方向发展。光伏并网逆变器单机最大容量超过 1 兆瓦，光伏自动向日跟踪装置已大量应用；以光伏发电产生动力的太阳能飞机已成功实现昼夜飞行；太阳能热发电则以大规模吸热和储热作为关键技术。

在生物质能应用方面，生物质发电技术向与高附加值生物质资源利用相结合的多联产方向发展；混烧生物质比例达到20%的600兆瓦级发电机组已成功应用；生物燃气技术向多元原料共发酵方向发展；直燃热利用向高品质生物燃气产品发展；燃料乙醇技术向原料多元化发展；生物柴油技术向以产油微藻及燃料油植物资源为原料的方向发展。

（5）推动输配电技术更加适合国情、安全和可持续发展的需要：通过采用特高压等新技术，对已有电网进行完善和技术升级，利用先进的新型输电和智能化技术，提高能源利用效率和电网安全稳定水平。以能源梯级利用为特征的分布式电源与集中式发电和大规模传输模式并存、发展。超导和灵活输电、大规模储能等技术成为优先发展方向；智能电网技术发展迅速，为改善电网运营的安全性、可靠性和经济性，提高可再生能源利用率奠定了基础。[①]

三 重大能源技术进步对"生态能源新战略"的贡献

本报告认为，如下关键性能源技术对2020年和2030年"生态能源新战略"情景下的中国能源展望具有直接的影响。

1. 超超临界值和IGCC技术

2020年前，中国将重点推广600℃超超临界机组，攻克700℃超超临界机组的关键技术，建设示范工程。根据《煤电节能减排升级与改造行动计划（2014—2020）》要求，新建燃煤发电项目，原则上采用60万千瓦及以上超超临界机组。本报告认为，通过推广超超临界技术，可在2020年和2030年将发电效率提高到42%和46%，煤炭消费可分别减少0.8亿和2.5亿吨标准煤，减少二氧化碳排放2亿吨和6亿吨。

---

① 详见《国家能源科技"十二五"规划（2011—2015）》。

从大型化和商业化的发展方向来看，IGCC 可能比超超临界值更有利于将高效、清洁、废物利用、多联产、CCS 和节水等特点结合起来，曾被认为是 21 世纪最有发展前途的洁净煤发电技术。2009 年 11 月 17 日，在奥巴马访华后，通用电气公司（GE）与神华集团签署协议，开展战略合作以进一步提高 IGCC 技术商业化应用程度。这一合作扩大了煤气化技术在中国工业领域的应用。

目前，东莞、天津和福建等地区运营 2 个、在建 4 个煤化工领域的 IGCC 多联产项目。目前，国内 IGCC 发展相对缓慢，主要原因是 IGCC 电站造价较高，是常规燃煤电站成本的 2 倍左右。超临界燃煤电厂增加 CCS 将使燃煤发电成本提高 40%—80%，而 IGCC + CCS 能减少 CCS 的成本，却使发电总成本增加 40%—60%，从而降低了 IGCC 的经济性。因此需要国家政策的扶植，或通过调整上网价格，提高 IGCC 的经济性。本报告认为，2020 年前主要研发大型 IGCC 成套技术，建设 400—500 兆瓦级示范工程。2020 年之后加以推广，2030 年装机容量可达到 10 吉瓦。

2. 煤制油气技术

煤制油和煤制气是煤化工的重要方向，也是争议较大的煤炭清洁利用方向。虽然在"十一五"和"十二五"期间，首批示范项目的建设、运行积累了经验，且验证了自主知识产权技术可行性。[①] 2013 年我国煤制油产能为 150 万吨，煤制气不足 40 亿立方米。目前，中国煤制气项目的核心技术主要由外国公司垄断，能否开发国内自主知识产权技术问题同时解决煤制气过程中的成本控制、水短缺与环境污染问题是关键。前几年出现了盲目上煤化工项目的现象，呈现过度发展的局面。2014 年国家能源局重申

---

① 首批示范项目包括神华鄂尔多斯 108 万吨煤炭直接液化制油项目、伊泰 16 万吨煤炭间接液化制油项目和潞安 21 万吨煤间接液化制油项目。其中，神华项目采用直接液化路线，技术难度高，持续运行能力较弱，后两项目可实现持续稳定运行。自主技术指由中科合成油公司持有的间接液化制油技术，具有完全自主知识产权工艺包和独家催化剂。相对于煤制油项目均采用国内自主产权技术而言，"十一五"期间的四个煤制气项目全部采用国外技术。2013 年获批的 8 个煤制气项目也多数采用国外技术。煤制气核心技术（合成气完全甲烷化技术）主要被英国的 DAVY 公司和丹麦的 TOPSOE 公司所垄断。

了适度发展煤化工，掌握煤化工发展节奏的政策。今后几年如果国际油价维持在 80 美元/桶以下，将直接影响煤制油的发展步伐。为此更加需要掌握煤制油的经济规模，执行经济有效的发展方向。本报告认为，到 2020—2030 年，煤制油规模可控制在 3000 万吨以内；在国产技术取得突破的情况下，同期煤制气规模达到 500 亿立方米，是一个合理的预期。

3. 深海勘探开发技术和重大装备的突破

目前，中国的海洋油气勘探开发区域水深普遍小于 300 米，自行研制的海洋钻井平台作业水深均较浅（最深达 505 米，国外深水钻井已经达到 3052 米），半潜式钻井平台仅属于世界上第二代、第三代的水平。

经过去 3—4 年的努力，大于 300 米水深的油气勘探开发已快速起步，已初步建成深海钻井平台、深海铺管船、深海地震船等基本深海勘探开发船队。其中，2008 年 4 月开始建造、2012 年投产的"海洋石油 981"深水半潜式钻井平台，为首座自主设计、建造的第六代深水半潜式钻井平台。[①]"海洋石油 981"钻井平台已在南海海域作业。中国还计划建造 982、983，为到 2020 年建设一个"深海大庆"（即深海年产石油 5000 万吨）做出贡献。我们预计，这些深水勘探开发技术和设备安装将在 2020 年为提高中国油气产量增长做出较大贡献。我们初步评估，2020 年深海油气生产规模可达到 1200 万吨油当量。2030 年后深海和深盆油气产量规模大体为 5000 万吨。

4. 煤层气和页岩气开发技术

中国 2000 米以浅的煤层气储量为 36.7 万亿立方米，排世界第三位，仅山西煤层气储量为 10 万多亿立方米；页岩气储量为 26 万亿立方米。"十一五"期间，新增煤层气探明地质储量 1980 亿立方米，是"十五"时期的 2.6 倍。施工煤层气井 5400 余口，形成产能 31 亿立方米。

[①] 由中国海洋石油总公司投资建造的钻井平台，自重 30670 吨，承重量 12.5 万吨，可起降西科斯基 S-92 直升机；选用 DP3 动力定位系统，1500 米水深内锚泊定位。最大作业水深 3000 米，最大钻井深度可达 10000 米。中国海油拥有该船型自主知识产权。

中国已实施大型油气田及煤层气开发国家科技重大专项，攻克了多分支水平井钻完井等6项重大核心技术和井下水平定向钻孔钻进等47项专有技术，实施了10项瓦斯治理技术示范工程和8项技术与装备研发，获得了煤与瓦斯突出机理的新认识，取得了低透气性煤层群无煤柱煤与瓦斯共采关键技术等一批重大成果。水平井分段压裂成为新的完井方向，不仅在煤层中完井，也在煤层顶板进行水平钻进、分段压裂完井，取得了初步的成功。目前来看，水力携砂压裂依然是今后一段时间内煤层气井增产改造的主流技术。

中石油已累计控制煤层气三级储量约4200亿立方米，中石化和中海油均与中联煤层气公司签署长期合作，进入煤层气领域。2013年全国地下抽采量和地面抽采量分别126亿和29.8亿立方米，2014年两者的产量分别可达到140亿立方米和40亿立方米。从目前的技术和政策趋势看，2020年和2030年的煤层气产量可提高到300亿立方米和900亿立方米。

相对而言，中国在页岩气方面初步掌握了页岩气直井压裂技术，但水平井分段压裂等专门技术尚需突破和配套。2013年页岩气产量仅为2亿立方米。2013年中石化的涪陵页岩气项目取得重大突破，2014年可建成产能20亿立方米，产量11亿立方米，预计2015年形成年产能50亿立方米，产量达到32亿立方米或更高水平；而2014年中石油的页岩气产量为1亿立方米，预计2015年可达到26亿立方米。经过努力，到2015年年底，"十二五"末有望达到65亿立方米的规划目标。

但是，从目前中国的页岩气技术和井数指标来看，中国与美国的差距大约在15—20年。虽然通过中外合作开发、学习美国经验，购买配套设备可以大幅缩短差距。但是，根据中国的地质条件和页岩气藏特点，国内的地质理论、技术水平、基础设施、工业标准和调控政策尚不配套。尤其是页岩气开发的根本问题不是技术或设备问题，而是经验和技巧的问题，需要大量的实践和必要的时间。因此，我们依然认为，页岩气产业要在中国形成商业化和规模化开采至少在2017年或2020年之后。我们预期，2020年和2030年的页岩气产量为300亿立方米和800亿立方米。

5. 新一代核电技术

AP1000 是中国从美国西屋公司引进的第三代核电技术。在引进消化吸收这项技术的基础上，中国开发了具有自主知识产权的升级版 CAP1400 机型。从设备国产化率上来看，AP1000 机组设备的平均国产化率达到 55%，而 CAP1400 机组的国产化率超过 80%。在山东荣成石岛湾规划建设 CAP1400 两台机组的各项前期工作进展顺利，已于 9 月 3 日通过了国家核安全局的初步安全分析报告（PSAR）审评，距离开工仅有一步之遥。

2014 年 8 月，由中广核和中核联手打造的"华龙一号"总体技术方案通过审查。"华龙一号"提出"能动和非能动相结合"的安全设计理念，采用"177"反应堆堆芯、多重冗余的安全系统、单堆布置、双层安全壳，全面平衡贯彻了纵深防御的设计原则，自主研制了关键设备和部件，实现了自主核燃料元件等技术突破，首堆示范工程设备国产化率大于 85%。国产化第三代核电技术不仅有利于中国发展清洁能源、节能减排，而且标志着中国从核电技术引进大国，变成一个核电技术和设备输出大国，将大大提升中国在世界核电产业中的地位和今后的国际核电技术合作。根据中国的核电发展计划，"十三五"期间将大批开工建设第三代核电机组，于 2020—2030 年集中建成投产。我们预计，2020 年和 2030 年中国在运核电机组将达到 54 台和 99 台，装机容量达到 55.8 吉瓦 和 111.8 吉瓦，发电量为 441 太瓦时和 867 太瓦时，占发电总量的 5.3% 和 8.0%。2015—2030 年，核电可累计减少二氧化碳排放约 64 亿吨。

6. CCUS 技术的应用

近年来，中国企业积极开展 CCUS 研发与示范活动，在国家相关技术政策引导和各级政府和不同部门的配合下，已建成多个万吨以上级 CO_2 捕集示范装置，最大捕集能力超过 10 万吨/年；开展了 CO_2 驱油与封存先导试验，最大单独项目已控制封存 CO_2 约 16.7 万吨；启动了 10 万吨/年级陆上咸水层 CO_2 封存示范；建成 4 万吨规模的全流程燃煤电厂 CO_2 捕集与驱油示范。

《中国碳捕集、利用与封存（CCUS）技术发展线路图研究》提出的目标是：（1）2015年突破低能耗捕集关键技术，建立封存安全保障研发体系，开展全流程中试及示范，实现系统规模30万吨/年以上、能耗增加25%以内、成本350人民币/吨；（2）2020年建立封存安全保障体系，建成百万吨级全流程CCUS技术示范，实现能耗增加20%以内、成本300人民币/吨；（3）2030年，具备CCUS全流程项目涉及、建设和运营的产业化技术能力，实现系统规模百万吨/年以上、能耗赠加17%以内、成本240元/吨以内。这些目标与本报告"生态能源新战略"情景目标接近。本报告认为，到2020年掌握百万吨级电厂烟气二氧化碳捕集技术，年捕捉二氧化碳1000万吨；到2030年CCUS技术处于商业运行阶段，年捕捉二氧化碳6800万吨。

第二部分

能源安全专题分析

第七章　新的能源安全观分析

能源安全观涉及煤炭、石油、天然气、核能和可再生能源的供应、需求、运输、消费、技术、体制等环节和过程，与百姓、国家、地区和全球政治、经济与文化紧密关联。从目前看，发达国家大多是能源供不应求的国家，发展中国家能源安全局势各不相同，但是能源供需均不平衡，所有国家的能源安全相互关联，依赖程度不断上升：亚洲的能源消费大国与亚非拉的能源资源国的供应紧密关联，西亚特别是波斯湾地区的油气输出国离不开油气消费国而确保自身的能源安全。当今世界不存在完全独立的能源安全，因此对能源安全的观察与分析离不开地缘政治分析。

能源安全的地缘政治特征在煤炭、石油、天然气、核能和可再生能源上均有不同的表现。其中，在全球石油供应、运输和消费上表现得较为突出；近10年来，区域和跨区域天然气贸易增强，跨区域天然气安全问题突出；跨区域电网，特别是随着核电和可再生能源贡献的增大，作用上升，跨区域电网不断扩大，投资活动日趋活跃，日益成为全球能源安全的重要话题。

因此，深入研究和分析能源安全的地缘政治变化，对于深入认识新的能源安全具有重要的意义。本章结合本报告"生态能源新战略"情景，研究中国新的能源安全的地缘政治性质、特征和趋势，为第二部分其他篇章提供理论支撑。

一　全球视角下的中国能源安全分析

1. 石油与天然气资源、生产和消费分析

根据英国石油公司（BP）统计，截至2013年，全球石油剩余可采储量2382亿吨。从国家经济组别分布看，非经合国家占85.3%，经合国家占14.7%，欧盟仅0.4%。从地区分布看，中东约占48%，非洲占7.7%，亚太地区占2.5%。从国家看，沙特阿拉伯占15.8%，委内瑞拉和加拿大分别占17.7%和10.3%。中国仅占1.1%。从储量集中度看，委内瑞拉、沙特阿拉伯、加拿大、伊朗、伊拉克、科威特、阿联酋、俄罗斯、利比亚、美国和尼日利亚11个国家占87%。其余13%分布在占比2%以下的近100个国家。从数据看，稀缺的石油资源既不眷顾发达经济体，也没眷顾中国。

从石油生产和消费看，经合国家与非经合国家之间的产量比例为23%：77%，而消费比例为49%：51%，石油储采比为33年：60年，这一产量、消费和储采比的对比既反映了经合国家庞大的石油消费规模与产量的不平衡性，也反映了非经合国家巨大的石油生产潜力。在非经合国家中，中国的石油产量并不突出（占6.54%），但是消费却占近24%。

随着地质理论和技术的不断创新和进步，石油发现在过去、现在和未来不断改写了各国的石油资源量。经过过去50—60年的石油勘探，尽管石油发现的规模越来越小，但是，从陆地到海洋、从常规到非常规的石油勘探趋势证实，人类对石油资源的认识日益加深，特别是人类对于非常规石油资源的认识和勘探突破，正在改写着全球石油资源版图和有关石油资源国的地位。在过去的20年里，委内瑞拉和加拿大凭借其丰富的重油和油砂资源，挑战着沙特阿拉伯的资源地位。

目前，全球近40亿吨石油产量中的60%来自具有50—60年历史的巨型油田。其中，常规石油产量（主要是陆上以及部分海域油田产量）持续递减，对全球石油产量的持续增长构成较大冲击。目前美国常规石油储量仅占全球2.6%，列第九位，但是近几年来，该国非常规石油（致密油）

开发逐步提升了该国的石油资源和供应地位。① 由美国的致密油、加拿大的油砂、委内瑞拉的重油以及巴西的深海石油构成的美洲地区非常规石油资源给西半球的石油产业带来了巨大希望，直接影响着 2020 年前后世界石油生产。尽管从长期看，只要投资到位和政策明确，中东、中亚、非洲依然是全球石油资源和生产中心。但是，考虑到美洲地区非常规石油开发趋势，全球石油供应的多中心化趋势对美国、中国和欧洲等石油消费大国具有越来越关键的地缘战略意义。非经合国家组别中的中国（和印度）现有的石油地位类似发达国家，但又缺乏发达国家石油需求的成熟度（平稳增长甚至趋于下降之势）。作为最大的发展中国家，中国的不断增长的石油需求的可持续性面临巨大的挑战。

表 7-1　　2013 年全球石油资源、产量和消费量的分布　　单位：百分比

	储量占比	产量占比	消费占比	储采比
经合国家	14.7	23	49.2	33.2
美国	2.6	10.8	19.9	12.1
加拿大	10.3	4.7	2.5	*
墨西哥	0.7	3.4	2.1	10.6
欧盟	0.4	1.7	14.5	13
非经合国家	85.3	77	50.8	59.5
苏联	7.8	16.5	5.1	25.9
俄罗斯	5.5	12.9	3.7	23.6
委内瑞拉	17.7	3.3	0.9	*
巴西	0.9	2.7	3.2	20.2
亚太地区	2.5	9.5	33.8	14
中国	1.1	5	12.1	11.9
澳大利亚	0.2	0.4	1.1	26.1
印度	0.3	1	4.2	17.5
印尼	0.2	1	1.8	11.6

---

① 2014 年 12 月 5 日，美国能源信息署公布，2013 年年底美国的原油和伴生凝析油探明储量增至 365 亿桶。这是该数据连续第五年增长，也是 1975 年以来首次超过 360 亿桶。

续表

	储量占比	产量占比	消费占比	储采比
中东	47.9	32.2	9.2	78
非洲	7.7	10.1	4.1	40.6
尼日利亚	2.2	2.7	—	43.8
安哥拉	0.8	2.1	—	19.3

注："*"表示超过100年；"—"表示数据不详。

资料来源：BP, *BP Statistical Review of World Energy* 2014, June 2014。

根据BP统计，截至2013年，全球天然气剩余可采储量185.7万亿立方米。从国家经济组别分布看，非经合国家占89.7%，经合国家占10.3%，欧盟只有0.8%。从地区分布看，中东约占43%，非洲占7.6%，亚太地区占8.2%。从国家看，伊朗占18.2%，俄罗斯和卡塔尔分别占16.8%和13.3%，中国仅占1.8%。

从储量集中度看，伊朗、俄罗斯、卡塔尔、土库曼斯坦、美国、沙特阿拉伯、阿联酋、委内瑞拉、尼日利亚、阿尔及利亚和澳大利亚11个国家占80%强。集中度低于石油，其余20%分布在占比2%以下的近60个国家包括中国。但是天然气资源开发趋势也证实，非常规天然气资源也改变着全球天然气资源版图和有关天然气资源国的地位。页岩气革命大大提升了美国的天然气资源和产量地位。今后，页岩气开发也将逐步提高中国、澳大利亚、阿根廷等国家的天然气资源地位。

从天然气生产和消费看，经合国家与非经合国家之间的产量比例为36%：64%，消费比例为48%：52%，这一产量和消费对比反映了经合国家和非经合国家的产量和消费差距不如石油突出。虽然目前美国的非常规天然气开发一枝独秀，但是俄罗斯、伊朗和土库曼斯坦的常规天然气资源和出口潜力依然巨大。同时，中国、澳大利亚和东非国家有可能步入天然气资源大国的行列。但是，中国的天然气供需缺口巨大，面临着不同于石油的供需关系和贸易格局。

作为石油资源丰富的中东地区，天然气资源虽然丰富。但是根据有关专家分析，2035年前本地区对天然气的需求迅速增长，总规模仅次于中国，使得一些中东国家的天然气主要用于国内的需求，出口能力有限，甚至逐步成为天然气的净进口国。① 与石油不同的是，未来中国的天然气供需缺口更有赖于俄罗斯中亚等周边国家和其他天然气生产国家的供应，而不是西亚地区。未来亚太天然气贸易格局对于中国具有突出的战略意义。

表7-2　　　　全球天然气资源、产量和消费量的分布　　　　单位：百分比

	储量占比	产量占比	消费占比	储采比
经合国家	10.3	35.8	47.8	16
美国	5	20.6	22.2	13.1
加拿大	1.1	4.6	3.1	13.1
墨西哥	0.2	1.7	2.5	6.1
欧盟	0.8	4,3	13.1	10.7
非经合国家	89.7	64.2	52.2	76.7
苏联	28.5	23	17.1	68.2
俄罗斯	16.8	17.9	12.3	51.7
委内瑞拉	3	0.8	0.9	*
巴西	0.2	0.6	1.1	21.2
亚太地区	8.2	14.5	19	31.2
中国	1.8	3.5	4.8	28
澳大利亚	2	1.3	0.5	85.8
印度	0.7	1	1.5	40.2
印尼	1.6	2.1	1.1	41.6
中东	43.2	16.8	12.8	*
非洲	7.6	6	3.7	69.5
尼日利亚	2.7	1.1	—	*

注："*"表示超过一百年；"—"表示数据不详。

资料来源：BP, *BP Statistical Review of World Energy* 2014, June 2014。

---

① 阿联酋独立能源专家 Mohsen Shoar 先生认为，2035 年前，除了卡塔尔以外，阿联酋、科威特已经成为净进口国；沙特、巴林将在今后 10 年内成为天然气进口国。现在人们所认识的中东是"石油中东"，而不是"天然气中东"。对于伊拉克未来的天然气出口具有一定争议，南部主要以伴生气为主，北部的天然气出口依然面临基础设施的问题。这一点与国际能源署（IEA）2012 年发布的《伊拉克能源报告》看法不同。

2. 煤炭资源、生产和消费分析

正如第三章所述，全球煤炭资源（8915亿吨煤当量）的地区分布更加集中，而各个地区的煤炭资源又集中于少数国家的情况尤为突出。经合国家的煤炭储量92%集中在美国、澳大利亚和德国；非经合国家的煤炭储量集中在原苏联（俄罗斯、哈萨克斯坦和乌克兰）和亚太地区（中国、印度和印尼）；中东非洲的煤炭储量（仅为3.7%）几乎集中在南非。美国、俄罗斯、中国、澳大利亚、印度、德国以及哈萨克斯坦、乌克兰、印尼和南非10个国家的全球占比高达91%。

全球煤炭产量为78.94亿吨煤当量（38.81亿吨油当量），煤炭生产大国主要是中国、美国、澳大利亚、俄罗斯和南非五个国家（占比75.2%）。全球煤炭消费量为38.26亿吨油当量，主要的消费大国是中国和美国，分别占50.3%和近12%，其次为日本、俄罗斯、南非、德国和韩国，合计为12.3%。

中国能源资源严重依赖于煤炭，煤炭储量、产量和消费的全球占比很不均衡和合理（见第三章表3-1）。按照BP统计，中国煤炭的储采比仅为31年。中国的煤炭供应主要依赖国内，未来的煤炭生产和消费面临巨大的环境污染的压力。煤炭技术创新、体制创新和管理创新压力较大。目前，美国、欧盟（德国和英国）是当前全球煤炭生产技术和消费技术的主要实验区，日本和南非也有大量的煤炭清洁化技术和经验。而作为全球煤炭生产和消费最大国家的中国却在煤炭技术创新领域处于相对落后的地位。

从长远看，中国国内的煤炭供应也面临着短缺问题。而全球煤炭贸易具有地域性，虽然美国有向欧洲和亚洲出口煤炭的前景，但是全球煤炭贸易的重点仍然在亚太地区。中国、印度和印尼为新兴消费市场，日本、韩国为成熟市场。未来可供中国选择的煤炭进口主要依赖于本地区的澳大利亚、印尼、苏联国家。

3. 核能和可再生能源资源、生产和消费分析

核能资源和生产的集中度比煤炭更高。全球铀资源主要集中在美国、

俄罗斯、加拿大、哈萨克斯坦、蒙古、尼日尔等国家。核能消费主要集中在美国、法国、俄罗斯、韩国、中国、加拿大、德国、乌克兰、英国、瑞典、西班牙。这11个国家的全球核能消费占比为86.4%。从地区看，主要集中在北美（美国和加拿大，其中美国的占比为33.4%）、欧洲（法国、德国、英国、瑞典和西班牙）和亚太（中国、韩国和日本）。近几年来，发达国家的核能发展政策相当保守，未来增长和发展规划主要在中国、印度以及东南亚、南亚、西亚、非洲和拉美地区。中国在稳步发展本国核能工业的同时，既与美国、法国和俄罗斯等核电国家加强合作，也不断推进与发展中国家间的核电合作。

全球水能消费量为8.55亿吨油当量，主要集中在亚太地区、欧洲地区、北美地区，亚太地区占36.1%，从国家分布来看，中国水能消费占世界24.1%，位列第一，其次为加拿大（10.4%）、巴西（10.2%）和美国（7.2%）。除了俄罗斯占4.8%外，其余国家均在4%以下。石油资源丰富的西亚地区和非洲地区的水能消费量有限。

全球风能消费量为1.42亿吨油当量，主要集中在美国（27%）、中国（21%）、西班牙（8.9%）和德国（8.5%）。太阳能消费量为0.28亿吨油当量，主要集中在德国（24%）、意大利（18%）、西班牙（10.5%）、中国（9.5%）、日本（8.6%）、美国（7.5%）。其他可再生能源消费量为2.79亿吨油当量，主要集中在美国（21%）、中国（15.4%）、德国（10.6%）、西班牙（6%）和巴西（4.7%）。

从上述全球能源资源分布看，煤炭是中国的主导能源，对于国内能源供应起着极为重要的保障作用，是中国能源安全的基本保证。但是按照BP统计，中国的煤炭资源全球占比12%，产量占比47%，消费占比50%，储采比仅为31年。这些数据为我们展示了过度依赖于煤炭消费的潜在问题。石油和天然气的全球一次能源需求占比接近57%，为世界主导能源；同时石油和天然气资源和生产分布广泛，是现代经济的重要能源和较为敏感的国际贸易大宗商品。但是，中国的油气消费占比为24.4%，远低于煤炭消费。今后油气消费增长均面临巨大的供应缺口，对外依存度将从现在的60%和30%逐步提升，是未来中国油气安全的软肋。

非化石能源（核能和可再生能源）在中国的能源消费占比约10%。目前非化石能源的发电装机容量占比超过30%，发电量占比超过22%，增长潜力较大，是中国实现能源转型的方向。但是，在非化石能源中，水能和水电装机占70%左右，核能、风能和太阳能等新能源占比较小，发展较快，挑战较大。

无论从全球还是国内看，中国能源安全问题不只是油气安全问题，而是煤炭、石油、天然气和所有非化石能源的供应安全问题；不仅涉及国内外的资源保障和供应保障，而且涉及国内外的市场状况和需求趋势，未来的能源安全是供需互保型的安全问题和内外合作的安全问题。这些结构性问题都需要在全球地缘政治经济框架下通过国内外的协同发展加以解决，即需要把国内能源安全问题与全球能源安全问题结合起来，把区域能源问题与产业问题结合起来，把内外协同发展战略进一步提升为新的地缘政治经济战略加以研究、管控和解决。

二 "生态能源新战略"情景下的能源安全观

1. 对能源安全观的进一步阐述

能源安全是与国家发展紧密关联的核心问题，是国家核心利益的组成部分；能源安全不仅是国家和能源产业的职责，而且与国民生产和生活紧密相关。根据本报告第二章对"生态能源新战略"的进一步认识，本章进一步对中国的能源安全观做如下阐述。

第一，能源安全观需要将能源供需安全进一步提升到国家和全球能源生态环境的高度，对现行能源生态体系加以改善。为此，需要从能源资源保护、能源开发利用和能源消费等方面加以研究。这是对过去能源资源保护、开发和利用方式认识的新提升。

第二，从"人的全面发展"的角度看，能源安全必须保障人人对现代能源的合理、有效与可持续的利用，提高现代能源普遍服务和能源效率，不断提高基于科学合理利用基础上的生活质量，包括大大提高人们利用现代能源的普遍性、可支付性、可持续性、灵活性和智能化，过上清洁、健康、绿色、可循环与可持续的日子。这里既包括大力发展可再生能源，也包括以科学态度重新认识和清洁开发利用煤炭等化石能源；正确认识和掌握适合本国国情、文化习俗和民情意愿的新的能源发展方式、速度和道路。

第三，从国家和国际关系上，既要根据国情，突出能源转型和清洁高效利用；同时也要从全球角度，强调一国的能源安全须与他国能源安全相融合。在跨区域合作中和全球能源合作中，强调开放、包容和共赢与发展，共同寻找能源安全的解决方案。在这个意义上说，能源安全观就是合作、共赢和可持续的能源安全。

同时，本报告认为，新的能源安全观需要建立以能源产业自身的良性循环为基础，各能源生产、运输和消费部门协同发展，推动能源与环境、社会和公众目标的区域协调、国内协调与国际协调，引领本国或本经济体融入中长期综合协调发展的全球能源转型的新体系。根据调研，可从以下15个方面加以深入认识：

（1）确保国内能源供应的稳定性，为能源安全奠定坚实的国内基础。中国是世界上具有完整能源产业体系的少数国家之一。确保国内能源供应的稳定性和可持续性是能源安全的基础，两者存在正相关的关系。

（2）确保较高的国内能源自给率是确保能源安全的重要指标；为此，需要不断夯实本国能源的后备储量和供应规模，不断培育和提升本国能源自给能力（包括关键技术研发、重大设备制造、核心人才培养和重大硬软基础设施配套等）。这一问题的相反方面是能源对外依存度（进口比例、产业技术、设备和管理的对外依存度等）的上升和能源安全程度的降低。

（3）本国能源市场的可持续性，既是涉及本国经济稳定性的重要方面，也是与周边国家/经济体和其他资源国/地区的能源安全紧密关联的重要问题。作为世界能源消费大国，中国能源消费市场的稳定是有关资源国和消费国能源安全的重要保证。因此，中国能源需求的稳定性、消费结构和价格波动也是能源安全的重要指标。

（4）国内能源供需之间、上下游之间、不同地区之间和跨国间的能源运输设施（铁路、管道、电网、港口、接收站和船队等）和保障体系是能源安全的重要保障。对于一个能源大国来说，必须建立内外互联互通的能源运输网络安全保障体系。

（5）内外贸易的稳定性，包括区域运输、陆海运输和各类能源进口占总进口的比例；内外贸易的合理配置和运输的规律性或中断次数对能源市场稳定具有直接的影响。

（6）能源战略储备是能源安全的应急措施，通常用能源储备量占进口天数和增长趋势来表示，是确保能源稳定供应的重要手段，也是能源安全的重要"备份"，已日益成为市场调节的一个重要手段。

（7）能源消费国与出口国的长期合作关系是影响能源安全的国际因素。加拿大、墨西哥、沙特阿拉伯、委内瑞拉一直是美国石油进口的四大重要来源国，与前三个国家相比，委内瑞拉与美国的政治关系不稳定，但是两国一直保持着相对稳定的石油贸易关系。而利比亚石油出口的时断时续对国际石油供应、价格变化和库存产生了重要的影响。

（8）对关键运输通道和过境地区/国家的任何威胁是影响相关国家能源安全的不确定性因素。这些不确定性的显现将对正常的能源供应安全产生直接的影响。

（9）双/多边经贸投资合作框架是能源安全的制度保证。不论是双边还是多边能源合作都需要大经贸的支撑，需要双/多边投资合作法律框架下的稳定的制度保证。这些协议框架、所形成的机制和制度正是合作文化的重要因素，也对确保能源安全具有重要的保障作用。

（10）能源商品是大宗商品，其价格的变化受国内外多种因素的制约，而能源价格的变化将直接影响内外贸易、消费趋势、产业发展和国家的财政收入。价格谈判可能引发贸易战和国际关系的重大博弈。其中，石油价格的变化具有全球性。石油价格的剧烈变化将引发重大的能源安全和能源格局的变迁。

（11）能源外汇也是影响能源安全的一个不可忽视的因素。石油资源大国的石油出口将形成巨大的"石油美元"收入、石油基金以及银行的石油美元储备；能源消费大国也会动用巨大的外汇购买能源资源。它们的能源外汇占外汇储备的比例是关乎能源安全的重要因素之一。

（12）能源战略是对能源安全的中长期发展构想和规划；能源政策是

贯彻能源战略，确保中短期能源安全的重要手段。一国的能源战略与政策与他国能源战略与政策密切关联。缺乏符合本国国情和发展趋势并与他国能源发展相融合的能源战略与政策是能源安全的重大忧虑。

（13）能源安全还可能受到非传统安全因素的威胁。恐怖主义对能源设施的攻击，对能源网络的破坏、对金融手段的操控都是能源安全的潜在杀手。

（14）能源污染物排放、生态环境恶化和全球气候变化紧密关联。粗放的能源发展带来的环境污染和温室气体效应最终将恶化能源安全。

（15）能源安全是一个国家和全球经济社会发展的结果，也是人类文明进步的表现。因此，能源安全是能源转型、能源替代的根本方向。积极推动能源替代和能源转型是最终提升能源安全的根本保证。

以上因素从不同侧面反映了人们对能源安全的最新观察与体验，也是对能源安全问题的新共识。我们认为，新的能源安全观是一个涉及能源产业、相关部门、环境、生态、社会、公众、国际关系、基础配置和未来发展等方面的综合认识。

要使这些认识变成为可衡量、可评估、可判断的分析工具，最后变为可决策和付诸实施的依据，则不是一件简单的事。但是，这样的转变又是必需的。否则，能源安全就是一句空话。为此，有必要为能源安全建立一套相对完整的指数和合理的评估方法，作为可持续能源发展指数的一项参考系数。

2. 能源安全模型和系数

为了将新的能源安全观清晰地体现出来，使不同的利益相关方看到自身能源安全状况的外部表现、存在问题和解决问题的方向和重点，以便寻找提高能源安全的正确思路和措施，我们将以上15个方面的问题指标化，构建起一套评估中国能源安全的基础评估模型，基本构造见下表（表7-3）。

根据这个模型，我们可以通过专家打分和客观数据评估两种方式开展评估。两者都将诸多方面的认识数量化和指标化，通过设定合理的权数，将这些指标合成一个能源安全系数。这一思路与日本能源研究所（IEEJ）

为东盟研发的能源安全指数的框架类似，但是更加简要。表7-3里的数据仅为我们以专家身份和初步的客观判断对中国的能源安全做出的评估模版，作为后期研发参考，得到的2014年能源安全系数（80%以上）仅为学术研究参考。根据我们的经验，这一能源安全评估模型也适用于类似的国家或经济体。

这个能源安全系数的意义是不言而喻的：（1）使看似难以数量化的能源安全成为可衡量、可评估、可判断的系数，供人们快速判断不同时期能源安全状态；（2）可将能源安全变为可分析的工具，而且是可付诸实施的决策建议，以便科学施策；（3）让能源安全这一相对抽象的议题变得更加具体和透明，有助于第三方监督。

表7-3　　　　　　　　　　能源安全评估模版

指标体系	权数	专家评分	专家得分	客观指标	客观平衡
能源产业的稳定性和可持续性	0.1	80	8	90	9
能源市场的可持续性	0.1	90	9	85	8.5
能源效率	0.08	75	6	70	5.6
能源自给率	0.11	90	9.9	90	9.9
对外依存度的变化	0.05	75	3.75	45	2.25
能源运输的保证程度	0.1	80	8	100	10
能源进口通道安全	0.1	80	8	100	10
战略储备天数和增长趋势	0.08	60	4.8	30	2.4
与出口国长期合作的稳定性	0.06	90	5.4	90	5.4
输出国的供应能力和稳定性	0.06	85	5.1	84	5.04
双/多边合作框架保证程度	0.05	100	5	90	4.5
价格变化	0.03	90	2.7	80	2.4
动用外汇占外汇存底的比例	0.02	100	2	2	0.04
与他国能源战略与政策的结合	0.06	90	5.4	85	5.1
关键运输通道和过境通道的安全	扣分	0	0	0	0
生态环境威胁	扣分	0	0	0	0
非传统安全威胁	扣分	0	0	0	0
能源安全系数			83.05		80.13

三 提升能源安全的战略对策

根据表7-3对中国能源安全的模型评估结果，我们认为，要提高中国的能源安全，需着力做好以下六个方面的工作：

第一，需要着力强化本国能源产业的稳定发展。这是确保本国能源稳定供应和能源安全的基础，避免产业波动。当前，煤炭产业发展面临环境、市场和经营方面的发展困境。未来的良性发展要求缓增煤炭消费和生产总量，最终控制在一个合理的水平；逐步调低煤炭消费占比和煤电占比，适度调高电煤占比，不断推动煤炭的清洁高效利用，包括有利于节能和控制二氧化碳排放的超超临界煤发电和旨在大幅降低"粉尘、二氧化硫和氮氧化物"的煤电超低排放。我们认为，稳住煤炭产业和市场就稳住了中国能源安全的最大基础。

当前，石油、天然气、核电和可再生能源领域均面临产业稳定发展的各种问题。比较突出的问题是：（1）西部和海洋油气战略替代问题；（2）非常规天然气发展问题；（3）核电发展规模、能力建设匹配和稳中求进的发展方式问题；（4）可再生能源发电并网、关键技术瓶颈和"弃风"与"弃光"等问题。为此建议加强宏观层面的战略规划，当前需要细化"十三五"规划中的重大战略问题的专项研究。

第二，中国的能耗规模巨大，节能潜力巨大。目前比较担心的问题是，新型城镇化能否带来节能和能源效率的大幅提升。同时，各个领域的节能、节水、节地和节材能否形成有机结合和良性循环也是重大考验。从总体上看，中国单位GDP能耗趋于下降，体现了不断提升的能源效率和对能源消耗的总体控制。但是，控制污染物减排能否同时控制能源消耗依然是问题。为此建议不断完善2013年下半年以后出台的能源政策。

第三，虽然中国的能源发展主要依靠国内供应，但是，石油和天然气供应的对外依存度逐步提升。同时，能源产业中大型燃气轮机等重大关键设备和关键技术服务依靠外国公司，以及能源人才培养不匹配等问题依然是制约中国能源安全的系列难题。为此建议鼓励国内技术创新，推动和夯实国际战略联盟。

第四，近20多年来，国内跨区域能源基础设施投资与建设取得重大进展，但是，跨国性的基础设施资产分布在周边不同国家，涉及国内外多部门的协作配合，建议建立健全安全运输保障体系，加强能源应急演练，防止任何传统和非传统因素的冲击。

第五，随着中国对外能源合作的推进，需要将"走出去"战略进一步提升为"丝绸之路"战略倡议，建设周边能源安全合作机制尤为关键。为此，需要不断加强中国与俄罗斯的全面合作，需要在中亚地区推动上海合作组织框架下能源合作示范区建设；在东南亚地区推进以中国与东盟自贸区为核心的区域合作层次，推进中巴经济走廊、孟中印缅等南亚区域合作；在西亚地区着力推动中国与西亚"超越石油贸易"的战略合作伙伴关系；在非洲地区大力推动中非能源合作，打造中非能源合作的升级版。目前"丝绸之路"战略构想尚处于跨区域合作的初期阶段和整体战略的规划阶段，面临诸多不同层面的挑战和压力，需要关注和管控主权利益间的差异和陆海权势力之间的冲突，特别是在海上"丝绸之路"门户东海和南海海域的冲突以及未来在北印度洋可能面临的海上势力的压力。

第六，中国的能源安全与全球能源安全密切关联。为提升自身的能源安全，还需要以开放与合作的态度，推动地区能源安全和全球能源治理体系的改造和发展。这一方面要求中国不断强化从区域到全球的能源治理体系建设，包括通过诸如上海合作组织和APEC等区域组织在地区层面加强能源安全治理体系的建设，也包括通过联合国和G20在全球层面为重建全球能源治理新体系发挥更加积极的作用。

第八章　中国与中亚油气合作前景

中国与中亚油气合作是跨区域合作的重要体现，也是中国践行新的能源安全观的成功案例。本章深入分析中国与中亚油气合作的发展阶段与性质、中亚国家油气资源潜力与发展规划、中国与中亚油气合作政策趋势，阐述这一跨区域油气合作趋势对"丝绸之路"战略倡议的地缘战略意义，从而深化对跨区域能源安全局势、面临问题和未来前景的认识。

一　中国与中亚油气合作的战略进程

中亚五国（哈萨克斯坦、乌兹别克斯坦、土库曼斯坦、吉尔吉斯斯坦和塔吉克斯坦）自1991年苏联解体而独立后，迫切需要加强经济独立与发展，巩固政治独立。而经济独立的基础在于尽快开发利用本国丰富的自然资源。为此，这些国家在1995年前后推出了油气等产业私有化政策。通过对外合作和联合开发，引入国际大资本、先进技术和技术服务，加快本国油气资源的勘探开发，推动一体化建设，提高国民经济实力。中国与中亚国家的油气合作正是始于这一历史背景。

1997年中国石油集团通过哈萨克斯坦的油气资产私有化，首先进入哈萨克斯坦西部的阿克纠宾油气一体化开发合作，使油气产量迅速回升，推动双边合作取得巨大成功，从而扩大了中方在哈萨克斯坦的合作业务，也推动了中方与中亚地区间的能源合作态势。至今，中国与中亚油气合作走过了近18年的历程（见框8-1）。

框 8-1

中国与中亚油气合作发展阶段

1. 1997—2005 年的进入与发展阶段

在这一阶段，中国石油集团以 3.25 亿美元收购阿克纠宾石油公司 60.28%的股份，成为作业者，进入哈萨克斯坦西部阿克纠宾州的扎那若尔、肯基亚克盐上和肯基亚克盐下等油田开发。随后逐步扩大到周边油田开发和油田出口管道建设以及天然气的加工利用。石油产量从进入初期的 200 万吨提高到 2000 年的 259 万吨。2003 年 10 月中国石油集团购买北布扎其项目股份，使石油作业产量上升到 500 多万吨。

同时油气基础设施建设不断推进。2002 年 5 月 23 日肯基亚克—阿特劳管道开工建设。次年 3 月 28 日肯基亚克—阿特劳输油管道竣工投产。2002 年 12 月 1 日建设的第一座 5 万立方米扎那诺尔石油储罐投产。2004 年 5 月 17 日中哈两国政府签署了油气领域全面合作的框架协议，双方公司签署了阿塔苏至阿拉山口原油管道建设基本原则协议；6 月底中哈原油管道建设正式启动。11 月 27 日肯基亚克盐下油藏至扎那若尔油气处理厂油气混输管线投运。

2. 2005—2008 年进一步发展阶段

2003 年后，国际石油价格上升，包括中亚产油气国在内的全球油气资源国提高石油税收，加大国有公司参与对外合作项目的股份，提高环保标准等，这些政策调整使外国石油公司面临严峻的投资环境挑战。一批较小的石油公司和个别较大的西方石油公司开始出售中亚地区（主要是哈萨克斯坦）的油气资产。

2005 年后，中国公司先后与土、乌、哈三国签订了上游气田产品分成合同、天然气购销协议、政府间过境协议、企业间协议等一系列主要法律文件，逐步形成上下游、产炼销一体化的产业格局，包括 2005 年中海油、中石油与哈国家油气股份公司签署了开发位北里海达尔汉区块油气资源合作备忘录；2005 年 10 月 27 日中国石油集团以 41.8 亿美元收购加拿大的"哈萨克斯坦石油公司"（PK 公司），创当时中国企业海外大型并购之范例；2005 年 12 月 15 日中国石油集团与哈萨克斯坦国家油气公司共同投资建设的中哈原油管道一期工程（阿塔苏—阿拉山口段）投产，2006年中国—哈萨克斯坦石油管道全线投产。作为中国第一条跨国原油管道的投产为中国开辟西部石油战略通道开了先河。2007年8月，中哈国有石油公司签署了中哈原油管道二期工程建设和运营协议。阿塔苏—阿拉山口原油管道延长至肯基亚克，并与肯基亚克—阿特劳管道相连，将管道的运输能力达到2000万吨/年。

这一阶段的合作在天然气领域取得较大进展。2006—2007年，中国与土库曼斯坦分别签署了中土天然气管道项目、天然气购销协议及阿姆河右岸油气田产量分成等协议。其中，阿姆河天然气项目成为中国当时规模最大的境外陆上天然气勘探开发合作项目。在2008年投产后的30年内，土库曼斯坦每年向中国出口300亿立方米的天然气，并成为西气东输二线的主供气源。2007年中方与哈、乌签署土库曼斯坦—哈萨克斯坦—中国天然气管道的协议。2008年6月30日，中国—中亚天然气管道正式动工。作为中国第一条天然气跨国管线，与同期建设的西气东输二线衔接，直供中国珠三角和长三角地区市场。

2008年，中哈签署扩大天然气及天然气管道领域合作框架协议。根据协议，哈方在保证每年提供50亿立方米天然气进入中哈天然气二期管道的基础上，保证阿克纠宾油的天然气进入中哈天然气二期管道。同时，中哈双方共同合作开发乌里赫套凝析气田，在满足哈国南部地区天然气需求的情况下，每年对华出口天然气50亿—100亿立方米。在此原则下，双方共同实施从别依涅乌—巴卓伊—克兹洛尔达—奇姆肯特区间的中哈天然气二期管道项目，年输气能力为100亿立方米。

2007年4月，中乌签署建设和运营中乌天然气管道的原则协议；7月，两国国有石油公司签署中乌天然气管道建设和运营的原则协议，除组建合资公司加快项目运行外，2005年中国石油集团进入乌兹别克斯坦咸海勘探开发项目，2008年10月15日还与乌兹别克斯坦签署明格布拉克油田开发项目。

3. 2008—2012年金融危机后的调整阶段

2008年下半年全球金融危机对中亚国家油气勘探开发产生了较

大影响。中亚国家更加强化了对本国油气资源的控制，哈萨克斯坦停止对外签署产量分成项目，土库曼斯坦通过修订油气资源法，强化了对外资企业的监管力度，乌兹别克斯坦通过修改税法取消给予外国地下资源利用者的税收优惠等。但是，中国在中亚的油气合作依然取得稳步发展。

在油气上游领域，2009年中国石油集团主导经营的哈萨克斯坦阿克纠宾公司的石油产量突破600万吨；运用老油田改造技术和提高采收率技术，使20世纪80年代开发的扎那若尔老油田实现稳产增产；成功接管哈萨克斯坦曼格什套项目，获得了里海水域勘探区块，使勘探开发业务从陆上延伸到海上。至2012年中国石油公司在哈萨克斯坦的原油作业产量约占当年哈国总产量的23%，原油权益产量约为1580万吨，约占总产量的20%。

在下游领域，2009年12月途经土、乌、哈、中四国的中国—中亚天然气管道A线建成投产运营。至此，横贯四国的油气管道走廊初步形成。2010年中哈天然气管道二期工程开工。2008—2011年中国分别与中亚三国签署了系列新的天然气购销框架协议。根据协议，土库曼斯坦向中国每年增加供应200亿立方米天然气，乌兹别克斯坦将向中国每年供应50亿—100亿立方米天然气，哈萨克斯坦每年向中国供应50亿—100亿立方米天然气。

2011年中国与哈、乌分别签署了中亚输气管道C线建设企业间协议，该管道年设计输送能力250亿立方米，2012年年初开工建设。该管道的建成大大提升中亚国家向中国的供气能力。2012年12月，中国公司与道达尔联合进入塔吉克斯坦从事天然气的勘探开发。

4. 2012年至今的新阶段

自2012年以来，中国石油公司在哈萨克斯坦主要油田石油产量已过高峰期，产量上行压力增大，中国公司在中亚的合作战略呈现新的发展方向：一是扩大基础设施建设，扩大对中亚油气资源的利用程度；二是进军里海油气区，扩大产能。2013年9月3日，中国石油集团与土库曼斯坦天然气康采恩签署年增供250亿立方米的天然气购销等协议。根据这一协议，在现有供气基础上，到2020年左右土库曼斯坦每年向中国出口天然气总量可达到650亿立方米以上。

加上乌兹别克斯坦和哈萨克斯坦的输气量，向中国的总出口量可达到 800 亿—850 亿立方米。2014 年 5 月 30 日，输气能力 250 亿立方米的中国—中亚天然气管道 C 线竣工投产，至此，A、B、C 三条线总输气能力达到 550 亿立方米。同时，中亚天然气管道 D 线也在年内开工建设。

除了管线建设外，工程承包和技术服务业务也取得重大推进。2013 年 9 月中国石油集团承建的土库曼斯坦复兴气田南约洛坦项目竣工投产，还计划承建土库曼斯坦加尔金内什气田二期地面工程的钻井、设计、采购、施工"交钥匙"工程，计划到 2018 年年底，将建成 300 亿立方米/年商品气产能。

在开展上述基础设施建设的同时，中国石油集团积极扩大新的勘探开发区域。2013 年 11 月中国石油集团成功收购里海北里海财团 8.3%的股份，成为卡莎甘油田的股东，从而加速进入里海油气开发进程，是这一阶段的重大发展。

综观中国与中亚油气合作的进程，重要的发展标志是：（1）1997 年进入阿克纠宾项目并向一体化方向推进；（2）2005 年收购 PK 公司资产，在哈萨克斯坦实现油气业务的新飞越；（3）2006 年中哈原油管道建成运营，打通了中国与中亚的石油运输通道；（4）2006—2007 年，中国分别与土库曼斯坦和乌兹别克斯坦签署了中亚天然气管道项目、天然气购销协议及阿姆河右岸油气田产量分成等协议。之后途经土、乌、哈、中四国的中亚天然气管道 AB 线建成投产，打通了中国—中亚天然气进口通道；（5）2008 年后，在夯实陆上业务的同时，进入里海海域，2013 年成功收购北里海财团 8.3%的股份，成为卡莎甘油田的股东，加速了进入里海油气开发的步伐。

到 2013 年年底，中国石油集团在中亚的原油作业产量为 2300 万吨，天然气作业产量 140 亿立方米，原油加工量 480 万吨，向国内输送原油 1500 万吨，天然气 270 多亿立方米。2014 年中国石油集团在中亚的原油作业产量约为 2400 万吨，天然气作业产量 200 亿立方米，原油加工量 480

万吨,向国内输送原油 2000 万吨左右,天然气 320 亿立方米左右。过去 18 年的历史见证了中国与中亚油气合作逐步从点到线、到面的方向过程,为推动地区能源一体化合作奠定了坚实的基础。

二 中亚油气资源潜力、现状和发展规划

1. 中亚油气资源潜力和增长趋势

(1) 油气资源量和剩余储量分析

根据美国联邦地质调查局(USGS)预测,中亚地区石油资源量为 172 亿—182 亿吨,天然气资源量 37 万亿—39 万亿立方米,其中石油资源主要分布在哈萨克斯坦,约占地区总量的 70%,其次是乌兹别克斯坦,约占地区总量的 22%;天然气资源量主要分布在土库曼斯坦,约占地区总量的 57%,其次是哈萨克斯坦,约占地区总量的 26%。

从油气剩余可采储量分布特点来看,石油剩余储量主要集中在哈萨克斯坦和土库曼斯坦,天然气剩余储量主要集中在土库曼斯坦、哈萨克斯坦和乌兹别克斯坦。据英国石油公司(BP)统计,截至 2013 年年底,哈、土、乌三国拥有石油剩余可采储量 41 亿吨,仅哈萨克斯坦占 39.3 亿吨;三国拥有天然气剩余可采储量 27.8 万亿立方米,其中土库曼斯坦 17.5 万亿立方米。[①]

进入 21 世纪以来,哈萨克斯坦和土库曼斯坦的油气储量明显增长,主要源于北里海卡沙甘油田的重大发现和英国 GCA 咨询公司对土库曼斯坦南约洛屯气田储量的重新评估,使两国的油气资源地位迅速上升,不仅成为本地区油气生产和出口大国,也将成为世界主要油气生产和输出国。

(2) 油气生产和出口现状

2013 年,中亚五国石油产量为 9810 万吨,其中哈萨克斯坦产量约 8180 万吨,占地区总量的 83% 以上;中亚地区天然气产量为 1360 亿立方

---

① BP, *BP Statistical Review of World Energy 2014*;土库曼斯坦天然气康采思统计的天然气证实储量为 24.3 万亿立方米;俄罗斯《国际文传》报道的证实储量为 25.21 万亿立方米(见《国际文传》"俄罗斯与独联体油气周刊",2011 年 11 月 23 日第 47 期)。

米，出口量约 600 亿立方米以上，其中土库曼斯坦天然气产量为 623 亿立方米，乌兹别克斯坦天然气产量为 552 亿立方米，分别占地区总量的 45.80% 和 40.59%。

近几年来，作为中亚主要的石油生产和出口大国，哈萨克斯坦的石油工业发展较快，石油产量和出口呈现持续增长的态势，其中，石油产量从 2000 年的 3530 万吨增长到 2013 年的 8380 万吨，出口从 2000 年的 2530 万吨提高到 2013 年的 6816 万吨。虽然该国陆上油气产量区域呈现递减趋势，但是该国三大主力油气田（田吉兹、卡拉恰干纳克和卡沙甘）尚未达到产量高峰，2030 年前哈萨克斯坦仍具有油气增产的潜力。

土库曼斯坦是中亚地区天然气生产和出口最具潜力的国家，天然气剩余可采储量从 2007 年的 2.3 万亿立方米猛增到 2013 年的 17.5 万亿立方米，居世界第四位。但是土库曼斯坦天然气产量受出口合同的影响较大，过去天然气出口渠道的单一性长期制约了该国天然气产量的增长。近几年俄罗斯进口土库曼斯坦的天然气合同量大幅减少，导致该国天然气产量大幅减少。2009 年中国—中亚天然气管道建成后土库曼斯坦的天然气产量出现了恢复性增长。2011 年产天然气 595 亿立方米，同比大幅增长 40.6%，2013 年生产天然气 623 亿立方米。鉴于土库曼斯坦天然气的资源潜力，未来 10—20 年天然气产量仍将大幅增长。土库曼斯坦石油产量基本维持在年产 1000 万吨的水平上下（2013 年为 1140 万吨），有少量出口。

尽管乌兹别克斯坦也是中亚主要油气生产国，但近几年来没有大油田投产，油气生产呈现持续下滑走势，石油产量从 2000 年的 750 万吨降到 2013 年的 290 万吨。2008 年后天然气产量也连续走低，增储上产困难。

2. 中亚油气政策和发展规划

（1）现行油气政策

中亚国家油气政策的核心内容是大力发展油气工业，满足国内对油气的需求；同时带动其他行业发展，增加财政收入，确保国民经济持续发展；实施油气出口多元化战略，实现能源利益最大化。为此，中亚各国采取了积极的对外开放政策，吸引外资，包括允许外国资本参与本国油气公司私有化,对外资开放油气区块招标,在税收优惠和投资保护方面创造良好的投资环境等。

随着中亚国家经济实力上升以及油气行业利润增长,纷纷采取措施加大政府对油气资源的控制力度,增强国家在资源利益分配上的话语权和投资导向,使本国利益最大化。近几年来,油气对外合作政策总体趋紧,对外国公司投资行为渐显严苛。例如哈萨克斯坦相继出台"国家优先权"、"当地含量"的本土化机制,设定产量分成协议中的成本回收限制和政府利润要求,提高资源开采领域税收,取消"产品分成协议"(PSA),修订合同条款,调整资源国与投资者的利益关系,强化对外资的社会责任要求等;土库曼斯坦通过修订油气资源法,强化对外资企业的监管力度;乌兹别克斯坦通过修改税法,取消给予外国地下资源利用者的税收优惠,大幅提高产量分成项目的税赋,进一步强化总统对天然气出口关税的调整权等。

(2) 油气发展规划

"资源立国"是中亚国家能源战略的核心思想。在苏联时期,哈萨克斯坦、土库曼斯坦和乌兹别克斯坦都是苏联的原材料供应地。三个国家独立后纷纷制订长期能源发展规划,把油气工业作为发展本国经济的重要支柱产业。近几年来,哈萨克斯坦先后制订了《2030年哈萨克斯坦发展战略》、《2015年天然气发展规划》、《2004—2010年天然气发展规划》、《2015年里海油气开发规划》、《2011—2015年油气战略发展规划》和《哈萨克斯坦2050战略》等一系列重要规划,详细阐述了本国能源发展的方向、目标及措施。主要可归纳为四个方面。

一是加快能源发展,保证国家能源安全。《2030年哈萨克斯坦发展战略》明确指出,能源发展战略的目标是为国家经济发展提供可靠的能源保障,按照可接受的能源服务价格,确保满足国内居民对能源的需求,发展可靠的节能体系,保证能源安全,保持健康的环境,减少对环境的污染。

二是加大投入,加快油气发展,促进出口多元化。《2030年哈萨克斯坦发展战略》提出,2015年石油产量计划达到1.2亿—1.7亿吨并维持

25—30 年，成为世界第六大产油国。为此，2015 年前里海海域石油投资达到 300 亿美元，到 2030 年达到 1500 亿美元。同时加快建立油气运输出口管线系统，促进出口多元化。

三是大力促进天然气工业发展。《2015 年天然气发展规划》提出积极开发新气田，在指定的期限内按计划完成卡拉恰干纳克油气田和田吉兹油田项目的实施，在扎纳若尔气田建设天然气加工厂。

四是加快里海油气开发。《2015 年里海油气开发规划》要求 2010—2015 年里海石油产量达到 1.15 亿吨，天然气产量达 630 亿立方米；开发相关的陆上基础设施；对外招标海上 120 多个区块和油气田，吸引国内外投资。

哈萨克斯坦的油气发展规划几经修改。根据其 2011—2015 年的油气发展规划，2015 年的石油和凝析油产量为 9500 万吨，出口 8400 万吨；天然气产量为 593 亿立方米，出口为 120 亿立方米。

表 8-1　2009—2015 年哈萨克斯坦油气产量与出口预测　单位：万吨、亿立方米

年度	2009	2010	2011	2012	2013	2014	2015
石油和凝析油产量	7650	7970	8100	8300	8300	8500	9500
出口量			7200	7400	7400	7000	8400
天然气产量	360	374	420	425	529	558	593
出口量	70	91	92	107	159	146	120

数据来源：《2011—2015 年哈萨克斯坦油气发展规划》。

然而，根据哈萨克斯坦 2010—2030 年规划，2015 年的石油产量调整为 9000 万吨，维持到 2018 年，2019 年和 2020 年上升到 1 亿吨，2025 年为 1.1 亿吨，2030 年逐步下降到 9500 万吨。而 2015 年的天然气产量调整为 550 亿立方米，基本维持到 2018 年，2019 年和 2020 年上升到 650 亿立方米，2025 年 780 亿立方米，2030 年继续增加到 820 亿立方米。2015 年天然气的出口量为 140 亿立方米。随着国内天然气需求的上升，出口量将稳步下降到 2018 年的 90 亿立方米和 2020 年的 40 亿立方米。

表 8-2　　2010—2030 年哈萨克斯坦天然气发展规划　　单位：亿立方米

年度	2015	2016	2017	2018	2019	2020	2025	2030
产量	550	540	560	550	650	650	780	820
商品气产量	270	260	270	240	260	240	230	225
消量	130	135	150	150	180	200	250	300
出口	140	125	120	90	80	40		

资料来源：《2010—2030 年哈萨克斯坦油气发展规划》。

2013 年土库曼斯坦石油产量 1140 万吨，出口 310 万吨；2013 年天然气产量 620 亿立方米，出口天然气 430 亿立方米。根据土库曼斯坦《2030 年前油气工业发展战略》，2015 年石油产量目标为 2000 万吨，出口 1050 万吨；天然气产量 1205 亿立方米，出口 807 亿立方米；2020 年石油产量目标 3000 万吨，出口 1000 万吨，天然气产量目标为 1700 亿立方米，出口 1400 亿立方米；2030 年石油产量目标为 6700 万吨，出口 4200 万吨，天然气产量 2300 亿立方米，出口 1800 亿立方米。

然而，土库曼斯坦在制定的经济发展纲要中提出的油气发展主要任务是：加大对里海油气资源的勘探与开发；优先建设油气领域的基础设施，建设新的石油和天然气运输管道；加大对陆上油气资源的勘探和开采；发展油气加工业和石化工业；加大吸引外资力度，允许外商直接投资。此外在《2030 年油气发展规划》中提出，到 2030 年天然气产量达到 2500 亿立方米，石油产量达到 1.1 亿吨。为了实现这一规划，必须实施更加开放的对外合作政策。

2013 年乌兹别克斯坦的石油产量为 290 万吨，出口 130 万吨；2013 年天然气产量为 552 亿立方米。根据该国 2010—2030 年规划，2020 年天然气储量增长 1 万亿立方米，原油储量增长 7000 万吨，凝析油储量增长 6600 万吨。乌国预计 2020 年石油产量为 350 万吨，天然气产量 660 亿立方米。2030 年油气行业发展构想是：将加大勘探、增加油气储量作为战略重点，提出到 2030 年油气可采储量分别达到 1.3 亿吨和 2.4 万亿立方米（凝析气达到 1 亿吨）。

吉尔吉斯斯坦和塔吉克斯坦的石油和天然气资源有限，油气消费量也有限。预计 2015 年吉尔吉斯斯坦的石油消费 10 万吨，天然气消费量 7 亿立方米，2020 年和 2025 年该国的石油消费量为 11 万吨，天然气消费量分别为 7.3 亿立方米和 7.5 亿立方米。预计 2015 年塔吉克斯坦石油消费 160 万吨，天然气消费量 2.9 亿立方米，2020 年到 2030 年该国的石油消费量为 280 万吨，天然气消费量为 3.8 亿立方米。

三　中国与中亚油气合作政策趋势

1. 对现行合作政策的分析

通过对过去 18 年发展阶段的分析，中国的中亚油气合作政策是以双赢互利为原则，以稳步推进为基本战略，积极响应资源国的中长期发展战略，规划对应的合作思路和方式。目前双边合作的特点是坚持合作原则，突出国内供应安全；通过国有公司的国际化经营战略，推进双边合作，以双边的合作模式，协调多边和地区性合作；以油气为重点，兼顾经贸和基础设施建设。总体上看，这些政策是中国"走出去"战略的重要体现，实践证明是成功的。但是现行的合作政策也面临着系列挑战。首先中方的中亚油气合作面临高峰产量下扩大产能规模的困难局面，深度合作缺乏整体的思路；其次多边合作难以推进；再次，资源国逐步修改过去相对有利的合作政策，使得外国公司如何适应这些政策调整，成为有待研究的新议题。

从企业层面看，过去的跨区域合作战略依托于国内企业的国际化经营（即"走出去"）战略。20 多年来，国有企业的"走出去"战略取得了显著发展。然而，"走出去"战略往往被外界理解为中国的单边意志和行为，而且中国企业在"走出去"的初期往往采取"少说多做"和"只做不说"的策略。这种不尽透明的经营策略容易让外界产生诸多猜疑和误解。因而难以产生主动融合和协同发展的合作愿望。

从国家层面看，中国作为消费国，面对不断扩大的能源资源进口依存，政府长期强调资源供应安全，对外投资的目的在于满足本国的供应缺口，确保本国供需平衡。这一政策考虑了本国的利益，但难以避免外部所谓的"资源掠夺"、"中国威胁论"和"新殖民主义"等压力。虽然国内学者做了诸多理性分析，然鲜有分析中国对外合作政策自身存在的问题，即中国对外合作政策重在确保自身供应安全，较少在双边上和地缘空间上确保供需互保的合作与共赢的安全利益。

2. 未来合作政策的基本思考："陆上丝绸之路经济带"的战略倡议

自1997年以来，中国与中亚地区（特别是哈萨克斯坦和土库曼斯坦）开展了以油气资源开发和油气管道基础设施建设为重点的大规模合作。中国已经在这一地区形成了5000多万吨油当量的生产能力、2000万吨原油运输能力、超过500亿立方米的天然气运输能力以及500万吨的原油加工能力，为双边大经贸合作奠定了扎实的基础，在一体化开发、综合开发和区域合作安全保障等方面积累了经验。2013年下半年中国领导人提出的"陆上丝绸之路经济带"战略倡议在国内激发了跨区域协同发展的新思路，同时得到了沿路诸多国家的积极响应。中亚国家在"丝绸之路"战略倡议上与中国具有诸多共识和相似的战略构想。对于中国来说，中亚地区是潜力巨大的周边合作区，与中亚国家的紧密合作与中国今后的改革开放、长治久安和可持续发展休戚相关；对于中亚国家来说，中国既是巨大而稳定的市场，更是它们通向亚太市场的陆桥、出海口和战略支点。夯实中国与中亚地区的油气合作对双方具有多重战略意义，并形成互为依托、互为支点的跨区域合作。

从能源安全角度看，中国与中亚的油气合作是供需互保型能源安全的重要体现。从"陆上丝绸之路经济带"战略构想看，中亚地区是今后跨区域合作的第一个战略板块，具有重要的战略地位和期待。通过过去18年的实践，中国与中亚国家在油气领域逐步建立了新型的跨区域合作的示范区。特别是中国石油集团进入中亚所开展的合作模式和所取得的成功体现了中国跨区域合作中的诸多创造和"东方智慧"，包括中国对中亚资源国主权利益和系列政策调整的充分尊重，包括努力适应这些国家一体化开发和综合开发利用等发展诉求，通过签署多重协议，建立综合合作机制，确立相互融合的"合作文化"。在战略规划上，中国避免了将中亚视为廉价原材料供应地的思维，摒弃了"大国欺负小国"的做法，坚持平等、互利和互惠的合作实践，不仅视中亚地区为共同开发"陆上丝绸之路经济带"的关键地带和战略支点，而且是共同发展的机遇区，而不同于西方国家习惯性地将中亚地区油气开发视为"大对抗"的延续。①

四　中国与中亚油气合作展望

1. 现行政策情景下的油气合作展望

根据现行政策，对于国有石油公司来说，中国—中亚油气合作依然以哈萨克斯坦和土库曼斯坦为重点。其中，在哈萨克斯坦，随着陆海勘探开发的推进，石油作业产量有可能进一步提升到3000万吨以上；在土库曼斯坦，通过合作开发和工程技术服务，2020年天然气作业产量还有进一步提升的空间，所利用的天然气规模有可能达到800亿立方米以上。

其中，以战略通道为主线，做强哈国油项目、做大土国气项目、做实乌国新项目，可形成哈土乌若干油气合作区，年油气产量达到5000万吨以上。中方其他石油公司包括国内有实力的民营企业也将加大与中亚国家的油气一体化合作步伐。2015年从中亚地区进口油气约5200多万吨油当量，2020年向国内年输送油气8000万吨油当量。

2. 新政策情景下的合作展望

我们认为，这一情景下的合作具有三大特征：

一是全面推进油气合作。首先，进一步巩固中国在哈萨克斯坦的合作基础，依托中哈原油管道的优势，扩大中哈原油合作规模；同时将中哈原油管道向西拓展，与哈萨克斯坦的里海港口的油气田管网相连，将原来通过里海国际石油管线从里海港口销售到欧洲的原油输往中国；其次，依托

---

① 指19世纪沙俄与大英帝国瓜分欧亚大陆腹地的"大对抗"或"大竞赛"，即把中亚当作欧亚大陆的一个"大棋盘"。参见兹比格纽·布热津斯基《大棋局：美国的首要地位及其地缘战略》，中国国际问题研究所译，上海人民出版社1998年版，第43页。这种把中亚国家当棋子，无视中亚民族利益的思维在1991年苏联解体后在西方地缘政治学中大行其道。

中国—中亚天然气管道不断拓展的优势,进一步扩大与沿线所有国家的天然气合作规模,将这一管线与沿线国家的管网连接,逐步扩张为具有更大覆盖面的中国—中亚天然气管网,从而进一步加大与中亚国家油气上下游领域的全面合作。

二是综合发展,即在今后 10 年内,围绕油气开发这个中心,推动中国国内油气产业发展与中亚油气产业的协同发展。有可能在中亚国家建设中亚油气技术服务体系,修建石油设备制造中心和技术培训中心;同时进一步推动中国—中亚国家在煤炭、水电、风能和光伏等可再生能源和核能领域的合作。其中,中国与中亚国家的跨界河流资源开发已列入合作议程。

三是与社会需求的协同发展。今后中国将加强与中亚国家在多边领域的合作,直接推动地区一体化开发;利用上海合作组织等地区性合作机制,推动本地区政治、经济和文化的全面合作。国有企业也将顺势发展,不断提升企业的社会责任和本地化,使多国人民共享合作成果。

第九章 中国与东盟能源合作前景

东南亚国家联盟（东盟）10国地处印度支那半岛和东南亚海域，具有丰富的能源资源，能源开发利用历史较长；东盟国家所处的地理位置十分重要，地缘政治意义重大；东盟自身是相对成熟的区域性合作组织，在亚洲和世界具有独特而重要的地位和作用。

与中国与中亚油气合作相比，中国与东盟能源合作范围广泛，潜力巨大，但是合作进程相对缓慢，面临的问题更加复杂。

一 东盟能源资源特点与供需前景

1. 能源资源潜力

东盟的煤炭资源在全球占据较为重要的地位。根据英国石油公司（BP）统计，东盟煤炭总储量达到330亿吨，占世界总储量的3.6%，主要集中在印度尼西亚（3.1%）。2013年国际能源署（IEA）的《东南亚能源展望》报告评估的煤炭储量为170亿吨，占世界总储量的2.3%。[1]

东盟的天然气资源相对丰富。东南亚探明天然气储量为6.3万亿立方米，占全球总量的3.5%。IEA评估为7.5万亿立方米。天然气储量主要集中在印度尼西亚和马来西亚，未来东南亚的深海和非常规天然气资源潜力巨大。

东南亚天然气资源分布与需求中心相距甚远，需要建设长距离运输基

---

[1] IEA, *Southeast Asia Energy Outlook*, 2013.

础设施,特别是大型液化天然气(LNG)出口设施以及更加灵活的 LNG 运输设施,将天然气运往东盟内外市场。近几年来,由于天然气勘探滞后和投资需求过大,成本升高,导致东南亚地区的天然气基础设施项目处于停滞状态。但是,区域内大型天然气基础设施项目(包括大型天然气管道网络)依然具有较大的竞争力。

东南亚地区的石油探明储量为 144 亿桶,占世界总量 0.9% 左右,大于 IEA 的数据(0.8%)。东盟国家的油田开发相对成熟,区域内大型油田大多处于产量递减期,潜在的大油田由于投资力度不够难以形成产量接替;本地区的经济发展和人口迅猛增长使得石油资源开发面临巨大压力。

可再生能源在东盟一次能源消费结构中的比重较小,但潜力不小。水能资源潜力分布不平衡。其中,印度尼西亚的水力资源开发潜力较大,目前水电装机容量为 4642 万千瓦;越南的水电装机容量为 2817 万千瓦;马来西亚装机容量为 2558 万千瓦(分东部电网和西部电网,中间没有互联);菲律宾的水电装机容量为 1158 万千瓦;缅甸的水电装机容量为 436 万千瓦。老挝的水利资源主要集中在湄公河流域,装机容量为 322 万千瓦;柬埔寨装机容量为 87 万千瓦,并与泰国、越南联网,输入电力;泰国水电资源相对匮乏,目前装机容量为 3359 千瓦,能源自给率仅 50% 左右。此外,印度尼西亚是世界上第二大地热生产国,菲律宾也有丰富的地热资源,是世界上第四大生产国。

东盟国家高温多雨,森林资源丰富,农业发达,是一个生物质资源十分丰富的地区。油棕、木薯、甘蔗、小桐子、蓖麻等种类在世界名列前茅。东南亚国家油棕的出口量占世界 80%。受欧盟市场需求的刺激,印度尼西亚和马来西亚油棕出口分别达到 2000 多万吨,具有较强的竞争力。东南亚国家的木薯产量占世界 1/4,特别是泰国、印尼和越南。甘蔗是泰国与菲律宾等东盟国家主要作物。这些农作物为东南亚国家发展生物质能源提供了巨大机会。此外,东盟国家的农业废弃物每年 2 亿多吨,加上每年的城市垃圾,总量在 4 亿吨以上,是非常丰富的生物质高效发电资源。同时在工农业加工中产生的废弃物、废水和污泥也为可循环能源提供了前所未有的再利用资源。只要在原料丰富的地区建厂,充分利用废弃物资源化利用技术，开发生物能源工业和生物增值产品，可以增加农村就业，增加农民的收入，进一步提振农业经济和农村发展。

2. 能源供需前景

从东盟整体看，根据IEA新政策情景，到2035年东南亚能源需求将增长83%，从2011年的5.49亿吨油当量上升至2035年的10.04亿吨油当量（表9-1）。在此期间，2011—2020年的能源需求年增速为3%，而在2020—2035年能源需求将降到2.3%。这一趋势反映了东南亚地区经济及人口增长逐渐下降的趋势，也与能效提升有关。在消费结构方面，该地区依然严重依赖化石燃料，后者的能源需求占比将从2011年的76%上升至2035年的80%。

表9-1　　　　　　东南亚国家一次能源消费　　　　　　单位：亿吨油当量

年度	2011	2020	2025	2035	2011—2035
印度尼西亚	1.96	2.52	2.82	3.58	2.5%
马来西亚	0.74	0.96	1.06	1.28	2.3%
菲律宾	0.40	0.58	0.69	0.92	3.5%
泰国	1.18	1.51	1.68	2.06	2.3%
其他国家	1.19	1.61	1.78	2.21	2.6%
总计	5.49	7.18	8.04	10.04	2.5%

资料来源：IEA, *Southeast Asia Energy Outlook*, 2013。

具体地说，石油消费将逐渐从2011年的430万桶/日上升至2020年的540万桶/日，到2035年为680万桶/日。随着燃油发电及工业石油消费量的减少，燃煤经济性的提高以及更多生物燃料的使用，石油消费比重将从38%逐步下降至31%。

东南亚的石油出口在20世纪90年代达到峰值（300万桶/日），此后逐渐下降。2013年东南亚的石油产量为250万桶/日，主要来自印度尼西亚（36%）和马来西亚（27%）。除文莱外，当前其他东南亚国家都是原油净进口国。2004年印度尼西亚从净出口国变为净进口国，并暂停了在石油输出国组织（OPEC）中成员国地位，而马来西亚在 2013 年成为原油净进口国。在整个东南亚地区石油需求继续增长的背景下，产量下降意味着进口继续增长。据 IEA 估计，到 2035 年该地区的石油净进口量将是 2012 年的 2.5 倍，即从 200 万桶/日增加到超过 500 万桶/日。由于印度尼西亚等一些国家对成品油消费采取补贴政策，促使石油消费继续增长，而不断增加的石油进口又成为这些国家巨大的经济负担。

东南亚的天然气产量持续增长。2035 年前印度尼西亚和缅甸将进一步加大天然气生产，马来西亚的天然气产量也有小幅上升空间，而泰国的天然气产量可能下跌 75%。该地区的天然气总产量将从 2011 年的 2030 亿立方米上升到 2035 年约 2600 亿立方米。其中大约三分之一的增量将在 2020 年前投产。

东南亚地区一直是 LNG 的主要出口地区（主要是印度尼西亚、马来西亚和文莱）。2013 年东南亚地区 LNG 产能为 900 亿立方米，占到了世界总量近 1/4。在印度尼西亚和马来西亚，天然气产地和需求地之间地理上的分离使得它们既是 LNG 的出口国，同时也是进口国。

东南亚的天然气需求将从 2011 年的 1410 亿立方米增长到 2035 年约 2500 亿立方米，增长率为 77%。天然气需求占总能源需求的比例维持在 20% 左右。由于该地区许多气田已经进入产量递减期，而潜在含油气盆地与需求中心较远，地区内新增天然气需求将由进口 LNG 来满足。今后东南亚国家如果采取更加严厉的污染管理措施，天然气需求将继续增长。

东南亚的发电能力稳步增长，从 2011 年的 176 吉瓦增长到 2035 年的 460 吉瓦。到 2035 年新增装机能力约 300 吉瓦。在新政策情景下，东南亚的发电量以平均每年 4.2% 的速度增长，从 2011 年的 696 太瓦时增长到 2035 年的接近 1900 太瓦时。除了燃油发电外，其他所有能源的发电量都将增长；然而，电力结构面临重大变化，其中，煤炭发电比例从 31% 增长到 49%，而天然气发电比例从 44% 下降到 28%。燃煤发电增长速度快于除生物能外的任何一种其他能源。

煤炭正逐渐成为东盟地区的主要电源。燃煤电站装机量已经占东盟各国在建火电装机容量的四分之三，将使煤电比例从 2011 年约 30% 增长到

2035年的49%，使东盟煤炭需求从2011年的1.3亿吨煤当量增加到2013年的4亿吨煤当量，年均增速4.8%，快于世界上其他任何煤炭消费国家和地区的增长速度，到2030年前将超过欧盟的煤炭需求量。

目前，煤炭在多数东盟国家处于主体地位。在今后相当长的时间内，这一主体能源地位难以改变。根据IEA展望，到2020年，东南亚的煤炭产量将达到5.10亿吨煤当量。2011—2035年，东南亚地区煤炭产量年均增长率为2.4%，同期，煤炭需求年均增长率为4.8%。这种趋势导致马来西亚、泰国、菲律宾和越南等国家增加煤炭进口。从长期来看，印度尼西亚的出口增长速度有所回落，不断增加的煤炭生产成本将影响该国的出口前景。

我们分析，东盟煤炭需求增长主要原因是：（1）煤炭资源相对充足且成本低廉；（2）东盟国家缺乏严格的环境标准。虽然目前规划或在建的多数燃煤电厂使用的是亚临界技术，这种电厂将比超临界电厂多使用15%的煤炭，但是相对于目前的煤价和资本价格来说，这种选择在经济上被认为是可行的。[①] 与之相对，天然气开采成本不断增加，国内价格过低，促使产气国家更倾向于出口天然气，而不是用于国内消费。

3. 主要国家能源发展前景

（1）自1991年产量达到160万桶/日以来，由于老油田进入递减阶段，新油田规模较小，新增储量不足以替补下降的产量，印度尼西亚的石油产量缓慢下降，2013年的石油产量仅65.7万桶/日。为了减缓石油产量下降，石油工业需要开发更加复杂和昂贵的项目，例如提高采收率以及在深海区域推进勘探作业活动。掌握先进技术的国际石油公司可以发挥重要作用。雪佛龙公司使用提高采收率的方法减缓了米纳斯和杜里油田产量的下降。但是，印度尼西亚石油产量的下降难以逆转，IEA预计到2035年产量将降至60万桶/日。随着国内石油需求的增加，印度尼西亚的净进口将从2013年的74万桶/日增长至2035的140万桶/日。

---

① IEA, *World Energy Outlook 2013*, p. 166.

尽管从 20 世纪 90 年代中期以来，该国石油产量一直稳步下降，天然气产量却在 2013 年达到 701 亿立方米。主要产区位于苏门答腊和东加里曼丹，最大的未开发区域为东纳土纳区块。据报道，该区块拥有天然气储量约 1.3 万亿立方米。目前最大挑战是基础设施建设落后，因为该国大量的资源都集中在外部群岛上，远离位于爪哇群岛的需求中心。建设浮式液化天然气（FLNG）为偏远地区天然气开发提供了可能。

印度尼西亚的天然气主要运往日本、韩国和中国。2013 年，印度尼西亚为全球第五大 LNG 出口国。到 2035 年印度尼西亚的天然气产量有望增长 70%，达到 1400 亿立方米。在 2020 年前，LNG 项目的发展将对该国天然气产量形成推动。此外，页岩气和煤层气也将在 2020 年后对天然气产量有所贡献，2035 年非常规天然气产量预计达到 200 亿立方米/年。

印度尼西亚也开始准备进口 LNG 以满足不断增长的国内需求。2012 年印度尼西亚和美国 Cheniere 公司达成协议将从 2018 年起每年进口 80 万吨 LNG，这也是印度尼西亚的第一份 LNG 协议，而 2019 年后再从 Cheniere 公司进口 76 万吨 LNG。在 2012 年，在爪哇岛西部，印度尼西亚建设了其第一个 LNG 接收站，另外两个在 2013 年中建成。印度尼西亚政府决定将天然气优先用于国内发电和天然气工业，因此，未来天然气出口量将趋于减少。

目前，印尼的用电普及率为 75%，还有 25% 的人口用不上电。为此必须大力发展电力产业，提高现代能源的普遍服务。为了应对环境污染和气候变化，该国逐步加大发展可再生能源在电源结构中的贡献。该国在生物质能方面有较大的发展潜力。目前可再生能源占比为 5%，政府制定了非常优惠的政策，计划到 2025 年可再生能源占比达到 25%，在这 25% 中，8%—9% 来自于生物能源。印尼计划大力发展生物能源产业，主要解决农村地区的用电问题。该国对太阳能产业支持力度越来越大，正在形成太阳能市场的加速发展态势，计划 2014 年年底光伏发电装机达到 200 万千瓦。此外，印度尼西亚重视地热能源，已经出台了电网发展政策，通过电网电价支持，使装机容量已经达到 140 万兆瓦。

（2）马来西亚是东南亚地区第二大石油生产国，其探明石油储量为 40

亿桶，主要分布在马来西亚半岛、沙捞越和沙巴州。自主要油田进入衰减期以来，马来西亚的石油产量从 2003 年的 83 万桶/日逐渐下降，2013 年原油产量为 65.7 万桶/日，已经成为原油净进口国。

马来西亚油田主要由资源量小于 1 亿桶的边际油田构成。为了提升产量，马来西亚政府出台了相关的财政刺激政策，包括税收优势和出口关税豁免，以吸引外部投资。未来的石油产量有赖于潜在的深海大型油田。但是，即使这些大油田投产也不足以阻止其产量的长期下降走势。IEA 预计，马来西亚的石油产量将在短期内增加至 74 万桶/日，但此后产量接替乏力，到 2035 年产量会下降至 42 万桶/日。

2013 年马来西亚的天然气产量为 691 亿立方米。按照 IEA 的预测，从中期来看，马来西亚的天然气产量将有所上升，在 2020 年达到 700 亿立方米/年，在 2035 年下降到 650 亿立方米/年。2020 年天然气净出口将上升到 300 亿立方米/年，但之后随着国内天然气消费的增长，天然气净出口量将逐步下降。

（3）泰国的石油和天然气资源相对有限。海上的天然气还有待开发。国内能源消费主要依赖于煤炭、石油和部分天然气供应和可再生能源（主要是从周边国家输入的水电）。预计今后泰国对煤炭和水电的需求进一步提升。2013 年可再生能源在泰国能源消费结构中的比重为 20% 左右，可再生能源在发电中的比重为 10.9%，计划到 2021 年提高到 25%。

在东盟国家中，泰国较早提出了发展太阳能的计划。2013 年 7 月 16 日，泰国通过了能源政策决议，鼓励发展太阳能产业，计划到 2025 年光伏发电装机容量达到 200 兆瓦。生物燃料占可再生能源销售量的 90% 左右。

（4）水电是越南最大的电能，占比 43%。[①] 随着国内经济的发展，未来越南仍然需要不断发展火电，不断进口煤炭。同时不断加强对海上石油和天然气的开发，推动燃气涡轮发电。在可再生能源方面，除了 30 兆瓦以下的小水电外，还有风能、生物燃料，以及太阳能光伏，比例大约占整

---

① 越南的水电装机容量有不同的类型，最大的份额是大水电，但不视为可再生能源，而装机容量在 30 兆瓦以下的水电才列为可再生能源。

个发电量4%。越南发展清洁能源的主要潜力和优势在于水电,有数以千计的地点可以发展水电,从100兆瓦到更大的规模,主要分布在北部和中部。在山区以及偏远地区有发展微型水电站的潜力。

越南拥有丰富的太阳能资源。目前太阳能光伏的投资费用比较高,目前项目少、规模小。但是越南发展光伏的态度积极,计划到2025年达到250兆瓦,包括三种类型:一是独立的太阳能系统,主要应用于在农村地区;二是混合型系统,把太阳能系统和其他方面能源系统混合在一起;三是联网的太阳能系统。在越南中部和南部有较大的风能潜力。计划到2020年风能达到1000兆瓦,2030年达到6200兆瓦。作为农业大国,越南有很大的生物燃料发展潜力。目前有一些小的实验性的生物燃料的项目。此外,越南的地热和海洋资源丰富,有待转化成为实际使用的能源。

越南对核电的态度较为积极,目前正在进行场地准备、劳动力培训和法律框架的建立,已经与俄罗斯签订建设第一座核电站的协议,计划2015年年初开始施工,2025年投产。

二 中国与东盟能源合作现状与问题

1. 能源合作现状

中国与东盟国家的能源合作范围广泛,大体可以分为两个层面:一个层面是中国和东盟的普遍合作;一个层面是中国与次区域国家所进行的重点能源合作(如GMS电网电力互联互通)的深度合作。中国与东盟的能源合作除了能源贸易外,还包括技术支持、投资、工程建设和人员交流与培训。

中国企业投资东南亚市场始于20世纪80年代,中国水电集团先后投资和承建了马来西亚巴贡水电站、印度尼西亚佳蒂格迪大坝、老挝南俄5水电站、柬埔寨甘再水电站等大型项目,成为东南亚基建市场的重要生力军。2013年,中国水电集团在东盟市场新签约项目25个,合同额超过33亿美元。

2006年以后,以中国华能集团公司参与投资缅甸政府兴建的瑞丽江一级水电项目为标志,中国对东南亚水电投资逐步加大。大唐集团公司以 BOT 模式投资的太平江水电、中国电力投资集团公司参与投资的伊洛瓦底江水电、中资联合控股参与投资的萨尔温江水电等一大批由中资企业全额投资或参与投资的水电项目迅速签订合作协议,并进入实施阶段。

目前,包括中国水利水电建设有限公司、中国水电工程顾问集团、中国葛洲坝集团公司、中国长江三峡集团公司以及五大电力集团在内的国内水电企业在东南亚已经投资兴建和计划投资兴建的水电项目达 60 余项,预计投入资金上千亿元人民币,项目遍及缅甸、老挝、泰国和柬埔寨等东南亚国家。[①]

中国与东盟国家的油气贸易份额不大。2013 年中国从马来西亚进口 60 万吨原油、265 万吨天然气。中国石油集团、中国石化集团和中国海油在印尼均有中小规模的投资合作项目。但是,相比之下,中国石油公司和马来西亚国家石油公司在第三国的石油合作开发比较活跃。此外,多家中国光伏企业进驻马来西亚光伏市场。2013 年 6 月,中国太阳能企业卡姆丹克太阳能集团宣布投资约 4 亿美元在马砂捞越州首府古晋工业区兴建大型太阳能晶片厂,为中国光伏企业来马投资首开先河。航天机电公司与印尼政府和企业签署备忘录积极开展印尼市场,中国建材集团与泰石化将联合建设泰国最大规模的 50 兆瓦光伏电站,中国单晶硅片商已经在马来西亚设厂,并且 6 月份试产,将在 8 月正式投产。据统计 2014 年 1—4 月,中国对东盟出国硅片规模超过 2 亿美元,接近 20%,合作效果已经初步显现。

中国与缅甸的能源合作谈判可以追溯到 1993 年以前。但是,大型合作项目直到 2010 年 6 月中缅油气管道投入建设才开始。中缅管道建设的目的在于从油气基础设施入手,启动双边油气合作;增加西南地区油气供应;同时规避马六甲海峡的运输风险,提升中国的整体石油安全。

---

① 郝云剑、张阳:《中国企业东南亚水电投资风险与防控对策》,《水利经济》第 32 卷,2014 年第 2 期,第 57—69 页。

2. 大湄公河次区域电力合作现状与问题

大湄公河次区域（GMS）的电力合作始于1992年。在亚洲开发银行的主持下该项区域合作成立了专门的政府间论坛和专家组，签订了《电力联网与贸易政府间协定》，审议通过了2020年的电力联网框架蓝图，并且达成了《大湄公河次区域电力贸易运营协议》，区域各国间的电力贸易正从点对点的零星贸易向网对网的大规模贸易发展。

由于次区域各国的经济发展水平存在一定差距，因此电力基础设施建设发展也参差不齐。在GMS各国中，缅甸、老挝水能资源均较丰富，两国电源结构以水电为主，丰水期时会出现电力盈余，可向国外出口电力；枯水期时出现电力供应不足，需从国外进口电力。目前，缅甸、老挝两国电网覆盖率低，技术不成熟，老挝还未形成统一的电网系统，开发率较低，极大限制了其电力产业的发展。

越南和泰国电力基础设施虽较完善，但是，越南水能资源分布不均匀，呈北多南少的情况，且随经济的快速发展，其国内电力供给不能满足用电需求，需向国外购电。泰国资源匮乏，本国电力能源远不能满足经济发展的要求，需大量购买国外电力，由于环保原因大部分水电属不宜开发资源，且煤炭资源贫乏，发电过分依赖天然气，是湄公河次区域主要的购电国家。

2012—2016年泰国的电力需求增长率为6%，电力的需求将从35600兆瓦到2021年的44200兆瓦。根据能源部的"电力发展计划"，泰国已于2013年建成17座电厂，但是仍难以满足2015年的电力需求，需要继续从邻国输入。

云南省是中国水能资源大省，可开发水电站装机容量9795万千瓦，居全国第二。但水电资源开发率不足10%，开发潜力巨大。在"十二五"期间，云南省规划新建136座水电站。2012—2013年，云南省水电装机容量每年新增超过1000万千瓦。2014云南省将再新增水电装机1310万千瓦，2015年总装机容量将达到8000万千瓦。但是，2013年以来云南等南方省区的经济增速总体放缓、产业结构加快调整等因素影响以及云南地区水电项目大量投产,导致云南汛期电量富余难以消化,电力外送,将是消纳云南剩余电力的重要方式。

目前,GMS 部分国家已开展了国际电力贸易,但大部分是电力流的单向交易。中国向邻边国家(越南、老挝)的边境地区出售电力,共同开发水电站及输变电设施(缅甸、老挝),积极建设连接周边国家与沿边境地区的电网(缅甸、老挝),共同建立次区域的跨国输变电网络,积极承包建设与开发越南、柬埔寨、缅甸、老挝的电力工程。GMS 国家之间的电力合作主要是泰国、越南在缅甸、老挝投资建设电站,然后购入后者的电力。

当前,GMS 存在着诸多问题。首先这一跨国电力合作规划深度不够,落实得更少。其次是目前的合作都是双边合作,没有真正地形成多边合作。电力系统的规模效益最为重要。由于双边合作缺少制度约束,因此在投资和合作这个方面,显得比较混乱,将给未来东南亚地区电力合作带来了一些经济上的问题。这里有体制方面的原因,也有 GMS 地区经济发展不平衡的原因和缺乏多边合作机制保障的原因。再次,信息的协调不足,合作信息零散。技术差异大。这些问题都需要沟通、协调,达成共识,达成比较一致的合作机制,为此需要建立大湄公河电力协调中心(RPCC)。最后,GMS 不单纯是经济合作,各方合作的根本目的是实现国家利益最大化,从而保障国家的安全。这里就存在一些政治障碍(比如泰国和柬埔寨之间的领土主权纠纷)、经济障碍(由于次区域国家经济发展水平不高,导致电网建设资金投入不够)、环境障碍〔由于在湄公河(澜沧江)修建水电站会对下游水资源利用和鱼类洄游产生不利影响〕,都是 GMS 各方关注的焦点。[①]

对于中国来说,如何发挥自身的角色也是一个有待研究的问题。经过多年大规模的水电开发建设,截至 2009 年,中国中东部地区水资源基本开发完毕,西部地区由于地理条件等限制,开发潜力不大。对于众多的水电开发企业而言,急需寻找新的待开发资源。东南亚缅甸、老挝、柬埔寨

---

① 韩宝庆:《大湄公河次区域电力贸易与合作的障碍分析》,《电力技术经济》2007 年第 1 期,第 12 页。

等国紧邻中国,水电资源丰富,自身开发能力低,水电开发成本与国内几无差异,地缘优势明显,并且可以实现电力回送,缓解中国南方地区电力需求不足。与此同时,亚行、世行等金融机构逐渐减少了为东南亚国家水电开发项目提供的融资,该区域水电开发融资出现困难。国内外投资环境的改变促使中国企业近年开始抢占东南亚水电开发市场。2013年,习近平主席倡议建立亚洲基础设施投资银行,这个机制可以为次区域提供更好的融资服务。

三 中国与东盟能源合作的战略方向

1. 地缘战略定位

东南亚地处太平洋和印度洋之间,又处于亚洲大陆和大洋洲之间,形成两大洋和两大洲间的"十字路口",不仅是沟通亚洲、非洲、大洋洲之间海上航行的必经之地,也是南北美洲与东南亚国家之间物资交流、航运的交汇地区。[①] 在该地区有许多重要的国际要道(如马六甲海峡、巽他海峡、龙目海峡、巴士海峡和望加锡海峡等)。努力发展与东南亚国家的经贸合作关系,不仅有利于确保中国海上运输通道的畅通,也有助于中国能源安全在海洋空间上的开拓。

中国和东盟互为对方重要的市场。2010年1月1日中国—东盟自由贸易区全面启动。此后中国与东盟的贸易不断增长,2013年贸易总额达到4436亿美元。这是目前世界人口最多的自贸区,也是发展中国家间最大的自贸区;到2013年,中国和东盟双边累计投资额超过1100亿美元,中国对东盟的直接投资快速增长。2013年中国非金融类直接投资57.4亿美元,增幅高达30%。东盟也是中国企业开展工程承包市场和劳务合作的重要目的地。中国东盟投资合作基金向东盟提供了优惠信贷。东盟国家还是中国倡议成立的亚洲基础设施投资银行的重要合作伙伴。

东盟国家是南海安全的攸关方。自1992年东盟作为一个整体对南海

---

① 王正毅:《边缘地带发展论》,上海人民出版社1997年版,第27页。

问题发表《东盟南海宣言》以来,中国与东盟之间的对话从未停止,并一直为切实推进中国和东盟国家的安全合作助力。①

东南亚地区是海上丝绸之路的重要战略板块。在历史上,海上丝绸之路起到了沟通东西方政治、经济、文化的作用。东南亚国家是海上丝绸之路的重要组成部分。这些国家不仅对丝绸之路的畅通和繁荣起了重要作用,同时也是丝路贸易的重要经营者、货物来源和消费市场。

2. 未来合作要点

基于以上认识,特别是东南亚地区是中国"海上丝绸之路"第一个战略板块的认识,中国与东盟能源合作的未来方向在于构建与合作、共赢和可持续能源安全理念相一致的战略倡议和配套的合作机制。具体有如下三个要点:

第一,未来合作要体现中国—东盟的合作安全观,要求所有国家从自身的能源安全观走向合作、共赢和可持续的安全观。通过凝聚合作共识,构建和规范相应的合作机制,推动合作,有效管控纠纷和风险。

第二,未来合作需要共同探讨建立清洁和可持续的能源体系。东南亚是世界上人口最多的地区之一,区域内有两个人口过亿的国家(印度尼西亚和菲律宾),同时也是化石能源消费的新增长点,整个区域对煤炭、天然气和石油的需求持续上升,对可再生能源的需求增长滞后。但是面对全球气候变化,今后东南亚国家将面临越来越严重的环境压力,迫切需要寻找清洁化利用的途径和最佳实践,逐步建立可持续的能源体系,为中国和东盟的能源合作提供了巨大的空间。

第三,未来合作需要共同营造本地区的和平、稳定的合作环境。作为崛起中的负责任的大国,中国有责任和义务参与区域能源安全体系建设,提供相应的安全和公共服务。东盟国家也需要加强与中国的双边和多边合作,通过加强政治、外交和军事合作、文化合作,为能源合作创造良性的地缘政治保障、地区经济环境和可持续的生态人文环境。

---

① 葛红亮、鞠海龙:《"中国—东盟命运共同体"构想下南海问题的前景展望》,《东北亚论坛》2014年第4期,第29页。

3. 未来合作领域

第一，中国与东盟的能源贸易由来已久。印度尼西亚、越南和马来西亚是中国在东南亚的三大石油进口国，成品油进口主要来自新加坡，成品油出口则主要面向越南。近几年来，随着中国能源合作的多元化以及东盟国家能源出口的限制，中国与东盟国家的原油贸易规模下降，而成品油贸易则逐渐上升。在煤炭方面，自《中国—东盟全面经济合作框架协议》实施以来，东盟已经是中国进口煤的主要来源。2013年，中国从印度尼西亚进口6800万吨煤炭，从越南进口1300万吨煤炭，分别占中国煤炭进口第2位和第5位。同时，中国也加大了从印度尼西亚、马来西亚等国进口天然气的规模。2013年中国从马来西亚和印度尼西亚各进口LNG 243万吨和265万吨。今后中国与东盟新能源产品贸易逐渐增加。除了面向欧美市场外，菲律宾、马来西亚、老挝也将是中国太阳能级多晶硅的重要市场。

第二，东盟对外资的需求旺盛。为了促进能源产业的发展，印度尼西亚一直鼓励吸引外资参与开发新的油气田。中国石油公司继续参与新油气田的勘探开发及旧油井的技术改造，提高油气产量。同时根据印度尼西亚拥有广阔的新能源市场，发展风能、地热能及太阳能等条件较好，岛屿众多，更需要通过分散的太阳能发电站满足偏远岛屿的电力需求等问题，中国可以利用自身在光伏产业及太阳能发电方面的优势，深化与印度尼西亚的能源合作，带动中国光伏产品的出口。

过去几年来，马来西亚煤炭消费倍增，为了控制煤炭碳排放，该国计划建设五座临界和超临界发电厂（装机容量在5000兆瓦）；马来西亚还计划将边加兰地区建设为辐射亚太地区的主要油气中心，并推出炼油化工整合计划。① 2011年4月马来西亚出台了国家可再生能源政策和行动计划。计划到2030年装机容量达到850兆瓦，到2050年增加九倍。这些领域为

---

① 马来西亚国家石油公司和一家中国台湾公司在该区一共投资高达3900万美金，建设两座日产量为45万桶的炼油厂，并与新加坡的吉宝企业有限公司合作在边加兰地区建立一个天然气发电站；马来西亚政府也计划把柔佛州的石油储存量翻三倍，达到一千万桶，增加国家石油储备，并免除负责建构石油储备的企业十年公司税、土地收购和银行贷款的印花税。2012年，马来西亚积极投资下游天然气项目，意在打造亚洲第一大油气中心。

中国公司进入马来西亚提供了机遇。可以预见,在未来几年内,马来西亚将维持发电厂建设的高潮,招标项目众多,燃煤、燃气、水电同步开发,市场机遇较多。中国电建企业在马来西亚经营多年,积累了丰富的市场开拓和项目实施经验,赢得了较好声誉(如中国水电承建的巴贡水电站项目),参与市场竞争具有一定比较优势,将有更大的合作空间,争取更大的市场份额。[1]

第三,大湄公河次区域电力合作有很大的发展空间。东盟具有建立东盟电网的构想,即把东盟10国的电网联网形成统一电力市场。这个构想的初级阶段仅限于东南亚国家间双边电网交易,规模较小,数量有限;第二阶段建成地区电网,连接马来西亚和泰国、新加坡的电网,第三方和第三国可通过某种协商机制使用这一电网;第三阶段建立互联互通的大电网,任何两个东南亚国家之间都可以实现电力的交易,老挝可以把富余水电卖给泰国,泰国把它南部的火电或者核电卖给马来西亚,马来西亚有富余电力卖给新加坡,形成统一的市场。这是东盟未来10—20年的电力构想。这一发展趋势与中国专家提议的建立 GMS 电力贸易中心的构想接近。[2]

4. 合作平台和合作机制建设

中国与东盟能源合作既有专门性的对话或论坛机制,也有综合性的合作机制。前者如中印(尼)能源论坛、"10＋3 能源部长会议";后者如中国—东盟自由贸易区(CAFTA)和大湄公河次区域经济合作等。

2002年9月,中国与印度尼西亚能源论坛在印度尼西亚巴厘岛举行,这标志着中印(尼)双方能源论坛对话机制正式启动。2004年6月9日,第22届东盟能源部长会议及第一届东盟和中日韩能源部长会议在菲律宾马尼拉相继举行,会议商讨了本地区能源供应安全和加强能源领域的合作

---

[1] 尚升平:《马来西亚电力基础设施现状及前景展望》,《国际工程与劳务》2013 年第 12 期,第 14—15 页。
[2] 程俊、王致杰等:《大湄公河次区域电力贸易中心设计及政策建议》,《水电能源科学》2013 年第 1 期,第 219—222 页。

等问题,中国正式加入东盟与中日韩的"10+3能源部长会议",为中国与东盟各成员国参与彼此的能源计划、加强能源对话与协作提供了一个新的渠道和机制。值得指出的是,在2013年东盟"10+3能源部长(巴厘岛)会议"上,中方提出了"新能源可持续发展倡议",旨在共同探讨清洁能源的创新合作模式,通过联合研究规划,建立试点示范项目,推动技术交流,共享最佳实践。目前,中国与东盟能源中心共动制订了东盟的核电培训计划,积极开展东亚地区清洁能源路线图发展研究,建立智能能源城镇试点示范项目,取得了明显的成果。2014年8月28日根据2013年中方关于新能源可持续发展倡议在成都举办了首次"中国—东盟东亚峰会清洁能源论坛"。

除专门性的对话或论坛机制外,CAFTA和GMS等综合性的合作机制也为中国与东盟的能源安全合作提供了一定的制度框架。CAFTA有关货物贸易、服务贸易、投资以及争端解决的规则同样适用于中国与东盟的能源贸易和投资及其产生的各种争端;GMS则主要是为中国与部分东盟国家的电力贸易提供可适用的规则。

此外,ReCCAP设立的"信息分享中心"加强了缔约国在打击海盗和武装劫船活动方面的信息合作,对保护中国的能源运输通道安全具有积极的意义。CANSC的非传统安全合作所涉内容十分广泛,几乎涵盖了能源领域的所有方面。ARF则是当前亚太地区最重要的官方多边政治与安全对话合作机制,为中国和东盟在政治、军事等领域开展能源安全合作提供了对话平台。①

---

① 黄莉娜:《中国与东盟能源安全合作的障碍与前景》,《北方法学》2011年第5卷总第28期,第98页。

第十章 中非能源合作现状与方向

中非能源合作是改革开放以来中国对外能源投资与合作的重大实践。这一实践体现了中国能源发展的新方向，展示了不同于西方对非合作的"东方智慧"和中国创造，也对今后跨区域能源合作政策和能源安全提出了新考验。本章综合我们过去的研究，结合中非能源（特别是油气）合作实践，深入分析中非能源合作的现状和未来方向，特别是新"丝绸之路"战略构想下中非能源合作前景。

一 非洲能源资源、开发和出口现状

1. 非洲能源资源禀赋

非洲地区是能源资源相对丰富的地区，但是各种能源资源的丰裕程度不同。根据英国石油公司（BP）的统计，2013年，非洲地区探明石油储量1303亿桶，占世界总量的7.7%。[①] 非洲石油储量丰富的国家是利比亚、尼日利亚、安哥拉、阿尔及利亚、埃及和南苏丹等国，其中利比亚的石油储量最大，储量达485亿桶，占世界总储量的2.9%；其次为尼日利亚，储量371亿桶，占世界总储量的2.2%。

2013年，非洲地区探明天然气储量14.2万亿立方米，占世界总储量的7.6%。天然气资源丰富的国家主要是尼日利亚、阿尔及利亚、埃及和利比亚。目前储量最大的国家是尼日利亚，储量达5.1万亿立方米，占世

[①] 除特别陈述外，本章中的非洲石油与天然气储量、产量、消费量、贸易量的数据均来自BP，*BP Statistical Review of World Energy 2014*，June 2014。

界总储量的2.8%；阿尔及利亚天然气储量4.5万亿立方米，占世界总储量的2.4%。随着东非天然气大发现的逐步推进，未来非洲地区的油气储量地位将有所提升。

非洲的煤炭资源并不丰裕，且分布极为不均。2013年，煤炭储量329.36亿吨，占世界总储量的3.7%，主要集中在南非（世界占比3.4%）以及津巴布韦与莫桑比克。

目前，非洲国家主要依赖传统的可再生能源，现代可再生能源资源优越，但是开发利用十分有限，在撒哈拉以南国家的现代能源利用程度仅为20%弱。由于地形和降水等原因，非洲水能资源分布很不均匀，刚果（金）、喀麦隆、安哥拉、加蓬、埃塞俄比亚等国水能资源较丰富。刚果河、尼罗河、尼日尔河、赞比西河是水力资源最丰富的河流，其中刚果河全流域可开发水能资源装机容量1.56亿千瓦，年发电量9640亿度，但是非洲水电发展很不均衡。目前，82%的水电站位于北非和南部非洲少数几个国家。[①]

撒哈拉以南非洲地区拥有世界上最好的太阳能和风能资源。非洲的风能资源约占全世界风力发电能力的20%。埃及、马达加斯加、肯尼亚、乍得、苏丹资源丰富，莫桑比亚、坦桑尼亚、安哥拉、南非和纳米比亚等国海上风力资源潜力很大。但是风电发展落后。

2. 非洲能源资源开发现状

非洲是世界一个重要的石油产区。2013年石油产量达4.19亿吨，占世界总产量的10%；最大产油国是尼日利亚，产量为1.11亿吨，占世界总产量的2.7%；其次为安哥拉，产量为8740万吨，占比2.1%；阿尔及利亚产量6890万吨，占比1.7%；利比亚产量4650万吨，占比1.1%；其他较大的产油国还有埃及、乍得、刚果共和国、赤道几内亚、加蓬、南苏丹、苏丹、突尼斯等。受制于经济发展水平等多重因素，非洲石油炼制能力十分低下。2013年炼油能力为1.76亿吨，占世界总炼油能力的3.7%，

---

① 杜曼玲、夏洁明编译：《非洲水电开发和大坝建设情况》，《水力发电》2013年11月。

且多年没有大的发展；2013年实际炼油量为1亿吨，仅占世界总量的2.9%。

2013年非洲天然气产量2403亿立方米，占全球总产量的6.0%。其中北非是主要的天然气产区，阿尔及利亚是最大的天然气生产国，2013年产量786亿立方米，占全球总产量的2.3%；埃及天然气产量561亿立方米，占世界总产量的1.7%。受战争的影响，2011年利比亚天然气产量仅41亿立方米，2013年恢复到120亿立方米，占全球总产量的0.4%。在撒哈拉以南非洲各国中，尼日利亚是最大的天然气生产国，2013年产量361亿立方米，占全球总产量的1.1%。

2013年非洲煤炭产量1.47亿吨油当量，占世界总产量的3.8%，仅南非的煤炭产量为1.45亿吨油当量，占世界总产量的3.7%，其他非洲国家煤炭产量很小。我们预计，在政局稳定的前提下，2014—2015年非洲地区的油气和煤炭产量和出口随着新产能的投产将逐步提升。

目前非洲水能资源仅部分得到开发，2011年水电装机容量为27吉瓦，风电装机总量为1.1吉瓦，仅为非洲电力装机总量的1%；近几年来，非洲国家加大水电开发力度。2013年非盟峰会宣布开展非洲大陆水电建设项目"2020水电工程"，多项水电项目相继开建。2013年5月，刚果（金）宣布于2015年开始修建非洲最大的水电站——大因加水电站。一期工程计划2015年开建，预计2020年可投入发电，装机容量为4800兆瓦。按照刚果（金）同南非达成的协议，其中一半的电力直接输送到南非；二期完工后，装机总量可达4万兆瓦，将为非洲提供近40%的电力。

2013年非洲和中东地区的风电新装机容量仅90兆瓦，累计装机容量1.25吉瓦。风电发展集中，目前累计装机容量1255兆瓦风电主要集中在埃及（550兆瓦）、摩洛哥（291兆瓦）、埃塞俄比亚（171兆瓦）、突尼斯（104兆瓦）、佛得角（24兆瓦）、南非（10兆瓦）、肯尼亚（5兆瓦）。随着南非、埃塞俄比亚、坦桑尼亚、摩洛哥等国风电项目上马，非洲的风电发展会出现飞跃。[1]

---

[1] 《全球风电之非洲和中东区域发展特点》，摘自《2014年中国风电发展报告》，参见中国分布式能源网（网址为http://www.chinaden.cn/news_nr.asp?id=6066&small_class=3）。

非洲国家重视太阳能资源的开发，部分国家开始通过修改税法，促进清洁能源产业的发展，包括对太阳能产品增值税的削减和取消。布基纳法索、尼日利亚、马里、肯尼亚等国太阳能电力产业发展较快，多个大型太阳能电站项目投入建设。2012 年非洲最大的太阳能电站在加纳开工，规划电站总装机规模达 155 兆瓦。

3. 非洲能源消费现状和出口方向

受经济发展阶段和产业结构等因素的制约，非洲的能源消费水平较低，尤其是现代可再生能源。2013 年非洲石油消费量 1.71 亿吨，占世界总消费的 4.1%。其中埃及石油消费量为 3570 万吨，占世界总消费的 0.9%，南非消费量 2720 万吨，占比 0.7%；阿尔及利亚石油消费量为 1750 万吨，其他非洲国家的石油消费量仅 9050 万吨，占比仅为 2.2%。

非洲地区的天然气消费量更小，2013 年天然气消费量为 1233 亿立方米，占世界总消费的 3.7%。最大天然气消费国是阿尔及利亚、埃及和南非。2013 年埃及和阿尔及的天然气消费量分别为 51.4 亿立方米和 32.3 亿立方米，分别占世界总消费的 1.5% 和 1.0%；其他超过 50 个非洲国家的天然气消费量仅占世界总消费的 1.2%。

非洲煤炭消费量很小，2013 年仅 9560 万吨油当量，占世界总消费的 2.5%，其中大部分消费来自南非；2013 年南非煤炭消费量 8820 万吨油当量，占世界总消费的 2.5%，占非洲总消费的 92.3%。近几年来，埃及等其他国家的煤炭消费量有所增加。预计 2015 年后，随着非洲地区经济的稳步发展，跨区域基础设施工程的上马，非洲化石能源的消费量将有一定的增加。

在可再生能源中，水电相对发展较好，具有一定的水电消费量。2013 年的消费量为 2570 万吨油当量，占世界总消费量的 3.0%；消费大国是埃及、南非，2013 年消费量分别为 290 万吨油当量和 30 万吨油当量。受经济发展和技术发展阶段限制，加之传统能源资源丰富，非水的现代可再生能源开发动力不足，消费量有限。2013 年，非水可再生能源消费量为 170 万吨油当量，占世界总量的 0.6%，其中埃及、南非和阿尔及利亚为消费大国，消费量分别为30万吨油当量、10万吨油当量和10万吨油当量。

2013年非洲核能消费量为310万吨油当量，仅占世界总消费的0.6%，仅有两座压水堆机组（装机容量为180万千瓦），均位于南非。

由于非洲能源消费有限，出口型能源贸易主要由石油、天然气和煤炭构成。其中原油出口量较大且波动较为频繁。2007年非洲的原油出口量达4.08亿吨，之后受金融危机影响而下降；2011年受北非动乱和利比亚战争影响，出口大幅下降至3.3亿吨，是2004年以来的最低水平；2012年有所回升，2013年出口量为3.34亿吨，占世界出口总量的11.8%。2014年原油出口继续回升到3.8亿吨左右。

从贸易流向上看，2013年非洲原油出口主要流向欧洲（占43.4%）、亚太（占总出口的36.4%）、北美（占14.2%）、中南美洲（占5.6%）。分国别来看，中国、美国、印度、加拿大和日本是非洲原油出口的主要目的地，2013年出口到上述国家的原油占非洲原油总出口比例为19.4%、12.0%、9.4%、2.2%和1.6%。非洲原油出口远高于原油进口，而由于炼油、石化等工业落后，石油产品进口量远高于石油产品出口量。

非洲也是世界重要的天然气出口地区之一。2013年非洲管道气和液化天然气出口量分别为366亿、465亿立方米，占世界总量的5.2%和14.3%。其中阿尔及利亚为该地区最大的管道气出口国，占总出口量的76.5%，利比亚出口量占比14.2%。液化天然气出口最大的国家是尼日利亚，占总出口量的48.2%；其次是阿尔及利亚，占总出口量的32.0%；其他出口量较大的是国家是安哥拉、埃及和赤道几内亚，分别占总出口量的0.9%、8.0%和11.0%。

从流向上看，2013年非洲管道天然气出口中的45.3%流向意大利，31.1%流向西班牙，7.9%流向南非。2013年非洲液化天然气主要出口到日本、西班牙、法国、土耳其、韩国、印度和中国，占比分别为21.1%、13.5%、14.0%、11.4%、11.0%、3.0%和3.9%。

预计未来几年，随着稳定的地区局势的持续，非洲地区的石油和天然气出口量将稳步上升；随着炼化能力的增强，石油产品进口量有所下降，石油产品的逆差有望得到扭转。

该地区仅南非及莫桑比克出口煤炭，其余国家均需要进口。

二 非洲油气政策动向

1. 北非地区油气政策调整加大

2013年1月，阿尔及利亚国会审议了能源矿产部2012年提交的《石油法》的修正案。主要修改包括：（1）引进新的财税优惠措施，鼓励非常规油气勘探和生产，鼓励开发小的油气发现，鼓励在勘探程度极低的地区以及海上或地质条件复杂和缺乏基础设施的地区的勘探；（2）放宽对油气勘探和生产的监管环境；（3）取消暴利税，但是征收较低的额外收益征税。在新增的条款中，国家石油公司占股51%的规定将由上游项目扩大到炼油和石化项目。2014年3月新石油法生效后举行的招标推介会吸引了150多位国际石油公司代表参加，展示了新石油法修改具有的吸引力，将进一步推动该国油气勘探开发。

2014年年初，利比亚在2014年招标中引入新的勘探开发分成协议和新石油法案。石油部已成立了石油法案评价委员会起草法案，并成立了一个专门委员会修订新版合同的相关细节，希望提供更具吸引力的财税激励措施，促进国际石油公司在该国偏远和危险的地区开展勘探。

2. 西非地区油气政策收紧

西非几内亚湾已探明石油储量超过100亿吨，约占世界总储量10%。近几年来，几内亚湾陆续出现系列重大油气发现。特别是2007年6月英国塔洛石油公司（Tullow Oil）在加纳海域发现Jubilee大油气田，成为10年来西非具有10亿桶储量以上的最大石油发现。2008年后，刚果共和国、加纳海域和安哥拉海域也出现系列发现。这些发现进一步激发了西非地区产油国开发油气的热情。近两年来有关法规政策调整明显，一方面继续实施对外开放，另一方面保护和加强资源国的利益。

（1）加纳：2013年6月6日，该国内阁批准长期拖延的石油法——《石油活动框架中的石油活动本土化和本土参与政策》。该立法文件要求在本国石油活动中更多地利用当地的产品和服务。根据这项政策，在授予石油许可证协议时，加纳公司有优先权；外国公司需要与加纳公司合作才能获得与石油有关的协议；加纳方必须在所有合资公司中持有最少5%的权益；合资公司不能转让给非加纳公司；由能源部酌情决定是否续约。该项政策还要求外国公司使用当地服务并利用加纳公司制造的产品，同时要求它们进行研发投资，旨在将技术转让给加纳公司。

目前一些相关国家政府和外国石油公司正在对该法案进行评估，普遍持批评态度。一些国际石油公司也称，本地化法案威胁到加纳石油行业的发展，使其到2021年很难达到加纳政府制订的25万桶/日的石油产量目标。但是，加纳议会坚持法案的合理性。加纳能源部部长认为，石油已取代可可成为加纳的第二大出口商品，未来五年石油行业将获得200亿美元收入，因此政府决心确保国家从其资源中获得最大的利益。但是，新的立法不仅可能阻止各种国际服务的提供者进入加纳市场，而且过高的目标也没有充分考虑加纳有限的产业规模、配套服务能力、本地的石油行业综合实力及现有的技术能力，使得该法案在实际操作过程中可能面对各种挑战。

（2）安哥拉：2013年7月18日，安哥拉议会批准了就宽扎陆上地区和下刚果盆地的石油区块招标的一般条件立法。根据该项立法文件，在新的陆上石油区块招标前，10个下刚果盆地的陆上石油区块和宽扎盆地的23个陆上区块将被分开处理，主要目的是防止社会和环境冲突。政府将通过公开招标推动安哥拉的企业进入本国的石油上游领域，同时力求石油储量最大化，从而增加石油产量。政府的战略除了推动本国企业外，还包括吸引新的国际投资进入安哥拉石油业，从而带动就业和安哥拉员工的培训。

（3）加蓬：2014年7月，在与国际石油公司进行招标区块的最后谈判之前，加蓬议会通过了新的石油法。尽管出于吸引外国投资的需要，新石油法将增加一些优惠鼓励措施，但总体来看，新法将采用更为严格的财税条款。新法初稿规定，加蓬政府在各项目中的参股比例从10%提高到20%；项目的所有行政职位和石油服务行业中90%的岗位都由加蓬公民承担。预计新法定稿时,可能增加更多有利于加蓬政府的条款。例如加蓬政府已经利用审计在中石化 Addax 公司的 Obangue 油田中获得更多的股权和监督权;法国 Perenco 公司已经接受了针对其各许可证的更为严格的财务条款,以避免受到额外的审计。另外,本地含量政策也可能变得更为严厉,加蓬石油工会在石油行业内具有相当的影响力,不太可能接受与新法初稿偏离过大的条款。考虑到深水盐下勘探具有成本高、技术难度大等特点,预计加蓬政府会寻求对投资者更为有利的成本回收和利润油分配政策来鼓励盐下勘探。

(4)利比里亚:2013 年 9 月,该国议会通过了《2013 年利比里亚国家石油公司法案》,该法案将国家石油公司拆分成三个独立的机构,分别为监管机构、石油部以及新的国家石油公司。为了使国家利益最大化,利比里亚试图修改《石油法》,但新法案长期处在讨论中,至今未能通过,导致计划中的数轮招标受到影响。

(5)几内亚:石油法草案原计划通过评审后于 2014 年 6 月 30 日提交到议会,但由于国内埃博拉病毒蔓延,担任评审工作的法国咨询机构 Beicip-Franlab 专家不愿前往,致使该草案的进一步评审工作被推迟。几内亚石油法草案提出更高的本地化含量要求,增加了政府参与份额,提出了建立国家石油公司的设想。几内亚通过新的石油法后将增加该国的投资机会,同时提高外资的政策风险。

(6)尼日利亚:该国石油工业法案(PIB)于 2013 年 3 月 7 日进入二审阶段。PIB 长久推迟出台给尼日利亚造成明显影响,议会石油上游委员会认为,2010 年以来由于 PIB 久拖不决已有近 280 亿美元投资项目被延迟。此外,壳牌中止了两个总值约 300 亿美元的深水开发项目。预计今后几年该国石油产量难以出现增长。

重组尼日利亚国家石油公司(NNPC)是 PIB 中的一个重要提案。2013 年 5 月 28 日,尼日利亚石油部部长马杜埃克表示,待 PIB 出台后,将依据新法对 NNPC 进行重组,部分资产将提供给私人投资者。根据提案,私人投资者最多可以持有新 NNPC30% 的股份。由于 PIB 仍难以在短期内通过,重组 NNPC 议案引发该国上游投资者的更多担忧。

3. 东非油气大发现和新政策动向

东非天然气大发现是近年来世界油气行业的重要热点，东非油气勘探历史不短。莫桑比克最早的勘探活动可追溯到 1904 年，但早期勘探活动投入小，技术水平有限，勘探成果很少。

然而，从 2001 年开始，乌干达政府与多家国际能源公司合作，开始对位于其境内的东非裂谷系西支最北段阿尔伯特裂谷进行油气勘探工作。2006 年英国塔洛石油公司发现了 KF 油田，被列为 2006 年全球油气十大发现之一。此后该地区又陆续发现十多个油田，可采储量约达 11 亿桶。[①] 预计阿尔伯特盆地石油总储量在 24 亿桶左右。[②] 塔洛公司的成功形成了示范效应，既促使东非各国加快了石油区块招标，又吸引了更多的国际石油公司参与东非地区的油气勘探和开采活动。

莫桑比克大规模气田的发现则将东非油气大发现推向高潮。从 2003 年开始，莫桑比克启动了早期发现的潘德气田和泰玛尼气田的生产，同时通过多轮区块招标加快推动油气勘探活动。2010 年，美国阿纳达科石油公司在莫桑比克境内的鲁伍马盆地内发现了三块大型天然气田。2012 年年初开始，埃尼公司、阿纳达科石油公司陆续在莫桑比克东部海上发现七处大型天然气资源。[③] 这些新发现大大扩大了莫桑比克已探明天然气储量的规模。

与此同时，在坦桑尼亚、肯尼亚等国也有突破性发现。2011 年年初以来，英国天然气集团和英国欧菲尔能源公司合作在坦桑尼亚第 4 区块和第 1 区块先后发现了多个气田。2012 年年初，挪威国家石油公司与其合作伙伴埃克森美孚石油公司在坦桑尼亚海域 2 号区块 Zafarani – 1 号井发现优质天然气储层。[④] 2012 年 3 月，塔洛公司在肯尼亚西北部的图尔卡纳湖地区

[①] 温志新、童晓光、张光亚、王兆明：《东非裂谷系盆地群石油地质特征及勘探潜力》，《中国石油勘探》2012 年第 4 期。

[②] CWC Group, "Discover the Investment Opportunities in East Africa", http：//eastafrica – oil – gas. com/why – invest – in – east – africa/.

[③] 雷蕾编译：《东非油气开发吸引全球目光》，《中国石化报》2013 年 2 月 22 日第 8 版。

[④] Sospeter Muhongo and Thomas Cargill , "Tanzania as an Emerging Energy Producer", http：// www. chathamhouse. org/sites/default/files/public/Research/Africa/260213summary. pdf, February 26, 2013.

获得重大石油发现。这是该国迄今为止首次发现石油，探井中发现的原油成分几乎与7年前乌干达发现的轻质原油相同。[①] 2012年9月，肯尼亚天然气勘探也取得重大突破，在近海姆巴瓦海域水下2553米处发现了厚达52米的天然气层。[②] 目前，该国46个油气区块中的44个区块的许可证已经发给23家国际公司，政府还计划继续举办7个新区块的招标。

东非油气大发现改变了东非油气资源贫乏的历史，给非洲经济发展带来了希望，是我们分析非洲油气开发潜力和中非油气合作中的新因素。

首先，东非油气大发现使非洲油气资源地位上升。2010年年底乌干达探明石油储量为25亿桶，跻身非洲储量前十位。2013年实现原油生产后，石油产量至少达20万桶/日，成为非洲十大产油国和全球50大产油国之一。[③] 在莫桑比克，仅美国阿纳达科公司和意大利埃尼公司在鲁伍马盆地发现的储量已在77万亿—112万亿立方英尺之间，仅该地区天然气探明储量就已足以位列非洲第三（仅次于尼日利亚和阿尔及利亚）。[④]

近年来东非天然气大发现可能是冰山一角。据美国地质调查局估计，莫桑比克和坦桑尼亚的海岸区蕴藏着250万亿立方英尺的天然气及145亿桶原油。[⑤] 莫桑比克可能成为仅次于俄罗斯、伊朗和卡塔尔的第三大天然气资源大国。[⑥]

其次，东非油气大发现改变了地区经济发展前景。东非各国经济依赖农业，是非洲发展程度较低的地区。大部分东非国家（坦桑尼亚、乌干达、莫桑比克、埃塞俄比亚、索马里、厄立特里亚等）均为联合国划定的最不发达国家。然而，据估计，2012年5月美国阿纳达科石油公司和意大

---

① Angelia Sanders and Maya Moseley, "Emerging Energy Resources In East Africa", https://www.cimicweb.org/cmo/medbasin/Holder/Documents/r020% 20CFC% 20Monthly% 20Thematic% 20Report%20（13－SEP－12）.pdf, September 13, 2012.
② 胡英华:《东非：全球能源市场新热点》,《经济日报》2012年12月4日第4版。
③ 李达飞:《乌干达石油梦想将成现实》,《中国石化报》2011年5月27日第8版。
④ 亚当·库里:《莫桑比克或成为天然气生产大国》,《中国矿业报》2013年3月26日第A8版。
⑤ 同上。
⑥ ZAWYA, "Eastern Africa: Oil Giant?", http://www.zawya.com/story/Eastern_Africa_Oil_giant-ZAWYA20130110051648/, January 10, 2013.

利埃尼石油公司相继在莫桑比克靠近印度洋的区域发现储气量达 30 万亿立方英尺和 10 万亿立方英尺的大型气田，总价值超过 8000 亿美元，是莫桑比克当前国内生产总值的 36 倍。① 未来石油资源开采带来的收入增长势必成为东非经济增长的重要内容。石油财富不仅会加快东非国家资本积累过程，而且会增加其经济发展的内生能力和动力。

同时，东非油气大发现吸引了大量外国油气公司和相关行业的投资。自 2006 年乌干达发现大油田以来，东非吸引外国直接投资增速明显加快。2006 年东非吸引外国直接投资 33 亿美元，占非洲吸引外资总量的 9.0%；2011 年则分别上升到 86 亿美元和 20.1%。② 根据德勤公司的研究报告，2012 年东非吸收私募基金投资达 4.75 亿美元，同比增长 138%，成为非洲吸收私募基金投资最多的地区，占非洲私募基金投资的 41.9%。③

与此同时，东非油气开发还将带动大量基础设施建设和相关产业发展。在乌干达，据估计仅建设炼油厂、道路基础设施以及连接西部地区与 1300 公里外肯尼亚蒙巴萨港口的输油管道的投资规模就将高达 100 亿美元。④ 在坦桑尼亚，政府提出了尽快成为全球主要天然气出口国的目标，由此改变本国经济结构，实现从传统农业经济模式向工业化的根本性转变。⑤ 其他国家也有望借助油气资源开发的机遇加快经济发展的步伐。

2012 年后东非油气大发现推动了东非国家纷纷修改税收法律以增加政府在油气领域的权益。

（1）肯尼亚政府于 2014 年 7 月 15 日发布公告，石油和矿产领域的股权交易必须上缴资本所得税，并计划修改所得税法，根据矿产资源的价值规模确定相关所得。按计划，2014 年 10 月该国议会通过修改后的石油法，推出新一轮的招标。2014 年年底出台油气工业投资管理办法。

---

① 胡英华：《东非：全球能源市场新热点》，《经济日报》2012 年 12 月 4 日第 4 版。
② UnctadStat, "Inward and Outward Foreign Direct Investment Flows, Annual, 1970 - 2011", http://unctadstat.unctad.org/TableViewer/tableView.aspx? ReportId = 88.
③ 中国驻肯尼亚经商参处：《东非成为非洲最吸引私募基金投资的地区》，http://ke.mofcom.gov.cn/article/jmxw/201304/20130400100642.shtml, 2013 年 4 月 24 日。
④ 李达飞：《乌干达石油梦想将成现实》，《中国石化报》2011 年 5 月 27 日第 8 版。
⑤ 胡英华：《东非：全球能源市场新热点》，《经济日报》2012 年 12 月 4 日第 4 版。

（2）乌干达也同样要求油气公司股权交易须缴纳所得税，并向议会提交了《石油收入管理政策》和《公共金融法》草案。

（3）莫桑比克议会于2014年8月11日批准石油法修订建议，对2001年批准的文件做出重大修改，同时考虑到当前社会、经济和政治局势，指出"石油运营通过公开招标及直接谈判而授出的特许权合同来实施。授出石油运营权时必须始终尊重国家利益，即国防、导航、研究和保护海洋资源、现有的经济活动和总体环境"，明确油气开发的国内市场义务至少为25%。

（4）坦桑尼亚在油气合同条款方面未见放宽迹象。按照2012年发布的产量分成协议，海上矿区使用费率由5%提高到7.5%，最低签字定金250万美元，而且提高了协议初期的勘探承诺。在政府所得、财务条款方面，该国的比例在非洲国家中最高。坦桑尼亚坚持国家在深海石油产量分成合同中发现石油后的权益为30%，不包括公司税（30%）、矿区使用费（5%以上）、国家石油公司参与股份（10%）和服务费（0.3%）。对于天然气，政府占61%。

近几年来，上述国家的政策动向清晰反映了非洲国家的发展利益和发展诉求，是中非能源合作中必须关注的重要问题。

三 中非能源合作的历程和性质

1. 中非石油合作的历程

中非能源合作大体可以分为以20世纪90年代初期非洲国家实行经济自由化、2000年国际油价大幅上涨和2008年下半年全球金融危机以后三个阶段。

第一阶段：中国石油集团于1996年进入非洲油气上游领域，在苏丹中南部特别是1/2/4区块展开勘探开发、管道建设以及250万吨的炼油厂建设。1999年，中苏石油项目实现石油出口，使苏丹成为石油净出口国，成为苏丹石油工业历史中的标志性事件，对周边国家（如乍得）和其他非洲国家产生了良好的示范效应，在世界上产生了巨大反响。在这一阶段，中国不仅在苏丹享受着巨大的石油合作利益，而且开始向非洲其他国家的石油合作领域拓展。

第二阶段：2000年以后，特别是2003年以后，国际油价开始大幅上涨，非洲的合作环境出现了变化。以阿尔及利亚、尼日利亚、安哥拉等国家为代表的一批非洲产油气国家，开始加大对本国油气资源的保护或控制力度。同时，外国公司投资项目的社会环境、利益分享和透明度等问题不断暴露。本地区内外的非政府组织对于非洲石油污染、资源治理和透明度问题的讨论日益活跃。一些非政府组织对于中非石油合作中的低工资、石油污染和透明度提出质疑。

第三阶段：2008年下半年全球金融危机爆发后，国际油价下跌，导致非洲资源国外汇和财政收入减少，经济发展减缓，物价、失业等民生问题突出。2011年北非局势动荡，在埃及、巴林、也门、叙利亚和利比亚形成"多米诺效应"。2011年4月，利比亚爆发内战，导致该国石油工业几乎瘫痪，西方石油公司大撤离。这一年上半年的非洲乱局对地中海地区石油运输形成了直接威胁，特别是利比亚石油供应的中断对国际石油市场造成了较大冲击，也对于外国石油公司在非洲的投资形成很大影响。南苏丹独立和南北冲突给中国石油集团在苏丹的持续发展带来新的挑战。同时，中方在阿尔及利亚和乍得的合作项目面临困境。

2. 中非油气合作模式

中国对苏丹油气投资创造了"苏丹模式"。1995年苏丹总统巴希尔访问中国，在苏丹石油产业发展举步维艰之际，表达了希望中国投资苏丹石油行业的愿望，得到了中国的肯定回应。经外经贸部批注，中石油与苏丹签订了6区产量分成合同，与马来西亚国家石油公司、加拿大塔利斯曼公司和苏丹国家石油公司共同组建国际财团联合开发1/2/4区块石油资源，累计可采储量8.51亿通。1997年起，中石化ZPEB苏丹公司与苏丹能矿部、大尼罗河国家石油公司等合作承担1/2/4区、5区、6区、3/7区油田钻井、油区规划、地面建设等基础工作，并获得3/7区块的权益。2003年，中石油在3/7区和1/2/4区发现多个大中型油田。2005年，中石油与马来西亚国家石油公司等联手与苏丹政府签订15区项目产量分成合同。

除上游业务外，中国石油企业也陆续拓展下游业务。1997年，中石油与苏丹合资建设喀土穆炼油厂，2000年投产，2006年原油加工能力达500万吨/年。1999年，中石油参与建设的黑里格油田至苏丹港原油长输管线建成，管线长1506公里，输油能力21万桶/日。2003年，苏丹6区油田至喀土穆炼油厂管道建成，管线长716公里。2006年，苏丹3/7区至苏丹港长输管道建成，管线长1370公里。除中石油和中石化之外，中化集团公司、中信集团等多家公司也在大力投资苏丹油气产业。在中国石油企业的广泛参与下，苏丹油气产业只用了短短数年，即从一片空白到建立了拥有完备的上下游一体化的石油工业体系。中国在苏丹油气领域的巨大成功举世瞩目，成为中国在境外油气投资的典范。此后，多个非洲产油国均希望中国采用"苏丹模式"对其油气领域投资。

中国对安哥拉油气投资创造了获得巨大成功的"安哥拉模式"。2002年内战结束后，安哥拉开展战后重建，但资金严重匮乏；西方国家纷纷撤离安哥拉。中国对安哥拉"雪中送炭"，为其战后重建提供了20亿美元的贷款，双方约定安哥拉在未来的17年内，每天为中国提供1万桶原油（后增至4万桶），这种以资源还贷款的方式即为"安哥拉模式"。2006年，中石化与安哥拉国家石油公司达成合作协议，合资组建中石化—安哥拉石油国际公司，中方占股75%；该公司投资30亿美元在洛比托建设炼油厂，原油处理能力达24万桶/日。中石化还通过招标获得安哥拉17号勘探区27.5%、18号勘探区40%、15号勘探区20%的股权，三区块的储量分别为15亿桶、10亿桶和7亿桶。2007年，安中石化与BP联手开发的安哥拉海上18区块的大Plutonio项目正式投产。2009年，中石化、中海油共同出资13亿美元收购了马拉松石油公司在安哥拉第32区块20%的权益。中国在安哥拉石油产业的成功带动了承包工程及建材生产等多行业的投资发展。

3. 中非石油合作的战略性质

中国和非洲国家在石油领域的经济合作是双赢互利的战略合作，具有如下多重特征。

第一,中非石油合作始于实体项目合作,又超越于项目合作。中苏石油合作是由诸多实体项目合作组成的系列石油合作,每个项目都是一个实体性的项目公司。因此,实实在在的项目合作是中苏石油合作的基础,也是中苏石油合作和中非石油合作的基本特点。石油是一个可以不断被发现的化石资源。① 一个石油项目,特别是勘探开发项目的开发将带动新的发现、项目生产能力和一体化经营业务的不断扩大。通过一个一个项目的扩张,石油合作范围和水平才能逐步扩大和提升。这也是中非石油合作的典型的发展模式。独立石油公司的项目合作往往囿于项目自身的利益和项目的经济扩张,难以应对石油资源的溢外效应和众多关联利益。狭隘的石油项目合作往往受到非议。因此,大的石油项目合作必然扩张为综合合作,包括一体化合作和关联合作。前者为典型的扩张合作,即从勘探开发领域,走向运输、炼油和销售的一体化的扩张或反方向扩张;后者是非典型的扩张方式,比如以资源换市场的扩张方式,以资金换石油的方式,以出口顺差换石油项目的方式,以及以基础设施等工程换石油合作项目等非典型的发展模式。上述两种扩张方式扩展了石油合作的内容。

第二,中非石油合作是经济合作,又是政治合作。任何石油合作都与政治合作和外交合作紧密相关,形成双边和多边交叉的石油利益,推动与石油相关的政治合作,形成复杂的地缘政治关系。因此,将石油合作视为纯粹的项目合作和经济合作,对于大的石油合作项目是不现实的。考虑到非洲的现实政治,中非石油合作便是以经济合作为核心的政治合作。有关方面试图将中非石油合作中性化,即将石油合作与政治合作分离,将中非石油与非洲特定的政治问题(腐败、人权和独裁等)脱钩,更是不现实的。

第三,中非石油合作是双边合作,也开始向多边合作发展。目前,中非石油合作主要依靠国家间的双边合作和公司间合作。但中非石油合作的发展已经走向多边合作,即形成中国与非洲多国的双边合作的组合,或中

---

① 徐小杰:《石油啊,石油——全球油气竞赛和中国的选择》,中国社会科学出版社2011年版,第4页。

国同时与非洲多国的关联合作，形成"一对多"的合作局面。因此，中非石油合作已经是双边和多边合作的混合，自然成为地区和国际多边对话的焦点。因此，试图避免中非石油合作的多边化、地区化和国际化也是不现实的。

第四，中非石油合作是双赢互利的合作，更是内容、方式复杂具体的战略合作。中国石油公司进入非洲的经济目的是为了获得非洲的油气资源和开发利益。这一利益对中国经济的可持续发展具有重要意义；非洲接受中国和中国的投资，目的是从中国获得所需的资金、技术和管理以及中国的能力，发展本国石油工业，扩大石油一体化开发的利益，同时对非洲国家经济的可持续发展和对外合作具有多元化的战略意义。因此，中非石油合作是双赢互利的合作。但是，双赢互利只是普世的原则，是任何现代国际合作的基本前提。其实，中非石油合作的内容、方式是具体的。这一石油合作对非洲和中国的多元利益需要区别分析。有些石油合作是长期合作，有些石油合作是短期合作；有些合作是战略性的合作（比如中国与苏丹的石油合作），有些合作是战术性的合作（比如中国目前在阿尔及利亚的石油合作）。因此，中非石油合作是一个混合体，有不同的内容、发展方式，在基本相同的合作模式下存在不同的做法。

第五，中非石油合作是南南合作，也涉及南北合作。中非石油合作是发展中国家之间的经济合作，是典型的南南合作。对于中国加强与非洲广大发展中国家的合作具有重要的政治意义，同时对非洲发展中国家来说，与中国合作和共同发展也为它们树立了榜样。因此，这一合作具有紧密的战略利益和共同的发展利益。但是，中非石油合作也是非洲地区开放性和竞争性的国际合作的重要内容。如今的非洲是开放的非洲，同时也充满竞争。中国公司在非洲存在着与其他国家和公司相互竞争和合作的空间。在这些国际竞争和合作中，中国公司有可能而且已经与西方的公司结成公司间的战略联盟，共同开发非洲的石油资源。在国际和国家层面也存在着合作和对话的空间。如非洲地区开展维和行动，呼应国际社会，协调对非洲资源治理以及苏丹达尔富尔地区的立场，今后也存在加强与非洲联盟和西方的国际组织开展非洲事务对话的可能。

四 中非能源合作前景与方向

1. 中非能源合作的宏观环境与前景

我们对未来中非能源合作前景的判断是乐观的，主要依据是：

第一，全球经济向好拉动对非投资。据国际货币基金组织预测，未来数年世界经济增长率缓慢回升，2014、2015年全球经济增长率将分别为3.6%和3.9%，至2019年将保持在3.9%的水平。

随着世界经济增长和经济全球化趋势的不断增强，国际投资日益活跃。受金融危机影响，2009年全球国际投资额一度降到11850.3亿美元，2010年开始回升，2012年国际投资额达13509.26亿美元。[①] 未来数年，在世界经济良好发展的基础上，全球国际投资将持续平稳增长。国际油气产业和其他能源产业将加大对非投资与合作的步伐。

第二，中非发展阶段可以接替。中国经过30多年的改革开放和发展，已步入工业化进程的中期，形成了庞大的生产能力；调整经济结构，实现产业升级成为中国经济发展的急迫任务；而产业结构的调整和升级，需要进行全球布局和整体资源优化配置。非洲经济总体上尚处于工业化的初期阶段，基础设施落后，为加快经济发展，实现非洲大陆的工业化，需要进行产业发展准备、产业开放和对传统产业的结构改造，承接工业化中期国家的产业转移是一个重要选择。中国和非洲恰处于上述两个接替阶段，面临相互衔接的需求，在农业、工业和服务业，在资源层面、技术层面、人力资源层面都具有互补性。因为中国一些成熟产业能力在国内市场相对过剩，需要外移，寻求新的市场，而非洲的经济相对落后，仍处于开放阶段，市场成长性较好，市场竞争环境较为宽松，中国企业在技术、管理和价格等方面具有相对优势，具备满足非洲大多数国家发展的能力，也具备向非洲梯度产业转移的条件，可以产业结构调整、海外投资及对外援助相结合的方式向非洲国家转移，这样既可以推动非洲产业多元化和能力建

---

① "United Nations Conference on Trade and Development", *Handbook of Statistics*, 2013, p. 346.

设，又可以转移中国的过剩产能，为新兴产业和高技术产业发展提供空间。

第三，合作政策契合。近几年来，非洲多数国家实行以市场为导向的经济政策，政府功能逐步转向宏观调控、市场监管及公共服务，为内外投资合作营造良好的环境；近两年多数国家相继出台了系列有利于发展与合作的相关法律法规，尤其是《投资法》、《税法》和各产业发展的法律法规；对外开放和合作仍是非洲对外政策的主调。近10年来，它们的对外合作政策调整反映了它们的发展诉求和利益，是可以理解的，也是与中方的合作利益相一致的。比如非洲国家环境保护方面的政策要求与中方所强调的环保原则和管理标准是一致和相向的。

非洲国家以往的发展证明，殖民开发方式和变相的殖民模式已经过时。非洲多数国家逐步找到了适合本国国情的发展模式，期待以新的方式与其他国家扩大经贸合作领域与层次。以中国为代表的"东方模式"是非洲国家的选择，非洲国家提出的多元和务实发展战略为中国提供了机遇。

2. "丝绸之路"战略构想下的中非能源合作方向

2014年5月李克强总理访问非洲四国，为未来中非合作提出了明确目标：在贸易领域，到2020年将中非贸易总额提高到4000亿美元，年均增速不低于13%。这一增速比之前慢，但在目前的贸易总量上实现这一增速的难度比以前更难。依靠传统的贸易方式和格局难以实现这一宏伟的目标。在投资领域，到2020年将中国对非投资存量提高到1000亿美元。中国对非投资起步较晚，2012年对非投资存量为212.3亿美元。与实现中非贸易目标相比，实现投资目标的任务更加艰巨。

根据本章研究，中非能源合作具有巨大的潜力，是实现上述目标的重要保证。然而，加强中非能源合作需要与中国中长期发展战略规划相结合，特别是与"21世纪海上丝绸之路"战略框架相结合，即在这一跨区域战略倡议的框架下更新和转变发展思路，同时也要与目前联合国倡导的"人人享有可持续能源"倡议和2015年后联合国的可持续发展目标结合,[①] 将中非能源合作领域从目前的油气主体领域进一步扩展到各个能源领域和相关的基础设施建设,扩展到现代能源的普遍服务,扩展到能源技术创新和能源效率提升与有效管理等方面。为此,需要适应和推进以下四个重大转变,开辟东非能源合作的新板块。

(1) 从产业进入战略转向一体化开发和全面合作战略

中国石油公司已经成功进入苏丹、南苏丹、阿尔及利亚、尼日利亚、乍得、尼日尔和赤道几内亚等非洲国家。在实施进入战略中,中国石油公司主要通过资源国和国家石油公司的对外招标和直接议标参与合作。随着非洲国家不断加强对石油工业体制、合作秩序、合作政策的调整和规范,强化监督体系,这些进入方式依然是主要的进入方式,但是将面临越来越激烈的国际竞争和国际监督。

从商务的角度看,进入战略主要取决于机会和投资回报。而进入后必须考虑更多更远的发展问题。比如进入利比亚需要认真考虑政局、政权和社会治安环境。在利比亚内战时期,中方公司撤出易,再进入难,轻率的进入,可能付出更大的代价。尼日利亚也具有类似特点。为了确保中国的权益和竞争优势,今后的中非能源合作除了考虑经济因素外,不可忽视更全面的合作原则。首先,要考虑到资源国的战略利益,按照其战略规划,逐步深化合作层次和程度,推进油气一体化开发,真正促进地区经济的发展。这是对外国石油公司的一个重大考验。中非能源合作不能脱离非洲的现实。在尼日利亚,由于该国管道运输安全程度差,下游投资回报低,一时难以进入。但是,在乍得和尼日尔这些非洲内陆国,政府高度重视油气的一体化开发。因此在投资环境允许的条件,需要将中非能源合作推向综合开发和能力建设,促进经济的全面发展。这是资源国的发展诉求,也是中国的合作方向。

[①] 根据 2014 年 11 月 26 日联合国副秘书长吴红波先生在澳门"国际清洁能源论坛"上的发言,2015 年后联合国将启动新的全球可持续发展规划,对于可持续能源提出了现代能源普遍服务、能源效率翻番、可再生能源消费比例翻番、能源基础设施建设和科技进步五个方面的指标;又根据联合国授权发表的 *Global Tracking Framework Report*(《全球监测框架报告》),非洲地区是这五个方面最为落后的地区。

（2）从单一领域的合作开发转向综合开发

仅从事单一产业开发，而忽视相关产业开发和产业带动，或仅从事能源资源上游开发，直接获取出口资源，而忽视下游开发和建设，不关心综合开发利用，难免有"新殖民主义"之嫌。目前，一些外国石油公司依然存在殖民主义的经营方式，如以资源国提供的优惠条款，采取快速开采的方式，直接获取油气资源出口。"去殖民化"不是靠批驳和论证来实现的。中国公司能否确立正确的经营方式，特别是能否正确认识和从事资源国基础设施建设是能否开展综合开发的重要标志。

从发展经济学角度看，基础设施是谋求发展的基本条件，是发展程度高低的重要标志；基础设施的建设是工业化的重要内容，基础设施投资具有巨大的投资联动效应；能源与大规模的基础设施建设紧密关联，难以割裂。仅从事能源资源开发而忽视基础设施投资，是资源国不能接受的合作模式。

再从非洲的发展前景看，非洲的能源基础设施投资具有巨大的合作前景。我们认为，在今后五年内，非洲将迎来基础设施大发展的时代，大英加水电站建设和跨国输电网络建设、东非交通大走廊、西非交通走廊都已经提上日程，同时新能源项目、电信工程以及航空港口设施都将高速发展。

近20年来，中国不断加大支持非洲基础设施建设，目前对非洲基础设施建设的投入初步形成了中国在非洲投资合作的优势，也是中国与西方国家对非经贸合作的最大区别。2014年5月李克强访问非洲四国后，中国政府明确提出中国将帮助非洲实现"非洲高速铁路网络，高速公路网络，区域航空网络"之梦，为中非能源和其他领域的广泛合作埋下了巨大伏笔。我们认为，未来中非基础设施投资合作将出现以下转变：过往的对非基础设施的投入以援助和工程承包为主，直接投资的项目相对较少，未来发展将实现直接投资与工程承包并重；过往中国承担的基础设施建设项目以"交钥匙工程"为主，基本不参与运营服务，未来则会采取"交钥匙"和直接运营两种方式；过往的基础设施一般以单一项目推进，今后将以综合开发合作的方式推进。这些转变无疑将为所有的参与方提供巨大的合作与发展的契机。总之，不正确认识和投资基础设施的跨区域能源合作是不可持续的。

(3) 从外国投资合作者转向优秀的公司公民

这是国际公司的普遍认识。但是，多数中国公司对企业社会责任和公司公民的认识仍不完整。这些公司仅把公司的社会责任当作好事、善事、施舍来做，出一份社会责任报告，自我认可了事。这些公司既忽视了所在国的社会诉求，也不懂得如何真正承担一个公司公民的社会责任。非洲石油合作的社会责任与本地区和有关国家的政治经济发展、去殖民化、可持续发展紧密相关。我们认为，公司社会责任（CSR）至少是与企业健康、安全和环保（HSE）体系同等重要的企业经营行为，是将企业发展融入当地社会经济文化发展、形成良性互动的一套企业责任管理体系。① 缺乏这样的责任管理体系，就很难使企业的社会责任上"道"，得到当地和国际社会认可。只有确实做好以上的融合，切实落实CSR管理体系，才能在去殖民化方面迈出切实的步伐。因此，真正的公司社会责任之道是建立公司的社会责任体系，并将这一体系变成常规工作，贯彻于公司业务流程，融入资源国的社会发展，最终才能得到社会的广泛认可和接纳。

(4) 从封闭合作转向开放与对话的合作

中非能源合作是一个涉及面十分广泛的合作，受到国内舆论、所在国社会、国际社会各种力量的关注和监督。因此，在今后的中非能源合作投资合作中，能源公司不能像过去那样"只干不说，或多干少说"。"只干不说"不仅脱离国际惯例和国际公司的责任，也不体现消费国对资源国应尽的责任，因而不符合中国的大国形象和构造和谐世界的要求。相反，积极实施开放合作，加强与所有利益相关者的交流与对话，积极参与有利于非洲稳定和发展的联合行动，将直接提升中非能源合作的地位和影响力。

(5) 在东非地区建立中非油气合作新板块

东非是中国海上丝绸之路的远端，目前正迎来东非油气大发现和大开发的时机。近几年来，中国企业已进入和参与这一地区的油气开发和基础

---

① 2009年5月徐小杰采访Lundin石油公司负责企业社会责任事务副总裁Christine Batruch女士后的认识。

设施建设。比如，2000 年以来，中海油在肯尼亚获得了多个勘探许可证。2011 年 3 月底，中海油联手道达尔公司从英国塔洛公司获得其旗下乌干达区块 1/3 的勘探开采权益，交易金额达 14.67 亿美元。中石油收购了意大利埃尼集团全资子公司埃尼东非公司 28.57% 的股权，从而间接获得东非莫桑比克 4 区块项目 20% 的权益，交易金额达 42.1 亿美元。中国能源公司应借此东风，实施以下战略，将东非地区打造成为"21 世纪海上丝绸之路"能源合作的新板块。

首先，应加大对东非地区油气资源分布规律的研究力度，发挥基础研究对投资与合作决策的支持作用。虽然东非天然气大发现十分诱人，但是地质构造复杂，油气勘探难度较大，投资风险也大。目前国内外对东非裂谷系油气资源分布规律的研究不断涌现。中国公司应综合现有研究成果，通过项目实践，在东非油气合作中脱颖而出。

其次，将目前中国在东非的投资力量整合起来，整体规划未来东非地区或尼罗河流域的投资合作规划，努力将东非打造成中非油气合作的新作业区。中国在西非几内亚湾的石油勘探开发先期浪潮中没有抓住机遇，影响了在该地区油气利益的获取，后期进入该区域油气领域的难度和代价较大。考虑到东非勘探密度低，各国际石油公司合作机会和起点均等，只要突出战略运作，有可能将东非打造成为深化中非油气合作的重要支点。

再次，灵活利用多种合作形式，综合提升对东非油气资源开发的介入程度。当前，国际油气合作形式多元。为应对东非勘探风险和减少资金压力，国际石油公司大多采用联合投标、合资开发等形式，并从油气勘探到开采实行诸多专业化分工合作环节。中国油气企业应以综合开发为核心，灵活利用多种合作形式。尤其要关注和加强对东非地区的基础设施的投资与建设。目前东非国家的油气发现喜人，但是缺乏基础设施，缺乏应有的投资合作经验，缺乏有关法律和有利的投资环境，中方应积极利用中非合作基金和基础设施投资银行的构想，推动这些国家的基础能力建设。

总之，未来中非能源合作的方向是从"一对一"模式向"一对多"模式发展；从一国合作模式向多国和地区合作发展模式延伸；实施去殖民化的综合合作战略；注重一体化开发、适时和积极开展基础设施建设，推动综合合作和长期合作；从封闭合作走向开放合作。主动实施上述发展思路和发展方式的转变，有助于破解非洲的"资源诅咒"，减少"新殖民主义"的压力，突破"非洲陷阱"，寻求可持续的发展。

第十一章 "能源金砖"分析

在推进全球能源合作的过程中,中国不断听到西方国家关于将中国与印度纳入全球能源治理体系之中的呼声;同时中国也发出了"建立全球能源资源市场稳定机制"、"建设全球能源治理机制"和共建"亚太能源安全新体系"等倡议。[①] 虽然西方的呼吁反映了当今全球能源治理体系失衡的新现实,但是着力维护和改良既有全球能源体系的思维不符合新兴经济体的新诉求。近几年来,中国在推进多边能源合作方面有诸多倡议和举措,但是大多缺乏跟踪研究和后续支撑,因而效果有限。

本章根据我们对多边能源合作和能源治理体系的跟踪研究,结合中国"丝绸之路"战略构想,对"能源金砖"这个涉及地区和全球能源治理体系问题作深入的理论探寻,[②] 为新兴经济体由地区层面的能源合作走向全球能源治理作出分析。

[①] 国务院前副总理曾培炎在2011年7月博鳌(珀斯)会议上根据中国国际交流中心的研究成果,提出了构建"全球能源资源市场稳定机制"的倡议。这一倡议主要考虑如何通过建立共同的规则稳定国际大宗能源资源市场,避免国际能源市场的大动荡。当今的全球经济治理机制主要侧重国际金融体系和全球自由贸易体系。金融危机后,在20国集团的合作机制下,国际社会着手改革全球金融体系,加强对金融创新、资本流动的监管。全球自由贸易体制改革在世界贸易组织的机制下研究"多哈回合"谈判。但是,全球能源资源安全体系尚未得到足够重视,仍局限于国际行业组织、国际性和地区性合作组织的讨论之中,缺乏全球性的合作机制、有效的监控和良好的治理秩序。为了稳定能源资源市场,有必要建立一个包括能源资源供应国和消费国在内的国际能源资源市场稳定机制和集体能源安全保障体系。温家宝总理在2012年第五届世界未来能源峰会开幕式上提出为了稳定石油、天然气市场,可考虑在G20的框架下,本着互利共赢的原则,建立一个包括能源供应国、消费国、中转国在内的全球能源市场治理机制的倡议。"亚太能源安全新体系"为中方在2014年9月2—3日APEC能源部长会议期间的新建议,并被写入能源部长宣言。

[②] 徐小杰:《能源金砖应成为金砖国家合作新方向》,《第一财经日报》2012年4月3日。

一 有关界定和理论分析

1. 对全球能源治理和"能源金砖"的界定

全球能源治理是在特定的政治经济秩序下多边能源合作的相互关系、角色作用以及有关规则，包含地区和全球两个层面。本章将"能源金砖"界定为关于主要新兴经济体从地区到全球层面推进多边能源合作的基本框架、合作机制和发展方向，包含如下三层含义：

一是针对主要新兴经济体的能源合作诉求，首先体现为金砖五国（中国、印度、俄罗斯、巴西和南非）的能源合作关系、结构和合作机制。但是这一概念不限于金砖五国。从地域关系看，可以覆盖更多的新兴经济体以及具有新兴经济体类似特征且与中国能源合作紧密关联的国家（如哈萨克斯坦、巴基斯坦、缅甸、泰国、越南和马来西亚等）。

二是指目前主要新兴经济体在地区层面的各类多边能源合作机制，比如中亚区域经济合作机制（CAREC）、上海合作组织能源俱乐部、亚太经济合作组织能源合作机制、东盟10＋机制等。这些地区层面的多边合作对全球层面的能源治理具有重要的影响。

三是"能源金砖"为学术层面的情景分析，体现为本报告关于地区和全球能源合作的理念、认识和发展方向，为各国共同探讨全球能源治理体系的现代化提供思路。

2. 理论分析

"能源金砖"情景的提出和研究背景与当今中国等主要新兴经济体的能源供需关系、能源安全诉求和多边能源合作趋势紧密相关，同时也是当今世界经济"失衡"的现实对重建能源治理体系的必然要求。在理论上可以从以下四个方面进行分析。

（1）能源供需不平衡论

根据我们对主要新兴经济体能源供需关系和进出口的统计分析，沙特阿拉伯、俄罗斯的能源供应长期有余，是较为典型和稳定的能源出口国，这类国家组别主要分布在西亚、非洲、拉美和亚洲，但是国家组别时有变更。中国于 1993 年退出石油净出口国家组别，印度尼西亚于 2004 年因成为净进口国而中止欧佩克成员国的资格，巴西有望在 2015 年成为净石油出口国。

上述能源供需和进出口的不平衡性是当今世界的普遍现象，在美国、俄罗斯、沙特阿拉伯、巴西、中国、印度等经济体表现得尤为突出。其中，俄罗斯和沙特阿拉伯以及巴西的不平衡性来自地下丰富的化石资源；而中国、印度、印度尼西亚等消费国的不平衡性表现为经济和人口的刚性拉动。新兴经济体的供需不平衡性尤为突出（表 11-1）。随着科技进步、环境压力和市场因素的变化，可再生能源比重的上升，将继续改变各国的能源结构和不平衡性。

表 11-1   新兴经济体能源供需的不平衡性

经济体	能源供求关系	进出口情况	未来趋势
中国	需求大于供应	净进口	继续进口
印度	同上	同上	同上
印度尼西亚	同上	同上	同上
韩国	同上	同上	同上
土耳其	同上	同上	同上
南非	同上	同上	同上
阿根廷	同上	净进口	同上
巴西	同上	平衡	2015 年净出口
墨西哥	不同	进出口有别	增加进口
俄罗斯	供应大于需求	净出口	减少原油出口
沙特阿拉伯	同上	同上	稳定增加出口份额
哈萨克斯坦	同上	同上	同上

从以上列表还可以看到：①除了俄罗斯、沙特阿拉伯和今后的巴西供应大于需求以外，多数经济体的能源需求不断增长，供不应求成为常态；②这些新兴经济体的未来发展对于能源的供应/出口或进口具有较大的依赖，"能源病"突出，能源安全相对脆弱；③不平衡性将长期存在，并对

现有的地区能源合作框架提出了新的诉求，对以西方为主导的全球能源治理体系提出了新挑战。其中，中国、印度、中东和非洲的能源需求之和大于40%，并将于2035年接近60%，使得以西方为主的全球能源治理体系失衡，西方主导的能源治理规则也将失去全球的规制力和影响力。随着全球能源需求东移和供应的多中心化，中国、印度和沙特阿拉伯等国家能源需求的增长，对地区性和全球性能源合作关系产生了越来越重大的影响，也必然会对全球能源治理体系提出新的要求。

（2）新的能源安全论

20世纪80年代以来，经历了两次石油危机的打击后，以消费国为导向的仅强调稳定供应和稳定价格的传统能源安全开始过时。长期和可持续的国际能源贸易让各国认识到：能源进口型国家的能源安全有赖于供应安全，同时也必须为能源出口型国家提供稳定的市场需求；同样，能源出口型国家的能源安全离不开稳定的市场需求，同时也必须为能源进口型国家提供长期而稳定的供应。因此，能源进口国和消费国对于供需互保的能源安全具有越来越强烈的诉求，彼此间的合作愿望日益加深。

从能源技术层面看，科技进步越来越成为增加供应、满足需求、确保效率的重要手段。未来的能源安全有赖于非常规的能源开发利用技术。比如深海和深盆油气开发技术和经验，非常规油气开发技术和经验，煤炭清洁化技术等。对于俄罗斯和沙特阿拉伯来说，未来的能源地位对于科技进步和创新具有更大的依赖。近几年来中国在新能源领域的突破也依托于制造业的相对优势。各国尤其是新兴经济体在市场开发、基础设施建设和资金方面具有相互依存性，尽管各经济体有不同的特点和重点。

从冷战后的地缘经济看，东亚国家（中国、日本、韩国）和东南亚国家逐步形成对西亚国家和其他地区油气供应的区域性依赖。同时，中国、俄罗斯、中亚国家以及土耳其等国在欧亚大陆上的供需连接和相互依赖凸显。中国能源安全的地缘重点在周边地区乃至亚欧大陆，在确保周边供应安全的基础上，才能与世界其他地区建立能源安全合作。因此，从上述供应、需求和地缘空间角度看，各个国家都希望建立开放、包容和可持续的区域合作关系。这种地区性的能源安全合作已经成为东亚与西亚、中国与东盟以及亚太地区的新共识。

(3) 全球能源"再平衡"论

当前，人们所熟悉的全球能源治理体系与20世纪六七十年代以后国际能源秩序，与第一次和第二次的石油危机、跨境运输体系相关，也与第二次世界大战后西方发达国家主导的全球政治经济格局相关。自欧佩克 (OPEC) 于1960年成立后，特别自20世纪80年代以来，欧佩克不仅需要调整与西方发达国家的能源供需关系，而且需要协调与非欧佩克产油国的竞争关系，稳定价格。同时，在发达国家，随着能源效率提高，能源需求增长缓慢，化石能源比例下降，需要不断调整与新兴经济体不断增长的能源需求的关系，加强政策协调和市场预测。基于这些背景，国际能源署不仅加强了成员国内部的能源政策协调，而且在应对供应中断、紧急演练、能源政策和数据交流方面积极与新兴经济体形成合作机制。然而，IEA目前的法律框架限制了它在全球范围的协调能力、影响程度和范围。因此IEA迫切希望在现有的体制框架下加强与新兴经济体之间的合作，尽力吸收主要新兴经济体参与其协调活动。在跨境运输方面，尽管（欧洲的）能源宪章不断扩大对外合作，加强在跨国投资、贸易、风险评估和跨境运输协定方面的研究和协作。但是，在现行框架下，能源宪章很难与俄罗斯、中国和土耳其等国家开展实质性的合作。

上述情况说明，能源治理机制失效和失衡是当今全球能源治理体系的主要问题。"再平衡"成为重要议题。近十年来，中国、俄罗斯、巴西等世界主要新兴经济体在能源发展战略、技术进步和政策制定上作出了重大调整。这些调整和变化不仅影响着所在地区，而且影响着全球能源贸易、投资和合作秩序。随着新兴经济体实力的不断增强，西方发达国家主导的国际能源组织越来越失去了影响力和全球性，其确立的合作机制也越来越很难被新兴经济体所接受。但是新兴经济体自身也缺乏相应的多边合作机制。在APEC和G20的合作中产生了诸多问题。因此，主要新兴经济体需要加强协商、对话，逐步提出和形成一套新的全球能源合作机制。

(4) "规则压力"论

在国际舞台上，当现有的全球治理规则处于平衡状态和有效运作时，其他国家只能引进、适应、接受和遵从,别无选择。这就是"规则压力"。诸多新兴经济体陆续(包括 2004 年的中国)积极加入世界贸易组织(WTO)正是出于类似的压力。但是,当现有的国际规则失衡、失效或面临失效时,比如 WTO 多哈回合长期难以推进时,一些国家就试图创立诸如跨太平洋伙伴关系(TPP)的新地区贸易规则,从而与既有规则形成冲突。此时依然要求这些国家去遵守既有的规则是困难的。在既有治理规则面临新兴经济体的挑战时,简单强调能源生产国和消费国的政策对话,将使新兴经济体面临政策调整、能源对话和能源数据分享等方面的困难,也将迫使它们寻求共同的合作规则。

面对这些问题,西方研究机构和西方政府不断呼吁将中国和印度纳入全球能源治理体系,是勉强的。尽管西方国家在 G20 和 IEF 等诸多场合做了诸多努力,结果并不理想。首先,直接要求中国加入 IEA,缺乏制度性支持,因为中国不是也不可能成为经合组织成员;其次,目前新兴经济体面临的问题不可能简单地通过加入西方主导的能源治理框架来解决;再次,新兴经济体的地区能源合作逐步强化,开始形成自身的规则诉求。

面对这些难度,西方主导的国际组织开始对现有的能源治理体系进行局部改造,以吸引新兴经济体参与。"IEA 联系成员国协议(IEA Association)"便是一种尝试。能源宪章(ECT)也在自我改良之中。这些机构都向世界展示了所谓的"现代化"姿态,谋求继续生存和发展。固然这些变化是值得肯定和配合的,但是这些变化都不可能从根本上改变西方主导、西方标准和西方化的处事模式。西方势力极力拉中国和印度加入它们的变革过程,其目的是让中国和印度承认和维持现有的改良状态。但是,新兴经济体的诉求:首先是要正确处理新兴经济体国家在多边能源合作关系上的集体定位;其次是正确认识新兴经济体与发达国家间的能源"再平衡"问题。为此,必须分析新兴经济体自身能否在全球能源合作上形成一定的制度性安排,从而形成与西方一起讨论参与和重建全球治理体系的立场。这些诉求也是对西方的"规则压力",是西方难以理解或接受的。

二 建立"能源金砖"的可行性分析

新兴经济体地处各大洲,地理相隔遥远;国情不同,能源产业差异大,各国能源发展政策重点各异,看似难以形成共同的合作机制。这些问题都是客观的,但不是不可改变、互补和结合的。

根据本报告对能源安全和多边能源合作的研究,结合金砖国家能源发展的特点和调整趋势,特别是近几年来中国和其他金砖国家业已开展的多边能源合作实践,可以看到金砖国家在能源领域存在共同需求和合作领域,为更多的新兴经济体之间的能源合作提供了依据。

第一,全球能源发展板块化趋势增强,供需基本面出现较大调整,全球化和跨区域的投资贸易增强。因而各新兴经济体的能源安全都离不开合作、共赢的能源安全机制。

第二,新兴经济体可持续发展需要新的能源发展战略和模式做支撑。比如金砖五国中的能源大国俄罗斯在保持与欧洲能源贸易与合作的同时,需要在欧亚大陆建立新的能源合作空间,包括保持与中亚国家的能源合作,扩大与中国、印度和东北亚国家的能源合作。同时,哈萨克斯坦和其他中亚国家也需要在油气合作的基础上,进一步拓宽能源出口通道和多元运输基础设施,与俄罗斯以外的其他周边国家建立新的能源"丝绸之路"。

对于中国和土耳其等周边国家来说,与中亚和俄罗斯加深能源合作,建立牢固的能源大陆桥,是推动经济社会可持续发展的重要保障。

沙特阿拉伯等中东北非的产油国希望在继续保持油气出口地位的同时,探寻与中东北非以外地区和国家之间建立超越石油贸易与交叉投资合作伙伴关系。目前海湾产油国40%的石油出口市场在亚洲,中国在沙特阿拉伯的石油出口市场中占15%,从沙特进口石油占中国石油总进口的18%(年均规模5000万吨,相当于一个"大庆"的规模)。这一贸易基础对沙特阿拉伯和中国来说都是规模性的、长期的合作基础,但是仅仅依赖于石油贸易是脆弱的,迫切需要超越、提升和综合开发。未来中东主要产油国与亚太主要消费国开展"超越石油的战略合作"具有深远的战略意义。

北非、西非和东非次区域是全球能源资源供应多中心化的重要方面。开展对外能源合作依然是非洲多数国家的政策。在拉美地区，新兴能源大国巴西积极加强与拉美周边国家和周边以外国家在常规油气和非常规油气以及可再生能源领域的多方位合作，以提升自身的能源安全地位。

第三，近十年来，中国经济持续发展，能源需求和对外能源依赖程度不断提升，2015年中国的油、气对外依存度将提升到60%和30%以上。随着多元进口通道的形成和基础设施的建成，中国油气市场与油气出口国紧密关联。中国的能源安全将从单一的消费国能源安全转为广泛涉及资源国、消费国和过境国及所有跨国运输贸易利益相关方的综合安全。这种新的能源安全客观上要求中国参与地区性和全球性能源治理体系建设，并发挥应有的作用。作为最大的新兴经济体，中国也期待这一角色的作用。金砖五国的能源对话可以协调中国与俄罗斯之间的能源政策协作和供需管理；可以协调中国与印度的能源竞争关系；可以与巴西加强深海技术和生物能源技术交流；可以深化与南非合作，促进煤制油及矿业技术开发；在中非经贸合作上开展更多的能源合作，巩固中国在非洲地区的能源利益。

可见，建立新兴经济体的"能源金砖"的可行性是存在的。在实践中，有关合作机制已经在不同的国际合作组织和能源合作框架下逐步形成和发展。

三　中国参与的多边能源合作与影响

过去20多年来，中国积极参与了诸多地区性和全球性能源对话机制和合作进程，并发挥了越来越重要的作用，为我们深入研究"能源金砖"提供了有力的案例支撑。

1. 地区层面的能源合作
（1）亚太经济合作组织

亚太经济合作组织（APEC）的能源合作始于20世纪80年代末到90

年代中期。此后能源问题一直是该组织的一个常规议题。20世纪90年代中期到2006年形成了较为稳定的能源合作论坛和交流惯例,并成立了亚太能源研究中心(APERC)作为咨询机构。2007年至今能源安全和气候变化逐渐成为能源工作组的工作重点。

中国于1991年加入APEC后积极参与该组织各领域的合作。1996年后中国积极参与APEC能源部长会议、能源工作组和亚太能源研究中心多边合作机制,并主办APEC能源合作的相关活动。

2001年中国在上海举办了APEC第九次领导人非正式会议。2014年11月中国再次作为轮值主席国举办了第22次领导人非正式会议。此次的APEC能源部长会议通过了构建亚太能源安全新体系的构想,并在中国(天津)成立APEC可持续能源研究中心,清晰体现了中国的责任和诸多贡献。

(2) 东盟10+3和东亚峰会

东盟在能源领域有相对健全和具有较强约束力及执行力的合作机制,可概述为"东盟能源部长会议(AMEM)—能源合作高官会(SOME)—东盟能源研究中心(ACE)—各专业项目委员会"四个层面。

1996年中国成为东盟全面对话伙伴,1997年参加东盟10+3会议,并与东盟国家领导人确定了中国—东盟面向21世纪睦邻互信伙伴关系的合作方向和指导原则。2005年东盟—中国领导人会议将能源列为双方五大重点合作领域之一。2010年中国—东盟自由贸易区正式建成。目前,中国与东盟的能源合作机制包括:专门的双边对话或论坛机制(如中国—印尼能源论坛)和综合性的合作机制(如中国—东盟自由贸易区和大湄公河次区域电力合作)。

东亚峰会是每年由东盟轮值主席国与东盟峰会同时举办的年会,是一个开放、包容、透明和具有前瞻性的论坛。2013年10月,李克强总理在东盟10+1、东盟10+3和东亚峰会等系列多边合作会议上就中国与东盟的全面合作、中国—东盟自由贸易区升级版、南海行为准则等系列现实问题,阐述了中方推进地区合作的新理念、新倡议和新举措,尤其鲜明地提出了地区安全合作原则和框架。

(3) 上海合作组织和中亚区域合作机制

中国是上海合作组织("上合组织")的倡导者和推动者，积极推进上合组织框架下的能源合作，中国与中亚主要产油气国家的能源合作不断提升，特别是在中国—中亚天然气管道建成后，中国国内天然气市场与中亚的天然气供应直接连接。同时，中国与俄罗斯的油气管道合作得到大力推进。2011年6月至2012年6月，中国作为上合组织的轮值主席国，与俄罗斯等上合组织成员国进一步推进了上合组织能源俱乐部的建立。

中亚区域合作机制（CAREC）的能源合作主要集中在可再生资源、能源相关基础设施、相关法律和监管改革、能源和水利管理等领域。在能源机制方面。2005年，CAREC建立了能源部门协调委员会（ESCC）作为高级区域性能源论坛。2008年通过了"中亚区域经济合作各参加国能源部门区域合作战略"，作为能源合作共同框架。为指导该战略的实施，2009年制订了能源行动计划框架，重点关注能源供需平衡及基础设施限制、区域分配及监管发展、能源与水资源联系三大领域。该行动计划也对石油、天然气及煤矿资源的合作项目进行了评估。

中国是最早参加CAREC的国家之一，支持和参加了CAREC框架内的重要活动。2006年在乌鲁木齐市举办了第五次部长级会议，发表的《乌鲁木齐宣言》提出了"好伙伴、好邻居和好前景"的长期方针。中国政府最初确定由新疆参与落实CAREC，2008年又使内蒙古成为参与落实CAREC的省区，推动了中国的西部大开发战略和向西开放战略。2012年10月，第11次部长级会议通过的"实施中亚区域经济合作2020战略：愿景和行动"继续以具体项目为载体，推动重点领域的务实合作，继续深化在交通、贸易便利化、能源和贸易政策四大重点领域的务实合作。2013年10月23—24日，CAREC第12次部长会在哈萨克斯坦阿斯塔纳举行。各方一致同意CAREC学院落户中国新疆乌鲁木齐，为CAREC框架下的能力建设活动提供支持。2014年11月5—6日，CAREC第13次部长级会议在吉尔吉斯斯坦比什凯克举行，中方充分肯定了CAREC合作所取得的成果，并建议以丝绸之路经济带建设为契机，加速域内经济的一体化发展进程；以构建区域金融网络为渠道，为域内发展提供资金保障；大力支持CAREC学院实体化运营，开展研究和能力建设,宣布中国政府正式批准将 CAREC 学院建成政府间国际组织的决定,加快并推动 CAREC 地区的合作和经济增长。

(4) 金砖国家峰会

目前"金砖国家"主要是五个成员国会晤协商的平台。定期会晤的目的是提高新兴经济体和主要发展中国家的国际影响力和话语权;推动主要新兴经济体之间的沟通和协调;反对贸易和投资领域的各种形式的保护主义政策;加强合作,应对全球气候变化等。

这一会晤机制建立时间较短,运行机制相对简单,但是,影响力不断加大。在金砖国家峰会外有多个多边对话协调机制,包括中俄印外长和首脑会议,印度—巴西—南非三边对话论坛(IBSA),巴西、南非、印度和中国为应对气候变化问题组成的"基础四国"(BASIC)等。在 2012 年第四次领导人会晤期间,金砖国家分别在本币结算和信用证保单两个方面签署协议,进一步论证了多边开发银行问题,使金砖国家开始形成银行间的合作机制。2013 年第五次领导人会晤决定筹备建立金砖国家外汇储备库,成立工商理事会,就建立金砖国家开发银行达成原则上的共识。2014 年 7 月巴西峰会同意成立金砖国家开发银行,金砖国家合作从一个概念走向实体性的经济组织。

在能源领域,金砖五国尚未形成规范的合作机制。但是,五国在能源供应和需求方面均举足轻重。俄罗斯是世界最重要的能源生产国之一,中国、印度是世界上最主要的能源消费国,巴西的新能源和深海油气开发技术世界领先,2015 年将成为石油净出口国,南非是非洲大陆最大的能源消费国,也是非洲能源利用技术较为先进的国家。金砖国家在资源能源开发利用领域具有较强的互补性,有着广阔的合作空间。近几年来,能源问题在金砖国家峰会等场合被列为重要议题。2014 年 7 月普京访问拉美期间提出建立金砖国家能源联盟构想。

将上述新兴经济体间能源合作机制、倡议/构想和中国的作用综合起来,我们看到:

第一,这些合作机制发挥了新兴经济体在能源领域的不同优势。俄罗斯具有石油、天然气和煤炭等能源领域的综合优势;中国具有类似的综合优势和巨大而稳定的市场优势；巴西具有深海油气勘探技术优势和生物能源优势；印度具有市场、软件开发等方面的优势和经验，南非具有清洁煤炭技术优势，均可以实现优势互补，合作多赢。

第二，金砖国家作为新兴经济体代表，通过合作，可努力达成并建立相对稳定的能源供应与需求合作体系，可以提升相关国家中长期能源战略安全，抑制世界能源价格波动对新兴经济体能源安全的冲击。

第三，新兴经济体既具有"抱团取暖"的共同愿望，更期待以集体的力量展示话语权和影响力，加大全球对话的地位。2006年，时任国家主席胡锦涛在圣彼得堡八国峰会上明确提出了"新的能源安全观"，向世界阐述了中国对维护全球能源安全和共同行动的看法。这些看法被纳入了2008年在沙特吉达举行的八国峰会有关稳定国际能源市场的共识之中。国务院前副总理曾培炎在2011年7月博鳌（珀斯）会议上提出了构建"全球能源资源市场稳定机制"的倡议。这一倡议主要考虑如何通过建立共同的规则稳定国际大宗能源资源市场，避免国际能源市场的大动荡。当今的全球经济治理机制主要侧重国际金融体系和贸易体系。金融危机后，在20国集团的合作机制下，国际社会着手改革全球金融体系，加强对金融创新、资本流动的监管。全球多边贸易体制面临"多哈回合"的困境。全球能源安全体系尚未得到足够重视，局限于国际能源组织、国际性和地区性合作组织的讨论之中，缺乏全球性合作机制、有效监控和良好的治理秩序。为了稳定能源资源市场，有必要建立一个包括能源供应国和消费国在内的国际能源资源市场稳定机制和集体能源安全保障体系。

2. 全球层面的能源合作

（1）与国际能源署（IEA）的合作和参与"IEA联系成员国"问题

自20世纪90年代以后，IEA逐步加强与新兴经济体的能源合作与对话，先后加强了与俄罗斯、印度、巴西和中国等新兴经济体的合作。自1996年IEA与中国签署合作备忘录后，双边合作逐步推进和发展。随着新兴经济体地位和作用的提升，使得2005年后经合组织的全球能源需求比重逐年下降，从而也拉低了IEA的全球影响力。

为适应全球能源领域的形势，IEA 于 2013 年提出了建立"IEA 联系成员国"（IEA Association）的构想，与非成员国（巴西、中国、印度、印度尼西亚、俄罗斯和南非等国）签署了联系成员国的联合声明，增强多方合作，试图塑造 IEA 框架下的合作议程（见框 11 – 1）。

IEA 联系成员国协议反映了 IEA 急切加大能源政策协调和应急行动的愿望，意在将主要新兴经济体纳入 IEA 的活动轨道。内容包括：在能源数据和统计方面，期待中国等新兴经济体通过与 IEA 的合作，增加数据开放与透明，借此夯实政策对话的基础；在能源安全方面，提议新兴经济体参与紧急演练和紧急反应活动。从目前的情况看，新兴经济体均难以适应和配合。

框 11 – 1

IEA 联系成员国

2013 年 11 月 20 日，经过谈判和协商，在 2013 年 IEA 的部长级会议上，巴西、中国、印度、印尼、俄罗斯和南非六国与 IEA 签署了参与这个联系成员国的联合声明。

这个联系成员国确定了四个实质性能源合作领域，包括：（1）能源数据统计；（2）能源安全，包括全球和地区性的石油供应中断的协调机制；（3）能源技术、能源效率和可再生能源；（4）国家能源政策互评。

这个联系成员国设理事会，定期举行关于能源政策和市场发展趋势的对话；合作伙伴国可参加 IEA 日常工作，也可以参与 IEA 核心活动。IEA 的意图是通过此种合作方式，将主要新兴经济体的能源发展纳入 IEA 的全球能源治理理念、行动和标准之下。

（2）参与国际能源论坛（IEF）能源对话进程

IEF 是能源消费国与能源输出国之间的对话平台；每两年举办一次部长级会议。目前该国际组织推动的联合数据倡议组织（JODI）覆盖石油、天然气和煤炭领域，① 得到了 20 国集团的支持和配合，是推动能源政策和数据透明度的重要举措。目前，主要新兴经济体在 IEF 框架下开展合作与对话，也是中国积极参与合作的重要国际能源组织之一。

（3） 20 国集团

20 国集团在能源领域的对话特点是从绿色环保和可持续发展的角度讨论全球能源问题，形成能源安全合作共识，如 2005 年第七届 20 国集团财长和央行行长会议提出"维护全球能源稳定是共同责任"。2011 年在戛纳峰会上提出"改进能源市场，抗击气候变化：提高能源市场的效能和透明性"等倡议，支持成员国进一步推动能源合作与对话。但是，20 国集团实为西方发达国家及欧盟与 11 个新兴经济体的集合，主要是议事平台而非决策平台。各经济体具有交流和合作共识，但是缺乏集体合作的有效机制。

中国是 20 国集团的创始成员国，是 2005 年轮值主席国，举行了第七届 G20 财长和央行行长会议、两次副部长级会议以及相关研讨会等活动。2014 年中国还取得了 2016 年 20 国集团峰会的举办权。

从以上情况看，新兴经济体的地区性和全球性能源合作交集明显。当前六个新兴经济体参与了 IEA 联系成员国协议，但不能证明 IEA 的成功转型和全球新能源治理体系的建立。APEC 是美国等经合国家与中国和东盟等国家之间的合作平台。2014 年北京 APEC 会议在亚太能源安全和可持续能源方面达成了诸多共识和协议，特别是中国与美国达成控制温室气体减排协议，是气候变化谈判领域的一个重大里程碑。但是，发达国家和新兴经济体对诸多全球能源和气候变化议程仍有不同认识和倾向。新兴经济体的多边能源合作是必要、合理和可行的。

四 "能源金砖"的层次和角色分析

1. "能源金砖"的层次分析

根据第三部分的研究，"能源金砖"可分为区域内和跨区域合作两个

---

① JODI 原为 Joint Oil Data Initiative（联合石油数据倡议），2012 年后改为联合数据倡议组织（Joint Organization of Data Initiative），涵盖石油、天然气和煤炭等产业领域的数据。

层次。两者既有区别又相互融合，各行为主体具有不同的角色。

（1）区域内"能源金砖"

区域内的"能源金砖"是指新兴经济体在不同区域内的多边能源合作机制。目前，比较现实的合作机制包括中国、俄罗斯和中亚国家在上合组织范围内的能源合作，CAREC 区域合作，APEC 关于天然气和新能源领域的合作，东盟 10+1 和 10+3 自由贸易区谈判和区域全面经济伙伴关系协定（RCEP）在能源相关领域的投资贸易机制等。

（2）跨区域"能源金砖"

跨区域"能源金砖"是指主要新兴经济体跨区域能源合作与治理机制。从地缘政治和经济上来看，俄罗斯、中亚国家、中国、印度和土耳其分别是欧亚大陆的主要能源资源国/出口国、主要消费国和关键的过境国。跨区域的能源合作潜力较大。APEC 本身也是跨区域合作。但是，APEC 成员国的国情差距极大，跨区域能源合作难以开展。如果细分为北太平洋区域能源市场和南太平洋区域能源市场，探讨相应的合作机制可能比较现实。

2. 行为主体和角色分析

在以上分析的框架下，不论是区域内还是跨区域，也无论是什么合作框架和机制，都有赖于不同利益相关者或不同行为体的参与，包括政府、能源企业和有关双/多边能源合作机构。

（1）在亚欧大陆，重要的行为体是中国、俄罗斯、中亚国家和其他周边国家。仅就苏联空间看，俄罗斯的影响力突出。但是，中亚国家各具独立意识与地位。中国与俄罗斯中亚国家保持紧密的合作关系，是中国对外能源合作的一个优先方向。相关国家的国有能源公司在推进本区域能源合作中发挥着重要作用。

（2）在西亚北非地区，尤其是在阿拉伯地区，沙特阿拉伯的地位突出，海合会（GCC）在沙特的主导下具有地区影响力。中国不是这个地区的周边国家。但是，中国在阿拉伯国家具有悠久的历史渊源，现阶段的经贸合作逐年增强。中国与阿拉伯国家不存在领土和历史遗留问题。因此，中国政府和企业可在本地区发挥灵活的平衡角色。

（3）各主要新兴经济体在拉美地区和非洲地区都有较大的跨区域能源投资合作项目。在拉美地区，巴西和委内瑞拉在拉美地区不同的国家组别发挥着较大的影响力。中国如扮演好参与者的角色，可在重要项目上与对方共同发挥作用。

目前，中国在苏丹、南苏丹、安哥拉、乍得和尼日尔等国家具有较大的油气权益和作用，但是在北非油气生产区作用有限，现有作业项目规模较小。在西非海域参与了一些深海项目。在东非国家，开始进入莫桑比克和坦桑尼亚，但是作用有限。根据第十章的分析，今后中国在非洲能源合作有待优化，在油气领域的合作需关注尼罗河领域（即东非地区）的合作潜力；在电力领域关注西非刚果（金）和南部非洲的区域电网联网，拓展更大的合作空间；在南部非洲，南非在地区市场、特有技术和金融领域具有相对优势，中国需要借以推进在非洲的整体合作方案，包括能源投资、金融、贸易、技术转让等。

（4）地中海是一个相对独立的区域能源合作圈。在这一地区，土耳其的地位和作用较为突出，尤其是高加索地区的天然气管道运输和杰伊汗的贸易中心地位日益凸显，与俄罗斯、中亚、里海和地中海周边国家能源领域合作紧密，是中国进入这一区域不可忽视的伙伴，也是一个薄弱环节。

（5）中国不断强化与欧盟的紧密合作。2014年3月，习近平主席访问欧盟的11天行程体现了中国加强与欧盟全面战略合作的重大意愿，欧盟与中国均在能源合作中做出了重大努力。今后中国与欧盟在可再生能源、核电、环境保护、技术转让和气候变化等领域具有较大潜力和发展空间。

五　"能源金砖"的发展方向和机制

1. 基本方向与重点领域

根据以上研究，"能源金砖"的合作方向是多方面的。首先需要建立政府间能源战略对话与政策协调机制（包括确定合作制度、问题协商解决机制等），这一方面的合作将为整体合作提供良好的环境；其次，鼓励各方机构共同研究、开发能源合作的领域和途径,鼓励各方机构在建设和维护能源基础设施及能源技术应用方面开展合作;再次,加强能源领域的智库合作、人才培训和信息交流,为能源合作提供能力支持。

重点领域包括(1)推动发电、输电领域的投资,促进各国企业在输电技术和建设领域的合作。这是新兴经济体的基本能源需求和普遍服务。中国、俄罗斯、巴西、印度和南非都存在电源中心与负荷中心相距遥远的问题,俄罗斯"东电西送"、印度的"东电西送"和"北电南送",巴西亚马逊河流域水电外送,南非的跨国清洁能源输送都急需特高压技术。中国的特高压输电技术水平和应用水平居于世界前列,有向其他国家输出的能力,因此推动电力领域的合作可以充分发挥中国在发电、输配电和设备制造和技术服务方面的综合优势。(2)油气资源开发利用对于新兴经济体的工业化具有重大意义。但是,必须突出一体化和综合开发利用,除了资源勘探开发外,还须开展油气存储、管道和运输方面的合作,推进炼油、油气设备、工程建造、物流设施、石油工业设施的建设和维护及人员培训方面的合作。(3)煤炭清洁化开发与利用。(4)开展节能增效合作。(5)在新能源领域,金砖国家各有优势,通过合作可以有效地促进优势共享和互补。

2. 不同区域的合作机制

从本章第三部分的调研看,不同的区域合作具有不同的合作机制(包括实体性的合作机制和非实体性的机制)。新兴经济体的能源合作是否需要建立实体性的能源治理机制并不确定。从"金砖国家开发银行"的启示看,目前建立实体性的治理机制具有较大难度,在实体性合作框架和机制建设上存在诸多争议,包括在总部选址、股权分配、决策权分配、投票权、行长选择、币种选择、治理结构、合作模式、开放空间上均存在诸多争议:印度以资金需求方的角色主张受益方限定在金砖国家内部,对银行的泛南南属性持保留态度;巴西可从泛美开发银行和安第斯开发集团获得较多贷款,因而对开发银行的积极性有限;南非是强烈的资金需求方,希望"金砖国家开发银行"成为政策性银行,特别强调减贫和促进发展的职能,还希望自身成为开发银行在非洲投资的管理者；中国的角色是出资方，关注资金的安全性和营利性，不愿意将其办成一个资助机构或慈善机构，因而更希望借此增强自身在全球治理中的地位，否则，中国难以配合。

显然，"金砖国家开发银行"难以给"能源金砖"的机制建设提供具体参照。根据我们对 2013 年下半年中国提出的"丝绸之路"战略构想，特别是跨区域合作思路和非一体化的合作方式的研究，① 结合不同区域能源合作的特点，得出以下探索不同区域的合作机制的诸多启示。

（1）亚欧能源合作带

一是中国—俄罗斯—中亚能源合作带。这一合作带可与上合组织能源俱乐部等现有区域合作机制结合，围绕能源综合开发利用，对跨境运输、能源贸易、投资保护以及关税等做出制度性安排。

二是中国与海湾国家能源合作带。现阶段主要通过中国与海合会间的合作，建立中国—海合会自贸区协定、油气供需稳定机制乃至东亚与西亚能源对话机制。

三是中国—伊朗—巴基斯坦—印度的合作带。这一合作带比较复杂，可以细分成中国—巴基斯坦、中国—伊朗—印度三边合作机制，即在发展双边合作中，处理好与第三方的合作关系。

以上第一个合作带具有较好的基础，具有进一步扩展的条件，建议尽快形成多边合作示范区；第二个合作带可以在目前中国与海湾国家石油贸易战略伙伴关系的基础上，发展为能源经贸合作伙伴关系，重点推进中国与沙特的"超越石油贸易"的战略伙伴关系和中国—海合会自贸区谈判。

（2）东盟 10 + 1 和 10 + 3 能源合作机制

在东盟 10 + 1 框架下，夯实以湄公河次区域电力市场为基础的中国与东南亚周边国家电力资源开发、运输、输配和投资贸易合作机制。同时，在东盟 10 + 3 框架下，加强中国、日本、韩国和东盟能源需求侧管理，加强能源储备、能源效率和新能源等领域的合作与对话，利用好中国—东盟东亚峰会清洁能源论坛，逐步形成和提升更多的共识和规则性合作机制。

---

① 徐小杰：《"丝绸之路"战略构想的特征研究》，《俄罗斯研究》2014 年第 6 期。

(3) 北印度洋能源合作带

将非洲东部地区油气开发与运输、波斯湾—阿拉伯海石油贸易与南亚和东南亚能源开发相结合，建立北印度洋能源合作带。这是新的合作空间，需要深入研究中国、东非国家、印度、斯里兰卡、缅甸和巴基斯坦的能源合作潜力、基础和可行的合作机制。①

(4) 跨区域能源合作与治理机制

这一合作构想主要涉及中国与南非、土耳其、巴西、阿根廷等其他新兴经济体跨区域性的能源合作与对话。这一合作机制有可能在目前金砖五国峰会框架下探索加快能源合作的步伐。2014年金砖国家在巴西峰会上积极推动新能源、深海油气开发和能源效率方面的合作，为2015年俄罗斯的金砖国家峰会奠定了基础。中国可考虑金砖国家的扩员趋势，加强与土耳其、阿根廷和墨西哥等国家纳入跨区域合作之中。

(5) 北—南太平洋能源合作空间

中国对外能源合作离不开东北亚和东南亚，分别与太平洋能源运输通道和印度洋运输通道连接。经与美国、韩国和日本有关国家能源机构的研究交流，在中国、日本、韩国、美国、加拿大、俄罗斯六国之间存在组成"北太平洋能源区域市场"的可能性。这个能源市场的重点是液化天然气区域贸易与投资合作。这是2016年后可能出现的合作空间，对六国具有重要的影响。同时，考虑南太平洋的能源合作机制（包含中国—东盟—澳大利亚—新西兰）。这个合作空间与东盟10+3合作机制紧密关联，涉及与澳大利亚和新西兰的合作机制。对于中国来说，需要同时推进以上的太平洋能源合作空间和合作机制。这两大合作空间与东盟、APEC和TPP等合作机制交集。

(6) 中欧能源合作

中国与欧洲国家在新能源、环境保护和气候变化领域的合作空间巨大。从中国的"丝绸之路"战略构想看，重点是扩大与德国和法国的合作；同时争取联合波兰、保加利亚/罗马尼亚等中东欧国家，在中东欧地

---

① 印度工商会联盟化石能源委员会联合主席、世界能源政策峰会主席 Narendra Taneja 先生对此进行了研究，并于2015年1月13日在Gulf Intelligence第六届阿联酋能源论坛上与徐小杰进行了交流。

区推进能源基础设施领域的合作，也考虑地中海/南欧国家在"丝绸之路"中的合作意义与作用。

(7) 与国际能源机构的合作和对话

除了以上国别和地区性合作外，中国积极参与现有国际能源机构的合作活动，包括 IEA 部长级会议、IEA 联系国协议、IEF 部长级会议、能源宪章（ECT）以及国际可再生能源署（IRENA）等活动；积极参加各类世界能源大会。其中，IEA 具有良好的能源研究、能源展望、能源供需管理等方面的经验和应对全球能源市场动荡的经验；能源宪章在跨境运输、投资保护和投资环境分析等方面具有良好的法律法规资源，值得中国等新兴经济体学习和借鉴；IEF 和 IRENA 是东西方与南北结合的能源对话平台和可再生能源机构，有待推进国际对话与合作。

总之，中国和其他新兴经济体需要不断总结目前国际合作理念和合作经验，借鉴和提升既有的合作规则（包括多边协议、可行的实践、行为指导、共同遵守的原则和公认的惯例等）。这些合作规则或机制可以从"倡议"启动，倡议之后需要有规则和行动。目前，应尽量利用现有的合作机制，不断对接、融合和发展。

3. "能源金砖"的目标展望

根据本报告对 2020 年全球能源发展情景的分析，中国的对外能源政策目标不仅要兑现我们承诺的减排目标（即 2020 年的单位 GDP 碳排放比 2005 年下降 40%—45%），而且要以更加开放、包容和共赢的姿态，推动上述多边能源合作，逐步确立中国的国际地位和影响力。

根据本报告分析，2020 年后中国经济增长速度将逐步减缓，碳排放也会相应放缓，同时，随着科技进步和技术应用与推广，特别是新能源开发、节能、能效和环保等系列能源技术的广泛应用，煤炭消费比例将下降到 60% 以下，天然气和可再生能源的比例将明显上升，大大优化中国的能源结构，推动经济发展方式发生较大变化，进一步增强中国对全球能源可持续发展和气候变化的贡献。2020 年前后应成为中国全面参与重建全球多边能源合作机制、建立全球能源治理新框架的重要时期。

第三部分

数据与附件

能源展望数据表（2013—2030 年）

一　中国能源需求展望

年度	一次能源需求总量（Mtoe）										能源结构（%）					增长率(%)
	2013	2014	2015	2016	2017	2018	2019	2020	2025	2030	2013	2014	2015	2020	2030	2013—2030
总量	2638	2714	2801	2909	3023	3143	3257	3373	3608	3756	100	100	100	100	100	2.10
煤炭	1733	1739	1753	1788	1839	1887	1931	1971	1956	1892	66	64	63	58	50	0.52
石油	499	508	517	526	535	544	553	562	599	636	19	19	18	17	17	1.44
天然气	151	171	207	238	269	302	332	353	466	534	6	6	7	10	14	7.72
核能	24	29	44	62	70	74	77	91	139	164	1	1	2	3	4	11.92
水能	193	222	225	230	229	237	254	266	281	333	7	8	8	8	9	3.26
生物能	7	8	10	11	12	14	17	22	31	35	0	0	0	1	1	9.94
其他可再生	31	37	45	54	70	86	93	110	136	162	1	1	2	3	4	10.24

二　中国能源供应展望

年度	一次能源供应总量（Mtoe）										能源结构（%）					增长率(%)
	2013	2014	2015	2016	2017	2018	2019	2020	2025	2030	2013	2014	2015	2020	2030	2013—2030
总量	2369	2430	2497	2575	2645	2712	2779	2855	3032	3164	100	100	100	100	100	1.72
煤炭	1799	1806	1824	1846	1868	1887	1906	1925	1920	1887	76	74	73	67	60	0.28
石油	209	210	210	212	215	217	220	222	233	250	9	9	8	8	8	1.06
天然气	105	118	140	159	182	196	212	221	292	333	4	5	6	8	11	7.01
核能	24	29	44	62	70	74	77	91	139	164	1	1	2	3	5	11.92
水能	193	222	225	230	229	237	254	266	281	333	8	9	9	9	11	3.26
生物能	7	8	10	11	12	14	17	22	31	35	0	0	0	1	1	9.94
其他可再生	31	37	45	54	70	86	93	110	136	162	1	2	2	4	5	10.24

三　中国碳排放量展望

年度	碳排放量（Mt）										排放结构（%）					增长率（%）
	2013	2014	2015	2016	2017	2018	2019	2020	2025	2030	2013	2014	2015	2020	2030	2013—2030
总量	7729	7821	7973	8182	8453	8718	8967	9174	9448	9429	100	100	100	100	100	1.18
煤炭	6150	6175	6223	6333	6513	6683	6841	6980	6908	6649	80	79	78	76	71	0.46
石油	1244	1267	1289	1317	1339	1361	1385	1407	1492	1577	16	16	16	15	17	1.41
天然气	335	379	460	532	602	674	740	787	1047	1203	4	5	6	9	13	7.82

四　中国装机容量展望

年度	装机容量（GW）										电源结构（%）					增长率（%）
	2013	2014	2015	2016	2017	2018	2019	2020	2025	2030	2013	2014	2015	2020	2030	2013—2030
总量	1247	1338	1410	1553	1647	1801	1911	2062	2352	2570	100	100	100	100	100	4.34
煤炭	804	839	860	939	966	1048	1076	1137	1216	1251	64	63	61	55	49	2.63
石油	3	3	3	3	3	3	3	3	3	3	0	0	0	0	0	0.03
天然气	47	51	55	61	68	78	88	95	140	182	4	4	4	5	7	8.35
核能	15	20	33	42	44	46	49	56	91	112	1	2	2	3	4	12.63
水能	280	299	310	322	330	359	392	430	469	500	22	22	22	21	19	3.47
生物能	9	11	13	14	15	19	24	30	40	50	1	1	1	1	2	10.99
风能	75	91	100	122	150	168	190	210	255	315	6	7	7	10	12	8.77
地热能	0	0	0	0	0	0	1	1	0	0	0	0	0	0	0	25.23
太阳能光伏	15	23	35	49	70	79	89	100	134	150	1	2	2	5	6	14.60
聚光式太阳能	0	0	0	0	0	1	1	3	6	7	0	0	0	0	0	44.73
海洋能	0	0	0	0	0	0	0	0	0	0	0	0	0	0	0	29.11

五 中国发电量展望

年度	发电量（TWh）										发电结构（%）					增长率(%)
	2013	2014	2015	2016	2017	2018	2019	2020	2025	2030	2013	2014	2015	2020	2030	2013—2030
总量	5342	5576	5991	6445	6881	7331	7787	8363	9689	10787	100	100	100	100	100	4.22
煤炭	4039	4058	4308	4588	4859	5136	5415	5697	6282	6485	76	73	72	68	60	2.82
石油	5	5	5	5	5	5	5	5	5	5	0	0	0	0	0	0.00
天然气	114	127	149	162	192	219	249	302	459	624	2	2	2	4	6	10.49
核能	112	135	209	293	336	354	371	441	697	867	2	2	3	5	8	12.79
水能	896	1041	1064	1090	1096	1137	1216	1294	1410	1764	17	19	18	15	16	4.06
生物能	32	38	46	52	56	65	83	106	157	183	1	1	1	1	2	10.79
风能	135	154	182	211	272	336	357	410	514	649	3	3	3	5	6	9.68
地热能	0	0	0	0	0	1	1	1	3	7	0	0	0	0	0	26.76
太阳能光伏	9	18	29	42	63	78	88	104	150	178	0	0	0	1	2	19.43
聚光太阳能	0	0	0	1	1	2	3	4	13	26	0	0	0	0	0	52.33
海洋能	0	0	0	0	0	0	0	0	0	1	0	0	0	0	0	28.54

附件一 2014年版IWEP能源展望数据库改进说明与参考依据

一 数据库改进说明

1. 2014年版的修订理由和原则

2014年我们修订本数据库的理由是：2013年下半年以后全球和中国能源发展新态势需要我们加深认识；基于"生态能源新战略"的视角，我们对2020年及2030年前的能源发展特点和问题有了更深的认识；此外我们也发现2013年版的数据库存在一些缺陷需要修补。为此，我们认为有必要对2013版的能源展望数据库进行扩容、改造和修补完善，以支持本报告的整体研究与分析。

这一改进过程秉承了如下三大原则：

一是借鉴国际能源署（IEA）数据库的经验和特点，但是更加强调结合中国的实际和发展趋势。2014年版IWEP能源展望数据库在情景分析、运算结构和系数确定等方面继续借鉴IEA的经验和特点，除中国以外的世界数据部分，暂不做研究。但是，对于中国能源数据紧密结合本国的实际，尤其在中国能源政策分析、数据库情景设定和各种能源系数的确定上紧密结合中国的现实和未来发展态势。

二是坚持数据库的独立性。本报告基于自身的研究体系和生态能源新战略的情景，形成系列展望数据。虽然报告中数据采用国内官方统计口径进行讨论分析，但是经研究调整后的数据库的数值口径宽于国内官方统计口径。所以，2014年版IWEP能源数据库并不等同于国家统计局的数据，也不等同于国家发展与改革委员会的数据或行业协会的数据。

三是本着"尊重事实,理解政策,展望未来"的原则进行有理有据的调整。首先,对于2011—2013年的数据,数据库主要参考国家统计局公布的数据,并广泛参考各类统计数据进行校准。但对于2013年以后特别是2014年和2015年的数据主要根据我们对现行政策和发展趋势进行合理的研究和分析后提出;对于2016—2020年的数据结合"十三五"规划进行重点展望,给出各年的能源发展展望,而对2020年后的能源发展趋势给出粗条线的展望。

2. 主要改进内容(与2013年版的区别)

2014年版的主要改进内容包括:

(1) 2014版能源展望数据库将2013年版IWEP能源展望数据库中的新能源发电子库充实发展成电力子库。电力子库内容包括燃煤、燃油、燃气、核电、水电(含抽水蓄能)、生物质能、地热、风能(含近海)、太阳能光伏(含分布式)、太阳能聚热和海洋(潮汐)能等各种电源的装机容量、发电量和设备利用小时的内容。

(2) 数据库中能源需求侧定量考虑了工业化和城镇化进程对能源需求和电力需求的影响(详见附件二)。2014—2030年的能源需求和电力需求增长速度如下。

附表1-1　2014—2030年的能源需求和电力需求增长速度

年度	2014	2015	2020	2025	2030
能源需求(%)	2.92	3.18	3.79	1.36	1.08
电力需求(%)	4.38	7.45	6.90	2.99	2.17

(3) 数据库中将煤炭和燃煤发电作为调剂我国能源供需平衡和电力供需平衡的最主要手段,同时,也考虑核电和可再生能源对整个能源供需结构优化的影响。

(4) 数据库中煤炭需求侧的变化主要考虑了五方面因素:第一,燃煤发电装机容量和平均发电煤耗的变化;第二,煤化工(煤制油、气、烯烃、乙二醇和芳烃等)的发展趋势;第三,淘汰高耗能产业、过剩与落后产能,节能技术的应用;第四,考虑了"煤改气"工程实施状况;第五,工业增加值。

(5)数据库中 2015—2030 年的天然气需求等于经设备利用率调整后的天然气供应能力,天然气的供应包括国内生产、管道天然气进口和液化天然气进口,数据库中不考虑天然气出口、库存变化和损耗。根据调研所得到的信息建立"中国天然气进口能力数据分库",以项目为基础,展望 2015—2030 年的天然气进口量。

附表 1-2　　天然气供需预测　　单位:亿立方米

年度	2015	2017	2020	2030
国内产量	1550	2020	2450	3700
常规天然气*	1385	1650	1850	2000
页岩气	65	200	300	800
煤层气	100	170	300	900
进口	754	972.8	1467.68	2234
中亚管道**	320	400	500	700
中缅管道**	80	90	90	100
中俄管道***	尚未建成	尚未建成	180	380
LNG****	354 (2600 万吨)	482.8 (3550 万吨)	697.68 (5130 万吨)	1054 (7750 万吨)
消费量	2304	2992.8	3917.68	5934

注:" * "包括致密气,不含煤制气;

" ** "数据为预计管道输送量,管道设计能力高于此数值;

" *** "数据为预计中俄管道输送量,2022 年达到协议中规定的 380 亿立方米/年;

" **** "按 1 百万吨液化天然气等于 13.6 亿立方米换算。

(6)数据库中,2011—2013 年发电量由中国电力企业联合会统计资料获得,2014—2030 年的发电量是由各类电源的装机容量分别乘以各自的发电设备年平均利用小时计算得出(假设新建成机组均于当年 6 月底投产）。2014—2030 年发电设备的年平均利用小时的变化考虑了技术进步和电网建设等因素。

附表 1-3　　　　2014—2030 年发电设备平均利用小时　　　　单位：小时/年

年度	2014	2015	2017	2020	2025	2030
煤炭	4938	5070	5100	5150	5200	5200
石油	1567	1567	1500	1520	1560	1560
天然气	2600	2800	3000	3300	3400	3500
核能	7700	7790	7800	7900	7950	7900
常规水能	3848	3770	3700	3650	3600	3550
抽水蓄能	700	700	800	800	900	900
生物能	3850	3850	3850	3900	4000	4100
风能	1850	1900	2000	2050	2050	2100
地热能	5000	5200	5500	5500	6000	6500
光伏	950	1000	1050	1100	1150	1200
太阳能聚热发电	4000	4000	4000	4500	4500	4500
海洋能	1850	1850	1850	1850	1850	1850

（7）数据库中非化石能源发电量采取等价值的方法折算为非化石能源。核能和水能分别由核电和水电计算得出。生物能除生物质发电（农林生物质直接燃烧、垃圾焚烧、沼气）外，还包括生物液体燃料、沼气（不含发电）、物质固体成型燃料。其他可再生能包括风能发电、光伏发电、太阳能聚热发电、海洋能发电、地热发电和地热供暖。数据库不考虑电力和生物燃料的跨国贸易，所以非化石能源的需求与产量相等。

（8）数据库中非化石能源与发电量的折算系数为火力发电耗煤，考虑技术进步等因素后，历年火力发电耗煤量如下。

附表 1-4　　　　2011—2030 年火力发电耗煤　　　　单位：克/度

年度	2011	2012	2013	2014	2015—2016	2017—2019	2020	2025	2030
耗标煤	313	311	308	305	302	298	294	285	270

（9）电力子库中根据调研所得到的信息做成"中国核电站数据分库"，梳理我国所有在运机组的运行状况、在建机组的工程进度和拟建项目前期工作的进展。根据对核电政策的研究，从每个项目的建设进度、装机容量和设备利用小时数来核算发电量的现状和增长速度。

（10）本数据库尽力考虑了未来能源与环境技术进步对能源供需的影响，包括以下13项技术进步带来的影响。

附表1-5　　　　　　　　　　技术进步的贡献

	能源环境技术	影响对象	影响结果
1	深海、深盆油气勘探开发技术	石油产量	2020年深海和深盆石油产量达1200万吨/年；2030年达5000万吨/年
2	页岩气、煤层气开采技术	天然气产量	2020年页岩气、煤层气利用量分别达到300亿，2030年利用量分别达800亿和900亿立方米
3	IGCC发电技术	煤炭消费、效率和成本	2020年前研发大型IGCC成套技术，建设400—500兆瓦级示范工程。2020年之后进行推广，2030年装机容量达到10吉瓦
4	超临界燃煤机组	能源转换系数	2020年前推广600度超超临界机组，攻克700度超超临界机组的关键技术，建设示范工程。2020年和2030年火电机组平均能源转换效率达到42%和46%
5	煤制清洁燃料及化学品技术	煤炭消费方向	2015年前建设一批煤制煤制清洁燃料示范工程项目，2020年煤制气达到500亿立方米，煤制油、煤制烯烃分别达到3000万吨和1000万吨
6	CCUS技术	碳排放系数	到2020年掌握百万吨级电厂烟气CO_2捕集技术，年捕捉$CO_2$1000万吨；到2030年技术处于商业运行阶段，年捉$CO_2$6800万吨
7	分布式燃气发电技术	成本、装机容量	2015年前开发分布式能源级燃气轮机发电系统，机组电效率不小于30%。2020和2030年装机容量分别达到25吉瓦和50吉瓦
8	第三代核电技术	核电机组建设进度	预计AP1000首堆于2015年年底运行，2016年起逐步推广；CAP1400和华龙一号首堆于2019年开试运行，并逐步推广

续表

	能源环境技术	影响对象	影响结果
9	风电技术	成本、设备利用小时	预计2020年风电价格与煤电上网电价相当，设备利用1900小时/年
10	光伏技术	成本、设备利用小时	预计2020年光伏发电与电网销售电价相当，设备利用1100小时/年
11	抽水蓄能技术	成本、装机容量	2015年掌握400兆瓦级高水头抽水蓄能机组及其配套设备制造技术。2020年和2030年抽水蓄能装机容量分别达到55吉瓦和80吉瓦
12	新能源汽车技术	石油消费、用电量	到2020年，纯电动汽车和插电式混合动力汽车累计产销量超过500万辆。年减少原油消费300万吨，增加用电消费200亿度
13	绿色建筑	能源消费	绿色建筑占新建建筑比例提高到2015年20%，2020年50%。2015年形成年节能能力（与节能50%的参照建筑相比）211万吨标准煤，2020年达630万吨标准煤

3. 2014年版数据库的进步

通过上述改进后的2014版IWEP能源展望数据库比较全面地反映了中国能源产需的现实，对2013年下半年到2014—2015年的数据做了比较扎实的分析，对2015—2030年的能源发展做了较有说服力和严谨的展望；相对突出了能源需求与经济发展和环境之间的关系；进一步考虑了系列技术进步对于能源结构和能源效率的影响。具体地说，2014年版的数据库考虑了以下因素的关系和影响：

（1）数据库不仅考虑了未被纳入全国能源消费统计口径中的生物燃料、地热供暖的发展现状，还考虑了能源转换系数对非化石能源发展趋势的影响，比较全面地衡量了非化石能源在我国的发展情况和发展趋势。

（2）理顺了装机容量—发电量—非化石能源消费之间的关系，对2014—2030年的能源发展（特别是电力发展）做了较为严谨的展望。

（3）通过历史数据，定量分析了工业化和城镇化进程、大气污染治理对能源消费和电力消费的影响，新版数据库突出了能源需求与经济发展和环境容量之间的关系。

（4）新版数据库中考虑了13项技术进步对于我国能源供需、能源结构和能源效率的具体影响。

二　能源规划、政策和会议

1. 国家发展规划类

附表1-6　　　　　　　　　　国家发展规划

发布时间	规划名称	主要内容
2011年12月	煤层气（煤矿瓦斯）开发利用"十二五"规划	到2015年，煤层气（煤矿瓦斯）产量达到300亿立方米，其中地面开发160亿立方米，基本全部利用，煤矿瓦斯抽采140亿立方米，利用率60%以上；瓦斯发电装机容量超过285万千瓦，民用超过320万户
2011年12月	"十二五"控制温室气体排放工作方案	到2015年全国单位国内生产总值二氧化碳排放比2010年下降17%
2012年3月	煤炭工业发展"十二五"规划	1. 生产能力41亿吨/年。其中，大型煤矿26亿吨/年，占总能力的63%；年产能30万吨及以上中小型煤矿9亿吨/年，占总能力的22%；年产能30万吨以下小煤矿控制在6亿吨/年以内，占总能力的15%。煤炭产量控制在39亿吨左右。2. 2015年，煤矸石综合利用量6.1亿吨，利用率达到75%以上。其中，电厂利用3亿吨，煤矸石制建材利用1亿吨，煤矸石井下充填、复垦和筑路利用2.1亿吨以上。力争利用含铝粉煤灰约1080万吨，形成氧化铝年生产规模360万吨

续表

发布时间	规划名称	主要内容
2012 年 5 月	建筑节能"十二五"专项规划	到"十二五"期末,建筑节能形成 1.16 亿吨标准煤节能能力。其中发展绿色建筑,加强新建建筑节能工作,形成 4500 万吨标准煤节能能力;深化供热体制改革,全面推行供热计量收费,推进北方采暖地区既有建筑供热计量及节能改造,形成 2700 万吨标准煤节能能力;加强公共建筑节能监管体系建设,推动节能改造与运行管理,形成 1400 万吨标准煤节能能力。推动可再生能源与建筑一体化应用,形成常规能源替代能力 3000 万吨标准煤
2012 年 7 月	节能与新能源汽车产业发展规划(2012—2020 年)	到 2015 年,纯电动汽车和插电式混合动力汽车累计产销量力争达到 50 万辆;到 2020 年,累计产销量超过 500 万辆。到 2015 年,当年生产的乘用车平均燃料消耗量降至 6.9 升/百公里;到 2020 年,降至 5.0 升/百公里
2012 年 7 月	风电发展"十二五"规划	到 2015 年,投入运行的风电装机容量达到 1 亿千瓦,年发电量达到 1900 亿千瓦时;2020 年装机容量超过 2 亿千瓦(海上风电 3000 万千瓦),年发电量达到 3900 亿千瓦时
2012 年 7 月	生物质能发展"十二五"规划	到 2015 年,生物质能年利用量超过 5000 万吨标准煤。其中,生物质发电装机容量 1300 万千瓦、年发电量约 780 亿千瓦时,生物质年供气 220 亿立方米,生物质成型燃料 1000 万吨,生物液体燃料 500 万吨
2012 年 7 月	水电发展"十二五"规划	2015 年水电总装机容量达到 2.9 亿千瓦(抽水蓄能 0.3 亿千瓦),年发电量 9100 亿千瓦时;2020 年水电总装机容量达到 4.2 亿千瓦(抽水蓄能 0.7 亿千瓦),年发电量 1.2 万亿千瓦
2012 年 7 月	太阳能发电发展"十二五"规划	到 2015 年年底,太阳能发电装机容量达到 2100 万千瓦以上,年发电量达到 250 亿千瓦时;到 2020 年太阳能发电总装机容量达到 5000 万千瓦

续表

发布时间	规划名称	主要内容
2012年8月	可再生能源发展"十二五"规划	2015年全部可再生能源的年利用量达到4.78亿吨标准煤,在能源消费中的比重达到9.5%以上,可再生能源发电量争取达到总发电量的20%以上
2012年10月	天然气发展"十二五"规划	2015年国产天然气供应能力达到1760亿立方米左右(其中,常规天然气约1385亿立方米;煤制天然气约150亿—180亿立方米;煤层气地面开发生产约160亿立方米),页岩气产量65亿立方米。根据已签署的合同,到2015年,我国年进口天然气量约935亿立方米
2013年1月	能源发展"十二五"规划	我国能源消费总量与效率、能源生产与供应、电力发展等方面的主要目标
2013年1月	绿色建筑行动方案	1. 新建建筑,"十二五"期间,完成新建绿色建筑10亿平方米;到2015年末,20%的城镇新建建筑达到绿色建筑标准要求。2. 既有建筑节能改造,"十二五"期间,完成北方采暖地区既有居住建筑供热计量和节能改造4亿平方米以上,夏热冬冷地区既有居住建筑节能改造5000万平方米,公共建筑和公共机构办公建筑节能改造1.2亿平方米,实施农村危房改造节能示范40万套。到2020年年末,基本完成北方采暖地区有改造价值的城镇居住建筑节能改造
2014年1月	海洋可再生能源发展纲要(2013—2016年)	形成一批具有自主知识产权的核心装备。建成一批产业化示范项目,形成若干海岛独立电力系统示范电站,到2016年,在浙江、福建等沿海地区,启动1—2个万千瓦级潮汐能电站建设
2014年3月	国家新型城镇化规划(2014—2020)	到2020年,常住人口城镇化率达到60%;城镇绿色建筑占新建建筑的比例为50%

续表

发布时间	规划名称	主要内容
2014年9月	国家应对气候变化规划（2014—2020）	六年时间里要实现碳强度降低40%—45%，非化石能源占一次能源的比重达到15%
2014年9月	煤电节能减排升级与改造行动计划（2014—2020年）	1. 到2020年，力争使煤炭占一次能源消费的比重下降到62%以内，电煤占煤炭消费的比重提高到60%以上。2. 全国新建燃煤发电机组平均供电煤耗低于300克标准煤/千瓦时，到2020年，现役燃煤发电机组改造后平均供电煤耗低于310克/千瓦时。3. 积极发展热电联产，2020年，燃煤热电机组装机容量占煤电总装机容量比重力争达到28%。4. 在气源有保障的条件下，京津冀区域城市建成区、长三角城市群、珠三角区域到2017年基本完成自备燃煤电站的天然气替代改造任务。5. 东部地区新建燃煤发电机组大气污染物排放浓度基本达到燃气轮机组排放限值（即在基准氧含量6%条件下，烟尘、二氧化硫、氮氧化物排放浓度分别不高于10毫克、35毫克、50毫克/立方米），中部地区新建机组原则上接近或达到燃气轮机组排放限值，鼓励西部地区新建机组接近或达到燃气轮机组排放限值
2014年10月	关于实施光伏扶贫工程工作方案（2014—2020）	决定利用六年时间组织实施光伏扶贫工程，要通过支持片区县和国家扶贫开发工作重点县内已建档立卡贫困户安装分布式光伏发电系统，增加贫困人口基本生活收入；要因地制宜，利用贫困地区荒山荒坡、农业大棚或设施农业等建设光伏电站，直接增加贫困人口收入
2014年11月	能源发展战略行动计划（2014—2020）	1. 到2020年，一次能源消费总量控制在48亿吨标准煤左右，煤炭消费总量控制在42亿吨左右。2. 到2020年，基本形成比较完善的能源安全保障体系。国内一次能源生产总量达到42亿吨标准煤，能源自给能力保持在85%左右，石油储采比提高到14—15，能源储备应急体系基本建成。3. 到2020年，非化石能源占一次能源消费比重达到15%，天然气比重达到10%以上，煤炭消费比重控制在62%以内

2. 政策文件类

附表1-7　　政策文件

发布时间	发布机构	文件名称	主要内容
大气污染防治			
2013年9月	国务院	大气污染防治行动计划	1. 到2017年，煤炭占能源消费总量比重降低到65%以下，运行核电机组装机容量达到5000万千瓦，非化石能源消费比重提高到13%。2. 到2017年，单位工业增加值能耗比2012年降低20%左右。3. 2015年再淘汰炼铁1500万吨、炼钢1500万吨、水泥（熟料及粉磨能力）1亿吨、平板玻璃2000万重量箱
2013年9月	环境保护部、国家发展和改革委员会、工业和信息化部、财政部、住房和城乡建设部、国家能源局	京津冀及周边地区落实大气污染防治行动计划实施细则	1. 实行煤炭消费总量控制，北京市、天津市、河北省和山东省压减煤炭消费总量8300万吨；2. 实施清洁能源替代，到2017年年底，京津唐电网风电等可再生能源电力占电力消费总量比重提高到15%，山东电网提高到10%。北京市煤炭占能源消费比重下降到10%以下，电力、天然气等优质能源占比提高到90%以上。北京市、天津市、河北省和山东省现有炼化企业的燃煤设施，全部改用天然气或由周边电厂供汽供电
2013年9月	中共河北省委、河北省人民政府	河北省大气污染防治行动计划实施方案	到2017年，全省煤炭消费量比2012年净削减4000万吨，全省钢铁产能削减6000万吨，全部淘汰10万千瓦以下常规燃煤机组
2014年3月	国家发展改革委、国家能源局、国家环境保护部	能源行业加强大气污染防治工作方案	到2015年，非化石能源消费比重提高到11.4%，天然气（不包含煤制气）消费比重达到7%以上；2017年，非化石能源消费比重提高到13%，天然气（不包含煤制气）消费比重提高到9%以上，煤炭消费比重降至65%以下

续表

发布时间	发布机构	文件名称	主要内容
2011年7月	环境保护部、国家质量监督检验检疫总局	火电厂大气污染物排放标准	2014年7月1日起,现有火力发电锅炉及燃气轮机烟尘、二氧化硫、氮氧化物和烟气黑度的排放限值
2014年9月	环境保护部	大气污染防治法(修订草案征求意见稿)	1.明确政府的环保责任,规定县级以上人民政府将大气污染防治工作纳入国民经济和社会发展规划;2.完善排放总量控制和排污许可制度,规定省级人民政府应当按照国务院的规定削减和控制本行政区域的重点大气污染物排放总量;3.国家制定煤炭消费总量中长期控制目标,逐步降低煤炭在一次能源消费中的比重,优化煤炭使用方式

促进煤炭业平稳运行

发布时间	发布机构	文件名称	主要内容
2013年11月	国务院办公厅	关于促进煤炭业平稳运行的意见	严格新建煤矿准入标准,停止核准新建低于30万吨/年的煤矿、低于90万吨/年的煤与瓦斯突出矿井。研究完善差别化煤炭进口关税政策,鼓励优质煤炭进口,禁止高灰分、高硫分劣质煤炭的生产、使用和进口
2013年12月	中国煤炭工业协会、中国煤炭加工利用协会	关于促进煤炭工业现代煤化工产业科学发展的指导意见	力争到2020年,完成现代煤化工大规模工程化示范、技术升级示范和新技术、新产品示范,实现示范工程长周期商业化运行。2030年前后,力争实现10亿吨煤炭的化工原材料转化(不含炼焦),各项技术和工艺、装备实现商业化,能效和产排污达到新水平
2014年7月	国家能源局	关于规范煤制油、煤制天然气产业科学有序发展的通知	规范项目审批程序,禁止建设年产20亿立方米及以下规模的煤制天然气项目和年产100万吨及以下规模的煤制油项目。强化要素资源配置,严禁在煤炭净调入省发展煤制油(气);严禁挤占生活用水、农业用水和生态用水,以及利用地下水发展煤制油(气)。对取水量已达到或超过控制

续表

发布时间	发布机构	文件名称	主要内容
			指标、主要污染物排放总量超标地区，暂停审批新建煤制油（气）示范项目
2014年8月	国家发展改革委、国家能源局、国家煤矿安监局	关于遏制煤矿超能力生产规范企业生产行为的通知	各省级煤炭行业管理部门要按属地原则，将所有已登记煤矿生产能力情况上报。所有煤矿要按照登记公布的生产能力和承诺事项组织生产，煤矿年度原煤产量不得超过登记公布的生产能力，月度原煤产量不得超过月均计划的110%
2014年9月	国家发展改革委、环境保护部、商务部、海关总署、工商总局、质检总局	商品煤质量管理暂行办法	1. 规定商品煤应满足的基本要求；2. 规定在中国境内远距离运输的商品煤应满足的要求；3. 京津冀及周边地区、长三角、珠三角限制销售和使用灰分≥16%、硫分≥1%的散煤
2014年10月	国务院关税税则委员会	关于调整煤炭进口关税的通知	自2014年10月15日起，取消无烟煤、炼焦煤、炼焦煤以外的其他烟煤、其他煤、煤球等燃料的零进口暂定税率，分别恢复实施3%、3%、6%、5%、5%的最惠国税率
2014年10月	财政部 国家税务总局	关于实施煤炭资源税改革的通知	自2014年12月1日起在全国范围内实施煤炭资源税从价计征改革，同时清理相关收费基金
2014年10月	国家能源局	关于调控煤炭总量优化产业布局的指导意见	今后一段时期，东部地区原则上不再新建煤矿项目；中部地区（含东北）保持合理开发强度，按照"退一建一"模式，适度建设资源枯竭煤矿生产接续项目；西部地区加大资源开发与生态环境保护统筹协调力度，重点围绕以电力外送为主的千万级大型煤电基地和现代煤化工项目用煤需要，在充分利用现有煤矿生产能力的前提下，新建配套煤矿项目

续表

发布时间	发布机构	文件名称	主要内容
保证天然气供应			
2013年10月	国家能源局	页岩气产业政策	涵盖产业监管、示范区建设、产业技术政策、市场与运输、节约利用与环境保护和支持政策等方面内容,为推动页岩气产业发展,提高天然气供应能力提供了政策保障
2014年3月	国家发展与改革委员会	关于建立健全居民生活用气阶梯价格制度的指导意见	为促进天然气市场的可持续健康发展,确保居民基本用气需求,同时引导居民合理用气、节约用气,2015年年底前所有已通气城市均应建立起居民生活用气阶梯价格制度
2014年4月	国家能源局	关于建立保障天然气稳定供应长效机制的若干意见	增加天然气供应。到2020年天然气供应能力达到4000亿立方米,力争达到4200亿立方米。到2020年累计满足"煤改气"工程用气需求1120亿立方米
推动非化石能源发展——抽水蓄能			
2014年11月	国家发展与改革委员会	关于促进抽水蓄能电站健康有序发展有关问题的意见	到2025年,全国抽水蓄能电站总装机容量达到约1亿千瓦,占全国电力总装机的比重达到4%左右
推动非化石能源发展——光伏			
2013年7月	国务院	关于促进光伏产业健康发展的若干意见	2013—2015年,年均新增光伏发电装机容量1000万千瓦左右,到2015年总装机容量达到3500万千瓦以上

续表

发布时间	发布机构	文件名称	主要内容
2013 年 11 月	国家能源局	关于分布式光伏发电项目管理暂行办法的通知	管理办法从规模管理、项目备案、建设条件、电网接入和运行、计量与结算等方面对分布式光伏电站进行了详细规定。1. 由电网按月"转付"国家补贴资金，按月结算余电上网电量电费；2. 在经济开发区等相对独立的供电区域统一建设的，余电上网部分可向该供电区域其他电力用户直接售电
2014 年 1 月	国家能源局	关于下达 2014 年光伏发电年度新增建设规模的通知	2014 年光伏发电建设规模在综合考虑各地区资源条件、发展基础、电网消纳能力以及配套政策措施等因素基础上确定，全年新增备案总规模 1400 万千瓦，其中分布式 800 万千瓦，光伏电站 600 万千瓦
2014 年 4 月	国家能源局	关于明确电力业务许可管理有关事项的通知	豁免"项目装机容量 6MW（不含）以下的太阳能、风能、生物质能、海洋能、地热能等新能源发电项目"发电业务的电力业务许可；简化"太阳能、风能、生物质能等新能源发电"等的发电业务的许可申请要求
2014 年 5 月	国家能源局	关于加强光伏发电项目信息统计及报送工作的通知	规范光伏发电项目备案、建设及运行信息报送及管理，同时规范国家电网、南方电网等对光伏发电项目并网服务及补贴申请和发放情况信息报送及管理
2014 年 5 月	国家电网	关于做好分布式电源并网服务工作的意见（修订版）	此次修订版相比原文件，主要变化在于放宽了分布式电源范围，细化了并网申请受理时间等

续表

发布时间	发布机构	文件名称	主要内容
2014年6月	国家税务总局	关于国家电网购买分布式光伏发电项目电力产品发票开具等有关问题的公告	自7月1日起，国家电网公司所属企业从分布式光伏发电项目发电户处购买电力产品，可由国家电网公司所属企业开具普通发票
2014年9月	国家能源局	关于加快培育分布式光伏发电应用示范区有关要求的通知	1. 各示范区在优先发展屋顶光伏同时，可就近开发就地消纳的小型光伏电站（接入电压等级不超过35千伏，容量不超过2万千瓦）；2. 鼓励示范区成立由园区管委会、投资方与电网企业共同参与管理的专业运维公司，统一负责辖区内所有分布式光伏项目的电费结算和建设服务
2014年9月	国家能源局	关于进一步落实分布式光伏发电有关政策的通知	光伏发电是我国重要的战略性新兴产业，鼓励开展多种形式的分布式光伏发电应用，完善分布式光伏发电发展模式
2014年10月	国家能源局	关于进一步加强光伏电站建设与运行管理工作的通知	统筹推进大型光伏电站基地建设；以年度规模管理引导光伏电站与配套电网协调建设；创新光伏电站金融产品和服务
2014年10月	国家能源局	关于规范光伏电站投资开发秩序的通知	制止光伏电站开发中的投机行为；禁止各种地方保护和增加企业负担的行为；加强光伏电站年度执行管理

续表

发布时间	发布机构	文件名称	主要内容
推动非化石能源发展——风能			
2014年6月	国家发展与改革委员会	关于海上风电上网电价政策的通知	2017年以前投运的潮间带风电项目含税上网电价为每千瓦时0.75元,近海风电项目含税上网电价为每千瓦时0.85元
2014年8月	国家能源局	全国海上风电开发建设方案(2014—2016)	涉及44个海上风电项目,其中包括已核准项目9个,容量175万千瓦;正在开展前期工作的项目35个,容量853万千瓦
推动非化石能源发展——生物质能			
2014年6月	国家能源局、环境保护部	关于开展生物质成型燃料锅炉供热示范项目建设的通知	2014—2015年,拟在全国范围内,建设120个生物质成型燃料锅炉供热示范项目,示范项目建成后,替代化石能源供热120万吨标煤。其中,生物质成型燃料锅炉民用供热面积超过600万平方米,工业供热超过1800蒸吨/小时
推动非化石能源发展——地热能			
2013年2月	国家能源局、财政部、国土资源部、住房和城乡建设部	关于促进地热能开发利用的指导意见	到2015年,全国地热供暖面积达到5亿平方米,地热发电装机容量达到10万千瓦,地热能年利用量达到2000万吨标准煤;到2020年,地热能开发利用量达到5000万吨标准煤
加快发展节能环保产业			
2013年8月	国务院	关于加快发展节能环保产业的意见	开展绿色建筑行动,到2015年,新增绿色建筑面积10亿平方米以上,城镇新建建筑中二星级及以上绿色建筑比例超过20%;推进既有居住建筑供热计量和节能改造;实施供热管网改造2万公里
发展新能源汽车			

续表

发布时间	发布机构	文件名称	主要内容
2014年7月	国家机关事务管理局、财政部、科技部、工业和信息化部、国家发展和改革委	政府机关及公共机构购买新能源汽车实施方案	2014—2016年，新能源汽车推广应用城市的政府机关及公共机构购买的新能源汽车占当年配备更新总量的比例不低于30%，以后逐年提高。除上述政府机关及公共机构外，各省（区、市）其他政府机关及公共机构，2014年购买的新能源汽车占当年配备更新总量的比例不低于10%；2015年不低于20%；2016年不低于30%，以后逐年提高
2014年7月	国务院办公厅	关于加快新能源汽车推广应用的指导意见	加快充电设施建设，完善用电价格政策，2020年前，对电动汽车充电服务费实行政府指导价管理；积极引导企业创新商业模式，进一步放宽市场准入，鼓励和支持社会资本进入新能源汽车充电设施建设和运营、整车租赁、电池租赁和回收等服务领域；推动公共服务领域率先推广应用；进一步完善政策体系，完善新能源汽车推广补贴政策，给予新能源汽车税收优惠

3. 重要会议

附表1-8　　　　　重要能源会议

发布时间	会议名称	主要内容
2014年1月	2014年全国能源工作会议	2014年，非化石能源消费比重提高到10.7%，非化石能源发电装机比重达到32.7%。天然气占一次能源消费比重提高到6.5%，煤炭消费比重降低到65%以下
2014年4月	新一届国家能源委员会首次会议	要在采用国际最高安全标准、确保安全的前提下，适时在东部沿海地区启动新的核电重点项目建设。在做好生态保护和移民安置的基础上，有序开工合理的水电项目。加强风能、太阳能发电基地和配套电力送出工程建设。发展远距离大容量输电技术，今年要按规划开工建设一批采用特

续表

发布时间	会议名称	主要内容
		高压和常规技术的"西电东送"输电通道，优化资源配置，促进降耗增效。积极推进电动车等清洁能源汽车产业化，加快高效清洁燃煤机组的核准进度，对达不到节能减排标准的现役机组坚决实施升级改造，促进煤炭集中高效利用代替粗放使用，保护大气环境
2014年6月	中央财经领导小组第六次会议	推动能源消费革命，抑制不合理能源消费；推动能源供给革命，建立多元供应体系；推动能源技术革命，带动产业升级；推动能源体制革命，打通能源发展快车道；全方位加强国际合作，实现开放条件下能源安全
2014年8月	全国"十三五"能源规划工作会议	到2020年，页岩气和煤层气产量分别达到300亿立方米，风电和光伏发电装机分别达到2亿和1亿千瓦以上，地热能利用规模达到5000万吨标煤，核电运行装机容量达到5800万千瓦、在建达3000万千瓦

三　参考统计资料

单位	名称	内容
国家统计局	中国统计年鉴（2011—2013年版）	我国经济发展、工业化、城市化和能源方面的数据
国家统计局	中国能源统计年鉴（2011—2013年版）	我国能源生产和能源消费方面的数据
中国电力企业联合会	电力工业统计基本数据一览表（2011—2013年版）	我国各类电源的装机容量、发电量、发电设备利用小时
中国石油经济技术研究院	国内外油气行业发展报告（2011—2013年）	我国石油、天然气生产、消费、进出口的数据
中国煤炭工业协会	煤炭工业发展研究报告（2011—2013年）	我国煤炭生产、消费、库存的数据

附件二 中国能源和电力需求展望模型

一 能源与电力需求预测模型说明

(一) 情景设定

在"生态能源新战略"情景下,中国经济增长逐步放缓,2014 年增长 7.4%,2015 年增长 7.25%,"十三五"至"十五五"的增长速度分别放缓到 7%、6% 和 5%;经济结构不断调整,二次产业占比下降,第三产业占比增加。在人口与社会方面,2013—2030 年年均人口增长为 5.2‰,城市化进程带来城市化率的不断提高,2020、2025 和 2030 年,城市化率将达到 60%、65% 和 70%。在能源效率方面,技术进步带来的能源效率提高,2015 年、2020 年、2025 年和 2030 年第二产业增加值能耗与 2010 年相比,分别下降 5%、10%、26%、33%。第二产业电耗也将相应降低,"十二五"期间与 2013 年基本保持一致,2025 年和 2030 年比 2010 年下降 6% 和 13%。

附表 2-1 "生态能源新战略"情景下社会经济指标

年度	2015	2020	2025	2030
国内生产总值(万亿)①	10.95	15.36	20.56	26.34
人口(亿)	13.74	14.39	14.70	14.85
城镇化率(%)	55.55	60.00	65.00	70.00
产业结构——第一产业(%)	9.50	9.00	7.80	7.00
产业结构——第二产业(%)	43.00	41.00	38.50	35.00

① 国内生产总值为剔除物价因素后的实际值,以 1978 年为基期。

续表

年度	2015	2020	2025	2030
产业结构——第三产业（%）	47.50	50.00	53.70	58.00
第二产业能耗①（%）	4.00	13.00	27.00	33.00
第二产业电耗②（%）	-5.00	-4.00	4.00	12.00

（二）能源需求预测

课题组基于协整理论对中国能源需求及电力需求与其影响因素间的长期均衡关系进行研究，建立中国能源需求和电力需求的长期均衡模型，并对中国未来的能源需求进行预测。

1. 能源需求长期均衡模型

能源需求的主要因素取决于经济增长、产业结构、能源价格和能源效率等因素。由于中国能源价格多为行政制定，难以有效调节需求，故在能源需求长期均衡模型中不考虑价格变量。模型中的变量如下：

（1）能源需求总量（EC），数据选取能源消费总量（等价值），单位为万吨标准煤。

（2）经济增长是能源需求的重要因素，经济增长与能源需求之间存在着显著且稳定的正相关关系。模型中选取实际国内生产总值（RGDP）为指标，即通过国内生产总值指数（1978年为基期），剔除物价变动的影响，得出各年的实际国内生产总值，单位为亿元。

（3）产业结构（STR），我国处于工业化阶段，第二产业的能源消费占到了能源消费的70%左右，经济方式调整和产业结构升级直接影响能源需求。模型以第二产业在国内生产总值中的比重作为产业结构指标。由于第二产业在三大产业中能耗（产值除以能源需求）最高，所以STR与能源需求呈正相关关系。

（4）能源效率（EFF）。能源效率的提高将会降低能源强度（单位GDP

---

① 第二产业能耗由第二产业能源消费除以第二产业增加值（2010年价格）得来。表中表示2015、2020、2025和2030年与2010年相比，第二产业能耗的下降比例。

② 第二产业电耗由第二产业电力消费除以第二产业增加值（2010年价格）得来。表中表示2020、2025和2030年与2010年相比，第二产业能耗的下降比例。负数表示能耗上升。

能耗)。模型选取第二产业增加值与第二产业能源消费量之比代表能源效率，能源效率越高，单位产值能源需求越少，EFF 与能源需求呈负相关关系。

数据来源于 WIND 数据库，为消除异方差影响，所有变量均取对数处理。

通过 Johansen 协整检验可以验证 EC、RGDP、STR、EFF 存在协整关系，同时可以得到标准化的协整向量，进而建立能源需求与影响因素的长期均衡关系模型，即

$$EC = 0.875RGDP + 1.285STR - 0.589EFF - 0.475 \quad (1)$$

模型中非常数项系数为弹性，即能源消费弹性为 0.875。根据模型(1)预测出 2020、2025 和 2030 年能源消费分别为 48.18 亿吨标准煤、51.54 亿吨标准煤和 53.66 亿吨标准煤，与本报告的情景分析结果一致。

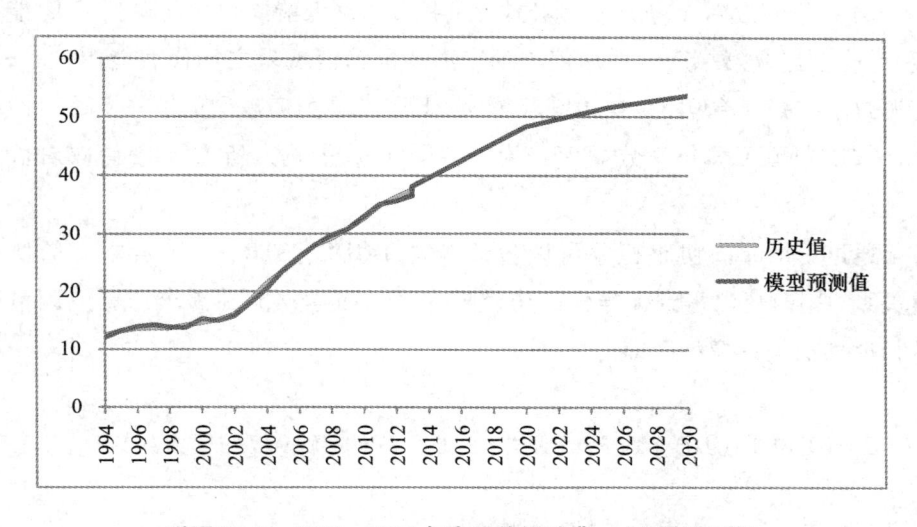

附图 2-1 1994—2030 年中国能源消费 (亿吨标准煤)

2. 电力需求长期均衡模型

电力需求取决于经济增长、产业结构、城镇化和电力使用效率等因素。模型中仍不考虑用电价格。模型中变量有

(1) 电力需求 (ELE)，数据选取全社会用电量，单位为亿千瓦时。

(2) 经济增长是影响电力需求的重要因素，经济增长与电力需求之间存在着显著且稳定的正相关关系。模型中选取实际国内生产总值（RGDP）为指标，即通过国内生产总值指数（1978年为基期），剔除物价变动的影响，得出各年的实际国内生产总值，单位为亿元。

(3) 产业结构（STR），我国处于工业化阶段，第二产业的电力消费占到了电力消费的70%以上，经济方式调整和产业结构升级直接影响电力需求。模型以第二产业在国内生产总值中的比重作为产业结构指标。由于第二产业在三大产业中能耗（产值除以电力需求）最高，所以STR与能源需求呈正相关关系。

(4) 城市化（URB）进程要求大规模的城市基础设施、住房交通运输体系建设，会推动商业和居民用电增长。模型以城镇人口在总人口中的比例代表城市化率，URB与电力需求之间存在正向关系。

(5) 能源效率（EFF）。能源效率的提高将降低能源强度（单位GDP能耗）。模型选取第二产业增加值与第二产业电力消费量之比代表能源效率，能源效率越高，单位产值电力需求越少，EFF与电力需求呈负相关关系。

数据来源于WIND数据库，为消除异方差影响，所有变量均取对数处理。

通过Johansen协整检验可以验证EC、RGDP、STR、EFF存在1阶协整关系，同时可以得到标准化的协整向量，进而建立能源需求与影响因素的长期均衡关系模型，即

$$ELE = 0.884RGDP + 0.358URB + 1.011STR - 0.977EFF + 0.039 \quad (2)$$

根据模型（2）预测出2020、2025和2030年电力需求分别为7.79万亿千瓦时、8.91万亿千瓦时和9.48万亿千瓦时，明显低于本报告的情景分析数据即附图2-2中数据库值（分别为8.36万亿千瓦时、9.69万亿千瓦时和10.79万亿千瓦时）。

3. 电力需求长期均衡模型（分部门）

为了更好刻画城市化进程和人均收入增加对电力需求的影响，分别对

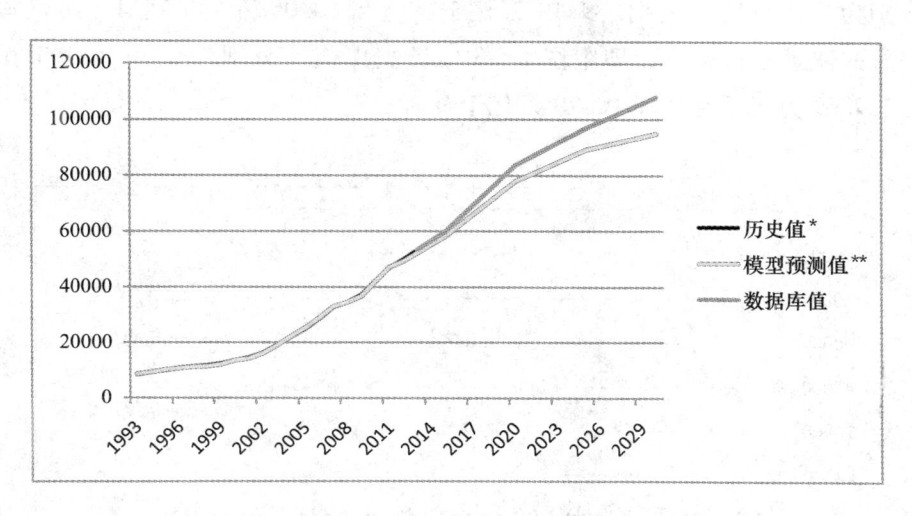

附件二 中国能源和电力需求展望模型

附图 2-2 1993—2030 年中国电力消费（亿千瓦时）

注："＊"指 2013 年前的历史值与模型预测值几近重合；"＊＊"指（本报告的）数据库值始于 2011 年。

产业用电和居民生活用电进行建模，再将两者加总得出全社会的电力需求。

产业用电模型中，产业用电（ELE_I）数据为扣除居民生活用电后的全社会用电量，单位为亿千瓦时，解释变量与模型（2）相同。通过 Johansen 协整检验，得到（3）

$$ELE\_I = 0.904RGDP + 0.227URB + 1.043STR - 1.043EFF - 0.036 \quad (3)$$

生活用电模型中，生活用电为居民生活用电量，单位为亿千瓦时。解释变量选择为 RGDP 和城镇人口（URBPOP）。通过 Johansen 协整检验，得到（4）

$$ELE\_C = 0.787RGDP + 1.069URBPOP - 12.121 \quad (4)$$

根据模型（3）和（4），预测出 2020 年、2025 年和 2030 年电力需求分别为 7.88 万亿千瓦时、9.19 万亿千瓦时和 10.05 万亿千瓦时，接近本报告的情景分析数据，即附图 2-3 中数据库值（分别为 8.36 万亿千瓦时、9.69 万亿千瓦时和 10.79 万亿千瓦时）。

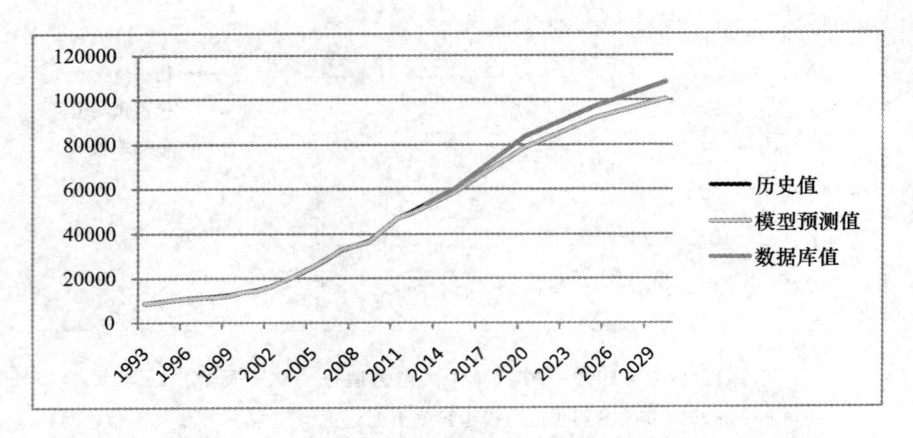

附图 2-3　1993—2030 年中国电力消费（亿千瓦时）

注：历史值与数据库值说明与附图 2-2 相同。

电力需求长期均衡模型存在两个问题：

（1）由于第二产业用能存在"能源使用由一次能源向二次能源转移"的现象，所以能源效率指标（第二产业增加值与第二产业电力消费量之比）并非一个持续下降的过程，不能充分刻画技术进步等因素带来的能源强度下降。

（2）由于长期以来居民电力消费占比较低，模型难以有效刻画城市化进程和人均收入增加对电力需求的影响。即使分部门建立电力需求的长期均衡模型，也存在着居民生活用电和全社会用电量低估的情况。

二　第四章的电力需求预测模型说明

（一）电力需求的主要影响因素

1. 工业化

目前，我国处于工业化中后期，工业化进程处于加速发展阶段。未来推动工业化进程和工业现代化仍然是我国经济发展的根本任务，工业经济增长将从以数量扩张为主逐步转向以质量提高为主。根据我国工业化综合指数变化趋势，预计 2018 年左右我国将基本完成工业化。作为发展中国家，我国具有后发优势，即可借鉴先进国家的成果，实现跨越式发展，走新型工业化道路。

其中，重化工业仍将维持较快的发展速度。我国的高耗能行业未来将保持稳定发展，但其方向是与环保趋势相适应，实现节能化和环保化。在节能减排政策约束下，高耗能行业的增长速度在一定时期内可能有所降低，但在社会需求引导和生产技术升级的推动下，其增长趋势在工业化完成以前不会改变。在工业化完成之后，高耗能行业的发展相对将会趋缓，主导产业将会集中在以战略性新兴产业为代表的汽车、医药、电子、电力设备等。

2. 城镇化

我国城镇化率远低于发达国家 80% 左右的水平，也低于相同发展水平国家的城镇化率，城镇化建设还有很大空间。对照 "S" 型城镇化发展曲线，我国城镇化水平正处于中段的较快提升期。城镇化是扩大内需的最大潜力所在，被视为中国经济新一轮增长的最大引擎。党的十八大在 "新四化" 目标中明确提出，要深入开展新型城镇化建设，到 2020 年城镇化质量明显提高。2014 年 3 月份公布的《国家新型城镇化规划（2014—2010）》提出了覆盖东、中、西部地区的城市群规划，是我国城镇化深入发展的战略支撑点，不仅对所在地区具有重要意义，而且将深刻影响整体经济格局。根据国家新型城镇化发展规划要求，我国城镇化率到 2020 年将达到 60% 左右，到 2030 年将达到 70% 左右。

3. 大气污染防治

面对我国日益严峻的大气污染问题，2013 年年底国务院出台了《大气污染防治行动计划》。为贯彻落实《大气污染防治行动计划》，环境保护部与全国 31 个省（区、市）签署了《大气污染防治目标责任书》，明确了各地空气质量改善目标和重点工作任务，进一步落实了地方政府环境保护责任。目前，全国已有十几个省份陆续出台实施方案，明确具体防治措施，将任务逐一落实到市、县和有关部门，并与各设区市和省直管县（市）政府签订了目标责任书。压缩过剩产能成为落实大气污染防治行动计划的一个重要方面。各地区将建立以节能环保标准促进"两高"行业过剩产能退出的机制。另外，提高能源利用效率也成为大气污染防治的关键手段，包括新建高耗能项目单位产品（产值）能耗必须达到国内先进水平，用能设备必须达到一级能效标准；严格执行火电企业发电排序规定，安排煤耗低、能效高、排污少的机组优先发电；在重污染天气严格限制老旧火电机组的发电量；大力组织实施以工业锅炉（窑炉）改造、余热余压利用、电机系统节能、能量系统优化为重点的节能改造。

（二）电力需求预测方法与模型

1. 方法与模型

研究基于国家电网公司电力供需分析实验室，构建中长期经济与电力供需预测模型体系，实现对中长期经济增长和电力需求的情景分析。

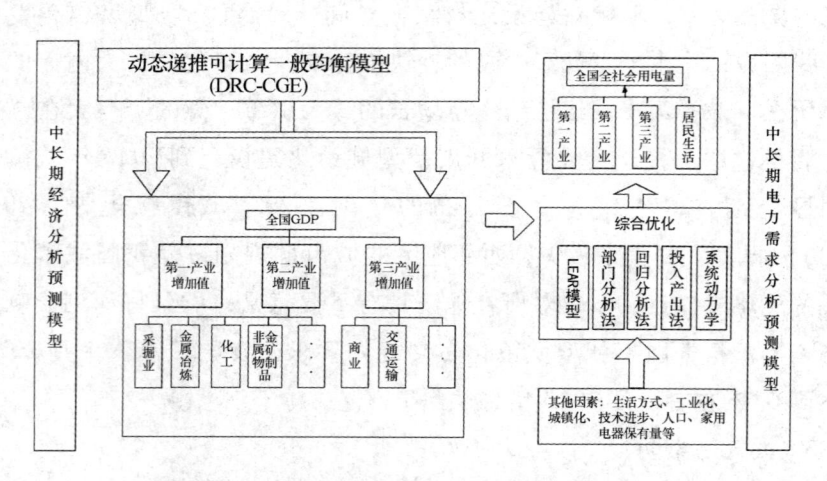

附图2-4　中长期经济与电力供需预测模型体系

模型基于可计算一般均衡模型、宏观经济中长期计量模型构建中长期经济增长模型，实现对我国中长期经济增长的情景分析。

（1）可计算一般均衡模型：根据对未来国际经济政治环境、国内经济

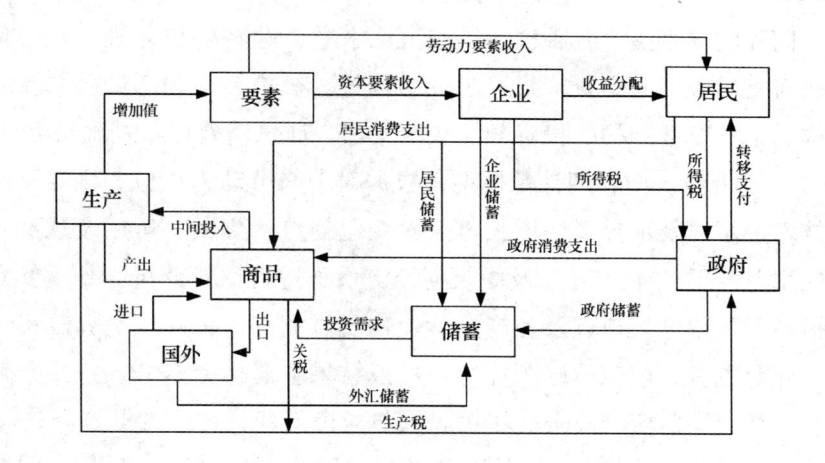

附图2-5 可计算一般均衡模型逻辑关系

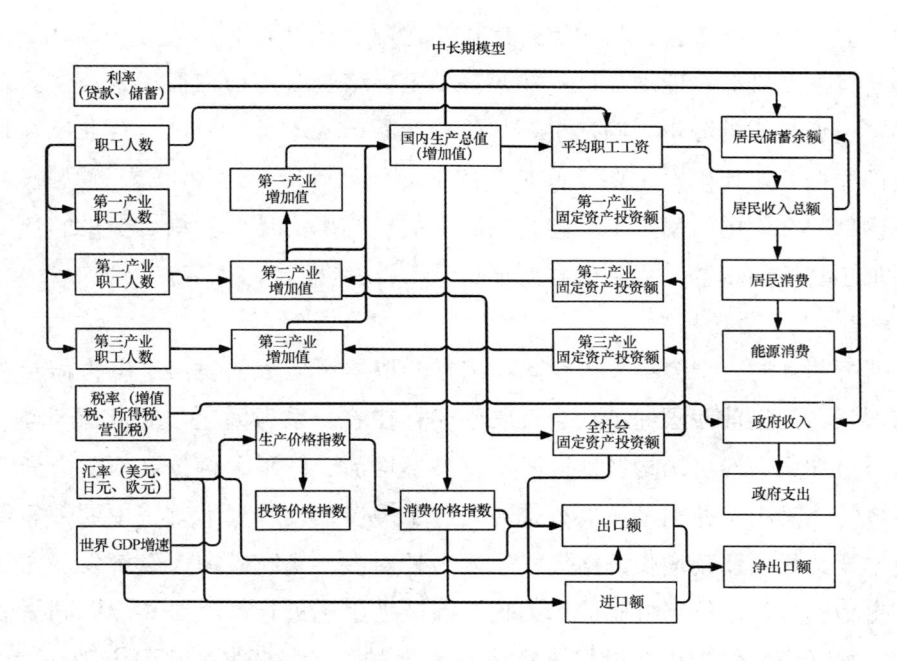

附图2-6 宏观经济中长期计量模型逻辑关系

发展环境、城镇化率、就业结构、投资、消费、出口以及技术进步等因素变化趋势的判断，运用可计算一般均衡模型对我国"十三五"及中长期经济增长进行情景分析。外生变量主要包括：人口及劳动力总量、全要素生产率、国际收支平衡、各种税率、城镇化水平、世界 GDP 增速、居民储蓄率、政府支出等、固定资产投资投资结构等。模拟结果包括经济总量、产业结构、细分行业结构、投资额、政府支出、居民消费以及进出口额等。

（2）宏观经济中长期计量模型：根据对未来劳动力供应、固定资产投资、技术进步以及世界经济增长等因素变化趋势的判断，运用宏观经济中长期模型对我国"十三五"及中长期经济增长进行情景分析。外生变量主要包括各种税率、人口以及各产业就业比例、利率、汇率、世界国民生产总值、外商投资、政府财政预算等。模拟结果主要包括 GDP、三次产业增加值、全社会固定资产投资、居民收入与居民消费、财政收支等。

（3）中长期电力需求预测模型。综合运用 LEAP、部门分析、回归分析、投入产出等模型方法，对全国未来用电量、用电结构进行预测，根据对历史模拟情况等进行加权综合优化。运用"自上而下"的方法确定未来经济发展及细分行业增加值。在此基础上，结合行业增加值增长与主要产品产量增长统计分析，确定主要行业的产品产量增长。通过对行业电力强度的国内外对比确定主要行业未来的电力强度标准，运用 LEAP 模型模拟不同部门在不同活动水平、能效状况下的终端电力需求，结合电能、热能的加工转换效率等，得到电力需求总量。

2. 情景设置

改革开放三十多年来，我国经济社会取得了巨大的发展，电力需求快速增长，但当前我国经济社会发展中还存在着一系列问题，如资源环境压力日益加大、经济结构及地区经济发展不均衡、体制和科技创新活力尚待释放等，其根本原因是发展方式转变过于缓慢，没有根本改变主要依靠低成本要素投入驱动增长的格局。今后中长期内，我国应加大经济发展方式转变力度，推进体制机制改革进程，积极采用先进技术，提高能源利用效率，加强环境保护等，以促进经济和社会的可持续发展。基于这些考虑，设计出未来经济发展及电力需求增长的两种可能情景，分别为基准情景和发展方式转变较快情景。

（1）基准情景。经济延续过去的发展趋势，劳动力仍然继续稳步转移，人力资本水平不断积累，科技进步继续发展，体制改革进一步深入，

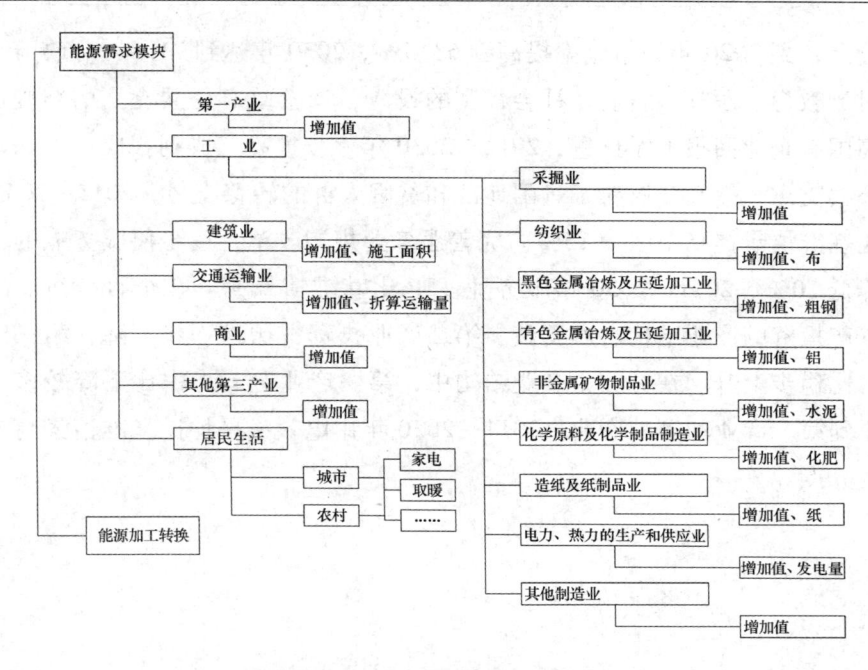

附图 2-7 LEAP 模型的树形结构

促使到 2030 年 TFP 年均增长率保持在 2% 左右的水平。城市化和工业化将继续推进，城市化水平将每年提高 0.7—1 个百分点，到 2020 年城市化率提高到 60% 左右，2030 年达到 70% 左右。考虑到国际经济环境和中国比较优势的变化，出口增长速度将逐步降低，贸易顺差仍将在较长时间内存在，但呈逐渐缩小的趋势，到 2030 年左右实现外贸进出口基本平衡。各种税率及转移支付比例保持现有水平。世界经济逐步恢复，到 2030 年的平均增速维持在 3% 左右。就业率相对较高，就业人口年均增速约 0.8%，而且第一产业就业人口逐步向第二产业和第三产业转移。固定资产投资的产业结构基本稳定，略有小幅微调。

（2）发展方式转变较快情景。各项体制改革快速顺利推进，改革红利不仅抵消了结构转型对经济增速的阻碍，还为经济质量提升创造了条件。市场在配置资源方面的作用进一步增强，结构调整大力推进，经济增长方式转变取得进展，政府逐步消除劳动力转移的壁垒，我国的城市化进程加快，2011—2030 年城市化率每年提高的幅度比基准情景高 0.1—0.2 个百分点，到 2020 年城市化率提高到 63.5%，2030 年达到 71.3%。政府加大对于教育、医疗、科研及社会福利的投入，调整政府公共支出的结构。提高国有企业回报上缴比重，2011—2030 年逐步提高三成到四成；增加政府公共支出，提高政府对于贫困地区和贫困人群的转移支付，2011—2030 年比基准情景提高 10%—15%。完善服务业规制改革，逐步使服务业的税负降低 10%，2011—2030 年服务业 TFP 比基准情景高 0.9 个百分点。固定资产投资的产业结构有所调整，第二产业投资占比进一步下降，第三产业占比稳步上升。在劳动力产业结构中，第一产业劳动力占比下降较多，分流到第二产业和第三产业。2011—2030 年用电效率平均比基准情景高 1 个百分点。

附件三 缩略词、统计单位和换算公式与系数

一 主要缩略词

英文	英文全称	中文全称
APEC	Asia – Pacific Economic Cooperation	亚太经济合作组织
ASEAN+3	Association of Southeast Asian Nations, plus China, Japan and R. Korea	东盟+3（中国、日本、韩国）
BP	British Petroleum	英国石油公司
BRICS	Brazil, Russia, India, China & South Africa	金砖国家合作机制
CAREC	Central Asian Regional Economic Cooperation	中亚区域经济合作机制
CAFTA	China – ASEAN Free Trade Area	中国东盟自由贸易区
CCGT	Combined Cycle Gas Turbine	燃气蒸气联合循环
CCS	CarbonCapture and Storage	碳捕捉与封存技术
CCU	Carbon Capture and Utilization	碳捕捉与利用技术
CCUS	Carbon Capture, Utilization and Storage	碳捕捉、利用和封存技术
CO_2	Carbon Dioxide	二氧化碳
CPS	Current Policy Scenario	IEA现行政策情景
ECT	Energy Charter Treaty	能源宪章条约
EES	Eco – Energy Strategy	"生态能源新战略"情景
EIA	Energy Information Agency	（美国）能源信息署
CSIS	Center for Strategic and International Studies	（美国）战略与国际问题研究中心
G20	Group 20	二十国集团
GDP	Gross Domestic Product	国内生产总值
GMS	The Greater Mekong Sub – region	大湄公河次区域

续表

英文	英文全称	中文全称
HEV/EV	Hybrid Electronic Vehicle/Electronic Vehicle	混合电动车/电动车
IAEA	International Atomic Energy Agency	国际原子能
IEA	International Energy Agency	国际能源署
IEF	International Energy Forum	国际能源论坛
IGU	International Gas Union	国际天然气联盟
IGCC	Integrated Gasification Combined Cycle	整体煤气化联合循环发电系统
IEEJ	Institute of Energy Economics, Japan	日本能源经济研究所
IRENA	International Renewable Energy Agency	国际可再生能源署
IWEP	Institute of World Economics and Politics	中国社会科学院世界经济与政治研究所
LNG	Liquefied Natural Gas	液化天然气
NPS	New Policy Scenario	IEA 新政策情景
OECD	Organization for Economic Co-operation and Development	经济合作与发展组织
OPEC	Organization of Petroleum Exporting Countries	石油输出国组织
PNG	Pipeline Natural Gas	管道天然气
SCO	Shanghai Cooperation Organization	上海合作组织
SET-Plan	The European Strategic Energy Technology Plan	欧洲战略性能源技术行动计划
TPED	Total Primary Energy Demand	一次能源总需求
TPP	Trans-Pacific Partnership Agreement	跨太平洋伙伴关系协议
WNA	World Nuclear Association	世界核能协会
WTI	West Texas Intermediate	美国得克萨斯中质油
WTO	World Trade Organization	世界贸易组织

二 统计单位

单位	英文	中文
bcm	billion cubic meters	十亿立方米
boe	barrels of oil equivalent	桶油当量
Kcal	kilocalorie	大卡、千卡路里
KJ	kilojoule	千焦

续表

单位	英文	中文
kW	kilowatt, 1 watt $\times 10^3$	千瓦
kWh	kilowatt/hour	千瓦时
MW	megawatt, 1 watt $\times 10^6$	兆瓦
MWh	megawatt/hour	兆瓦时
GW	gigawatt, 1 watt $\times 10^9$	千兆瓦（吉瓦）
GWh	gigawatt/hour	千兆瓦时
Mb/d	million barrels per day	百万桶/日
mcm	million cubic meters	百立方米
MMBTU	million British thermal units	百万英制热量单位
MPa	megapascal	兆帕斯卡
Mtoe	million tones of oil equivalent	百万吨油当量
ppm	parts per million	二氧化碳排放浓度
TW	terawatt, 1 watt $\times 10^{12}$	太瓦
TWh	Terawatt - hour	太瓦时
toe	Tones of oil equivalent	吨油当量

三　换算公式

		到—乘以				
		亿吨标准煤	百万吨油当量	太瓦时	亿千瓦时	亿立方米天然气
从	亿吨标准煤[1]	1	70	813.94	8139.4	777
	百万吨油当量[2]	1.4286×10^{-2}	1	11.628	116.28	11.1
	太瓦时[3]	1.229×10^{-3}	8.6×10^{-2}	1	10	0.9546
	亿千瓦时	1.228×10^{-4}	8.6×10^{-3}	0.1	1	0.09546
	亿立方米天然气	1.287×10^{-3}	0.09	1.0476	10.476	1

注：

[1] 标准煤热值为 7000Kcal/kg，1kg 原煤 = 0.714kg 标煤。

[2] 标准油热值为 10000Kcal/kg，1 百万吨油当量 = 0.82 百万吨 LNG。

[3] 电力的热值一般有两种取值法：一种是按理论热值算（当量值），理论热值按每度电的热功当量 860 大卡即 0.1229 千克标准煤计算，本表中按此种方式换算；另一种是按火力发电煤耗计算（等价值），按当年火电发电标准煤耗计算，作为电力折算标准煤系数，具体每年各不相同，2010 年为 1 度电平均耗 0.312kg 标准煤。本表中采用当量值，报告中二次能源折算一次能源时采用等价值。

四　能源转换系数

能源转换系数是指非化石能源发电量（二次能源）折算非化石能源（一次能源）的系数。不同机构采用的转换系数不同。

机构名称	折算对象	折算系数
IEA	核电折算核能	按照核电热效率33%
	地热发电折算地热能	按照热效率10%
	水电、风电太阳能发电等	100%（热当量法、1KWh=0.1229kg标准煤）
EIA	核电折算核能	按照核电热效率约33%
	地热发电折算地热能	按照热效率约16.2%
	水电、风电太阳能发电等	按照化石能源平均热效率约35%
BP	非化石能源发电	按照化石能源平均热效率约35%
国家统计局	同上	按照当年火力发电耗煤计算

各章参考文献

概 论

IEA, *World Energy Outlook* 2013, Paris, November 2013.

IEA, *World Energy Outlook* 2014, Paris, November 2014.

BP, *BP Statistical Review of World Energy*, London, 1962—2011.

BP, *BP Statistical Review of World Energy*, London, June 2014.

IRENA, *Remap 2030: A Renewable Energy Roadmap*, Abu Dahbi, June 2014.

EIA, *International Energy Outlook* 2014, Washington, September 2014.

World Bank, *China 2030: Building a Modern, Harmonious, and Creative High-Income Society*, February, 2012.

王涣清:《不同计划生育政策下的我国人口预测研究》,《统计与决策》2013年第5期。

高春亮、魏后凯:《中国城镇化趋势预测研究》,《当代经济科学》2013年第4期。

第一章

IEA, *World Energy Outlook* 2014, Paris, November 2014.

IEA, *World Energy Investment Perspectives*, Paris, 2014.

BP, *BP Statistical Review of World Energy*, London, June 2014.

IRENA, *Remap 2030: A Renewable Energy Roadmap*, Abu Dahbi, June 2014.

EIA, *International Energy Outlook* 2014, Washington, September 9, 2014, Report Number: DOE/EIA – 0484 (2014).

Barclay, *Global E&P Spending*, New York, January 8, 2015.

王志轩：《电力行业发展趋势及需求预测》，《煤炭经济研究》2014年第1期。

张运洲、白建华、程路等：《中国非化石能源发展目标及实现路径》，中国电力出版社2013年版。

第二章

The US White House, *The All-of-the-Above Energy Strategy as a Path to Sustainable Economic Growth*, Washington, D. C. May 2014.

The U. S. Environmental Protection Agency, *Clean Power Plan*, Washington, D. C., June 2, 2014.

European Union, *A Roadmap for Moving to a Comparative Low Carbon Economy in* 2050, Brussels, March 8, 2011.

EPIA, *Global Market Outlook for Photovoltaics*, 2014 – 2018.

European Union, *EU 2020*, Brussels.

EU Energy, Transport and GHG Emissions, *Trends to* 2050 – *Reference Scenario* 2013, Brussels, December 16, 2013.

European Union, *A Policy Framework for Climate and Energy in the Period from* 2020 *to* 2030, Brussels, January 22, 2014.

European Union, *Energy and Climate Goals for* 2030, Brussels, October 24, 2014.

Jane Nakano, *Japan Nears Nuclear Restarts-But How Much and How Fast?*, CSIS, December 2014.

International Atomic Energy Agency, *Energy Indicators forSustainable Development: Guidelines andMethodologies*, Vienna, 2005.

UN IPCC, *Climate Change* 2014: *Mitigation of Climate Change*, Working Group

III Contribution to the Fifth Assessment Report of the Intergovernmental Panel on Climate Change, Cambridge University Press, New York, 2014.

UNSustainable Energyfor All, *Sustainable Energyfor All: A Global Action Agenda, Pathways for Concerted Actiontoward Sustainable Energy for All*, The Secretary-General's High-Level Groupon Sustainable Energy for All, April 2012.

联合国:《可持续发展问题世界首脑会议的报告》,纽约,2002年。

联合国:《人人享有可持续能源》,联合国第68届会议,纽约,2011年。

弗劳恩霍夫研究所:《上半年可再生能源是德国电力组合最重要的电能》,载德国联邦经济和能源部《能源转型直击》[德国国际合作机构(GIZ)"德中能源对话"项目组译],2014年7月。

李美艳、冯连勇:《福岛核危机对日本能源战略的影响及启示》,《中外能源》2013年第3期。

俄罗斯能源部:《2035年前俄罗斯能源战略草案》,2014年。

第三章

BP, *BP Statistical Review of World Energy*, London, 2014.

IEA, *World Energy Outlook*, Paris, June 2014.

艾顺龙:《原煤洗选需要明确标准》,《中国电力报》2013年6月24日。

高峰:《我国煤炭需求总量分析与预测》,《煤炭经济研究》2014年第4期。

刘入维:《700摄氏度超超临界发电技术渐行渐近》,《中国电力报》2014年6月9日。

牛新祥:《对我国煤化工示范项目主要产品经济性分析》,《煤炭加工与综合利用》2014年第2期。

彭源长、马建胜:《IGCC向何处去?——华能天津IGCC电厂技术创新调查》,《中国电力报》2014年7月17日。

王志轩:《煤炭近零排放不科学》,《中国能源报》2014年8月18日。

杨勇平、杨志平、徐钢等:《中国火力发电能耗状况及展望》,《中国电机工程学报》2013年第23期。

周娟娟：《煤炭消费的"天花板"在哪里》，《中国煤炭报》2014年3月14日。

曾琳：《煤炭峰值预测与对策研究》，《煤炭经济研究》2014年第4期。

中国煤炭工业协会（编）：《2013年中国煤炭工业发展研究报告》，中国经济出版社2013年版。

第四章

BP, *BP Statistical Review of World Energy*, London, June 2014.

IEA, *World Energy Outlook*, Paris, June 2013.

中华人民共和国国务院：《能源发展"十二五"规划》，2013年1月。

国家能源局：《可再生能源发展"十二五"规划》，2012年8月。

刘振亚：《中国电力与能源》，中国电力出版社2012年版。

刘振亚：《特高压交直流电网》，中国电力出版社2013年版。

国网能源研究院：《2013国外电力市场化改革分析报告》，中国电力出版社2013年版。

国网能源研究院：《2013中国发电能源供需与电源发展分析报告》，中国电力出版社2013年版。

国网能源研究院：《2013中国电力供需分析报告》，中国电力出版社2013年版。

国网能源研究院：《东、中、西部能源需求及西电东送需求变化趋势研究》，专题研究报告，2014年。

第五章

BP, *BP Statistical Review of World Energy*, London, June 2014.

IAEA, *Nuclear Power Reactors in the World*, Vienna, May 2014.

IAEA, *Energy, Electricity and Nuclear Power Estimates for the Period up to*

2050, Vienna, 2013.

World Nuclear Association, *The Global Nuclear Fuel Market: Supply and Demand 2013-2030*, London, September, 2013.

陈瑜:《我国核电"粮仓"再次扩容》,《科技日报》2014年7月16日。

杜祥琬:《核能发展的历史观》,《中国科学报》2013年9月30日。

何祚庥:《谨慎对待核电"小跃进"的风险》,《中国科学报》2014年7月14日。

温鸿钧:《从世界核电动向看中国核电的市场空间》,《中国核工业》2014年第3期。

伍浩松:《全球核燃料供应可以满足未来的市场需求》,《国外核新闻》2013年第10期。

张琳、李文宏、杨红义:《福岛核事故后核电厂安全改进行动分析》,《原子能科学技术》2014年第3期。

张慧:《竞逐第四代核能》,《能源》2014年第6期。

张萌、汪永平、许诺等:《东盟国家核电政策探析》,《中国核工业》2014年第4期。

周荣生、钱锦辉:《我国核燃料循环后端的挑战与建议》,《中国核工业》2013年第10期。

朱学蕊:《应科学看待铀资源对外依存》,《中国能源报》2014年3月3日。

第六章

EU Strategic Energy Technology Plan, http://ec.europa.eu/energy/technology/set_plan/set_plan_en.htm.

European Commission, Energy Technologies and Innovation, Brussels, 2013.

国家科技部:《国家能源科技"十二五"规划(2011—2015)》。

李世祥等:《促进煤炭清洁化技术的政策研究》,《中国矿业》2011年第20卷第11期。

刘铮:《欧盟战略能源技术计划公布》,《中国科学报》2013年12月25日。

第七章

Ken Koyama, Ichiro Kutani, *Study on the Development of an Energy Security Index and an Assessment of Energy Security for East Asian Countries*, ERIA Research Project Report 2011, No. 13, June 2012.

徐小杰:《丝绸之路战略构想的特征研究》,《俄罗斯研究》2014 年第 6 期。

第八章

BP, *BP Statistical Review of World Energy*, London, June 2014.

徐小杰:《俄罗斯中亚跨国油气管道安全机制调研和分析建议》(中国石油规划总院课题), 2011 年 1 月。

俄罗斯能源部:《2030 年前能源战略》, 2009 年。

哈萨克斯坦能源部:《2010—2014 年油气发展战略草案》。

哈萨克斯坦能源与矿产部:《2030 年哈萨克斯坦发展战略》、《2015 年天然气发展规划》、《2004—2010 年天然气发展规划》、《2015 年里海油气开发规划》、《2011—2015 年油气战略发展规划》、《2010—2030 年哈萨克斯坦油气发展规划》和《哈萨克斯坦 2050 战略》。

第九章

IEA, *Southeast Asia Energy Outlook*, Paris, November 2013.

IEA, *World Energy Outlook*, Paris, November 2013.

中国—东盟东亚峰会清洁能源论坛(成都)报告, 2014 年 8 月。

郝云剑、张阳:《中国企业东南亚水电投资风险与防控对策》,《水利经济》2014 年第 2 期。

韩宝庆:《大湄公河次区域电力贸易与合作的障碍分析》,《电力技术经济》2007年第1期。

王正毅:《边缘地带发展论》,上海人民出版社1997年版。

葛红亮、鞠海龙:《"中国—东盟命运共同体"构想下南海问题的前景展望》,《东北亚论坛》2014年第4期。

程俊、王致杰等:《大湄公河次区域电力贸易中心设计及政策建议》,《水电能源科学》2013年第1期。

尚升平:《马米西亚电力基础设施现状及前景展望》,《国际工程与劳务》2013年第12期。

黄莉娜:《中国与东盟能源安全合作的障碍与前景》,《北方法学》2011年第5卷总第28期。

第十章

BP, *BP Statistical Review of World Energy*, London, June 2014.

Martin Meredith, *The State of Africa: A History of Fifty Years of Independence*, The Free Press, 2005.

谈世中:《反思与发展:非洲经济调整与可持续性》,社会科学文献出版社1998年版。

李继东:《现代化的延误——对独立后"非洲病"的初步分析》,中国经济出版社1997年版。

罗建波:《非洲一体化与中非关系》,社会科学文献出版社2006年版。

陈宗德、吴兆契:《撒哈拉以南非洲经济发展战略研究》,北京大学出版社1987年版。

阿·尤·施皮尔特:《非洲原料资源》(1913—1958),世界知识出版社1964年版。

勒内·杜蒙、玛丽—弗朗斯·莫坦:《被卡住脖子的非洲》,世界知识出版社1983年版。

杜曼玲、夏洁明:《非洲水电开发和大坝建设情况》,《水力发电》2013年11月。

徐小杰：《中非油气合作环境与情景分析》，中国社会科学院世界经济与政治研究所 2009 年 B 类课题，2010 年。

温志新、童晓光、张光亚、王兆明：《东非裂谷系盆地群石油地质特征及勘探潜力》，《中国石油勘探》2012 年第 4 期。

雷蕾编译：《东非油气开发吸引全球目光》，《中国石化报》2013 年 2 月 22 日。

胡英华：《东非：全球能源市场新热点》，《经济日报》2012 年 12 月 4 日。

李达飞：《乌干达石油梦想将成现实》，《中国石化报》2011 年 5 月 27 日。

亚当·库里：《莫桑比克或成为天然气生产大国》，《中国矿业报》2013 年 3 月 26 日。

徐小杰：《石油啊，石油——全球油气竞赛和中国的选择》，中国社会科学出版社 2011 年版。

第十一章

NDRC Energy Research Institute, Grantham Institute for Climate Change of Imperial College London, *Global Energy Governance Reform and China's Participation*, *Consultation Draft Report*, February 2014.

Xiaojie Xu, Chinese Responses to Good Energy Governance, *Global Governance: A Review of Multilateralism and International Organizations*, April-June 2011, Vol. 17, No. 2, Lynne Rienner Publisher.

张宇燕、田丰：《新兴经济体的界定及其在世界经济格局中的地位》，《国际经济评论》2010 年 7 月。

王磊：《无政府状态下的国际合作——从博弈论角度分析国际关系》，《世界经济与政治》2001 年第 8 期。

罗伯特·基欧汉：《霸权之后——世界政治经济中的合作与纷争》（苏长和等译），上海人民出版社 2001 年版。

徐小杰：《能源金砖应成为金砖国家合作新方向》，《第一财经日报》2012 年 4 月 3 日。

徐小杰：《"丝绸之路"战略构想的特征研究》，《俄罗斯研究》2014 年第 6 期。

后记与致谢

一 本报告的由来和写作分工

本报告是中国社会科学院世界经济与政治研究所《世界能源中国展望》课题组独立、开放和规范研究中国和世界能源中长期发展的跨年度展望类研究成果。

徐小杰研究员为本项目首席专家，负责项目的整体框架与方法设计、主要章节主体内容与分析设定、主要章节的直接创作以及全书的修改和统稿；负责本报告能源展望数据库的整体开发和构架工作；负责本项研究的国内外调研与研讨的组织和主要成果发布工作。魏蔚副研究员和万军副研究员参与了部分调研工作和特定章节部分内容的起草。国网研究院白建华的写作团队独立承担了第四章与附件二部分内容的写作。中国煤炭工业协会的高峰博士为第三章提供了初期的部分材料。

程覃思承担了部分调研工作和部分章节内容的写作，分担了数据库的研发和改进工作以及全书的审读与数据修正工作，参与了本项目研发的全过程，做出了重要贡献。

本报告的写作分工如下：

标题	名称	作者
执行总结		徐小杰
概论		徐小杰
第一章	全球能源发展趋势和中国能源发展展望	徐小杰、程覃思

续表

标题	名称	作者
第二章	国内外能源政策新趋势	徐小杰、万军、毕晶
第三章	煤炭清洁化与政策导向	徐小杰、高峰
第四章	电力发展趋势和政策研究	白建华、辛颂旭、刘俊、单葆国、邢璐、马莉、高国伟、范孟华
第五章	核电发展新趋势和政策选择	徐小杰、程覃思
第六章	能源技术进步和贡献分析	徐小杰、魏蔚、程覃思
第七章	新的能源安全观分析	徐小杰、潘慧敏、杨洋
第八章	中国与中亚油气合作前景	徐小杰、张迪、王也琪
第九章	中国与东南亚能源合作前景	徐小杰、张萌
第十章	中非能源合作现状与方向	徐小杰、张春宇、史凌涛
第十一章	"能源金砖"分析	徐小杰、魏晓威
附表	能源展望数据表（2013—2030）	程覃思
附件一	2014年版能源展望数据库改进说明与参考依据	程覃思
附件二	中国能源与电力供需模型	程覃思、第四章作者
附件三	缩略词、统计单位和换算公式与系数	程覃思

二 致谢

本报告在研究、写作和交流中得到了中国社会科学院世界经济与政治研究所所长张宇燕研究员的有力支持并作序肯定。国家发展与改革委员会能源研究所副所长高世宪研究员对本书的出版提供了专家推荐。国家能源局国际合作司顾骏副司长及本报告特聘专家王也琪为本报告第二部分的写作提供了重要的研究思路和建议，孙杨邀请本报告课题组部分成员参加了中国—东盟东亚峰会清洁能源论坛。中化集团原总地质师曾兴球教授和中石油国内对外合作部邓怀群处长为课题组赴四川调研页岩气项目提供了指导和支持。浙江省电监会谢国兴专员为本报告课题组赴浙江调研能源政策和嘉兴、舟山电厂的超低排放项目给予了大力支持并指定邵宇跟队提供了具体安排。中国社会科学院世经政所副所长王德迅研究员和科研处王新处长对本项目的科研活动给予指导和支持。孙林林和孟亦佳提供了部分调研信息，对此一并表示衷心的感谢。

为推进本项目的国际交流，2014年徐小杰出访14次，在境外演讲15场，包括参加美国能源信息署（EIA）2014年年会，在国际能源论坛（IEF）、欧佩克（OPEC）和美国的战略和国际问题研究中心（CSIS）专场演讲本报告的中间成果。在此对赞助和支持上述国际交流的所有单位表示感谢。

本年度报告的完成离不开作者单位的相关领导与同事的支持和帮助。他们是中国社会科学院国际合作局副局长周云帆、信息情报研究院黄永光、世界经济与政治研究所袭艳滨和周玉林等。中国社会科学院办公厅曹启璋女士为本报告的重要科研活动提供了大量的后勤支持和无私的帮助，其余作者的家人都是本报告得以完成的重要后盾。

最后，对中国社会科学出版社社长赵剑英和副社长曹宏举对本书的肯定，本书责编王琪、黄燕生为本书所做的编辑出版工作表示衷心感谢。

徐小杰

2015年1月21日

首席专家徐小杰简介

中国社会科学院世界经济与政治研究所研究员、"中国能源安全的国际地缘战略研究"创新工程项目首席研究员；中国石油学会石油经济专业委员会常务委员、中华能源基金会高级顾问。在中国石油部门工作 26 年（1983—2009 年），为中国石油集团经济技术研究院院级专家（2006—2009 年）、海外投资环境研究所所长（2000—2009 年）。1983 年以来，主要在石油工业部门从事研究与咨询工作，为国家能源局和能源公司完成近百项科研成果，参与了中国石油天然气股份公司重组上市、中国多家能源公司在俄罗斯、中亚、非洲、中东、拉丁美洲和北美洲等地区和重点国家重大能源项目政治、经济、商务、法规、合同模式、风险管理研究与咨询工作。主要专著有《石油啊，石油——全球油气竞赛和中国的选择》（2011 年）、《新世纪的油气地缘战略》（1998 年）和《现代市场经济》（1993 年）；近五年来在《中国能源》、《国际石油经济》和《中国发展观察》等杂志就煤炭产业发展、核电政策、石油与天然气市场、节能减排和小康社会能源环境等问题发表了系列论文，承担了多项国家能源局能源战略和对外能源合作战略的研究与咨询工作。

同时，为世界经济论坛（World Economic Forum）能源安全理事会成员（2013—2014 年）和未来油气全球议程理事会成员（2014—2016 年），美国《世界能源法与商务杂志》（*Journal of World Energy Law & Business*）国际编委；英文专著 *Petro-Dragon's Rise what it means for China and the world*（European Academic Press 2002）；在美国的战略与国际问题研究中心（CSIS）、英国皇家国际事务研究院（Chatham House）和英国学术院等诸

多国际智库，在国际能源署（IEA）、国际能源论坛（IEF）和欧佩克（OPEC）等多家国际能源组织发表英文演讲 30 余次；近几年来参与 IEA《世界能源展望》煤炭和石油部分的评论工作。